THE MYSTERIOUS AND INGENIOUS STRATEGY OF THE DHARMA PALM SUTRA

神機妙算
達摩一掌經

一本破解六道輪迴前世今生的論命大法

蔡振名 著

桃園市道教會 序

　　《一掌經》，源於中六壬之一環，後假托達摩祖師之名，猶若假託黃帝所著之《黃帝內經》。

　　雖說資訊爆炸之時代，然資料錯繆之處無所不在，更甚而假借某某名師或某某社團所推薦，

　　然事實如何，卻不該由所謂的「學者」所認定，此處呼籲學者理該回歸學術，切莫自詡如何。

　　宗教係道德最後的把關者，然現今卻被一些非宗教界者搞得烏煙瘴氣，故本會在此逆境之中，除開設科儀教程外，另將傳統五術帶入會務之中，期許普羅大眾能於正確的老祖宗思維之下，展開實際且有效的行運生涯。

　　此次本會顧問，爬梳了網路上之資料予以校正，除正我道教之五術，亦糾修繆誤於萬一，祈有心之學子能於正確的道路上前行，實本會之精神與創立價值。

理事長　邱顯郎　　總幹事　黃豐裕
中華民國　113　年　四　月　二十八　日

如何使用本書

一、依據八字排盤法，排出八字盤，排法請參照本書編號第一大項。

二、再依《達摩一掌經》排盤，圖表列於本書最後面。

三、依排盤所得出的內容，得出「年、月、日、時、命」等五種。

四、各項內容，可由〈一掌經秘笈〉中查出。

　　一）如查出之「年」，即為〈一掌經秘笈〉中之第一個字含意。

　　二）如查出之「月」，即為〈一掌經秘笈〉中之第二個字含意。

　　三）如查出之「日」，即為〈一掌經秘笈〉中之第三個字含意。

　　四）如查出之「時」，即為〈一掌經秘笈〉中之第四個字含意。

五、如查出之「命」，請參照〈十二宮安命歌〉中之十二宮含意。

六、最後，還請參照〈四柱論〉中之解釋，以總和命盤。

七、如能善用此書，其結論比八字學還要精闢，請各位讀者詳知。

目 錄

桃園市道教會 序 ····················· 2
如何使用本書 ······················· 3

命盤排法（農曆） ··················· 6
起年月日時法 ······················· 8
起大運法 ························· 19
起小運法 ························· 20
行運吉凶歌 ························ 21

六道輪迴 ························ 24
六道訣 ·························· 30
六道星宿等級升降的基本判斷 ················ 45

一掌經秘笈 ······················· 70
十二宮安命歌 ······················· 79
說明例 ·························· 161
十二宮 ·························· 170
論十二宮安命所代表的人生形態 ··············· 175
原文 十二星總論 ····················· 176
十二星年上運程 年上管長輩，月管兄弟，日管本人，時管小孩 183
論出生月 ························· 191
論出生日 ························· 196

論出生時 · 199

觀命要訣 · 214
論得病《推五命人得病日期》 · 218
論每月生時小兒煞 · 219
論十二時夫妻犯 · 219
論十二時 · 219
年月逢識論（其識有十，隨某年上與某月生人所定符劣）· · · · 220

三品格與六親、重犯歌 · 230
十二宮三品格與六親 · 232

論五行 · 236

十二地支訣 · 246
十二地支相破意象訣 · 249
十二地支相絕 · 252
地支六沖象意訣 · 256

常用神煞 · 260

批命例 · 350

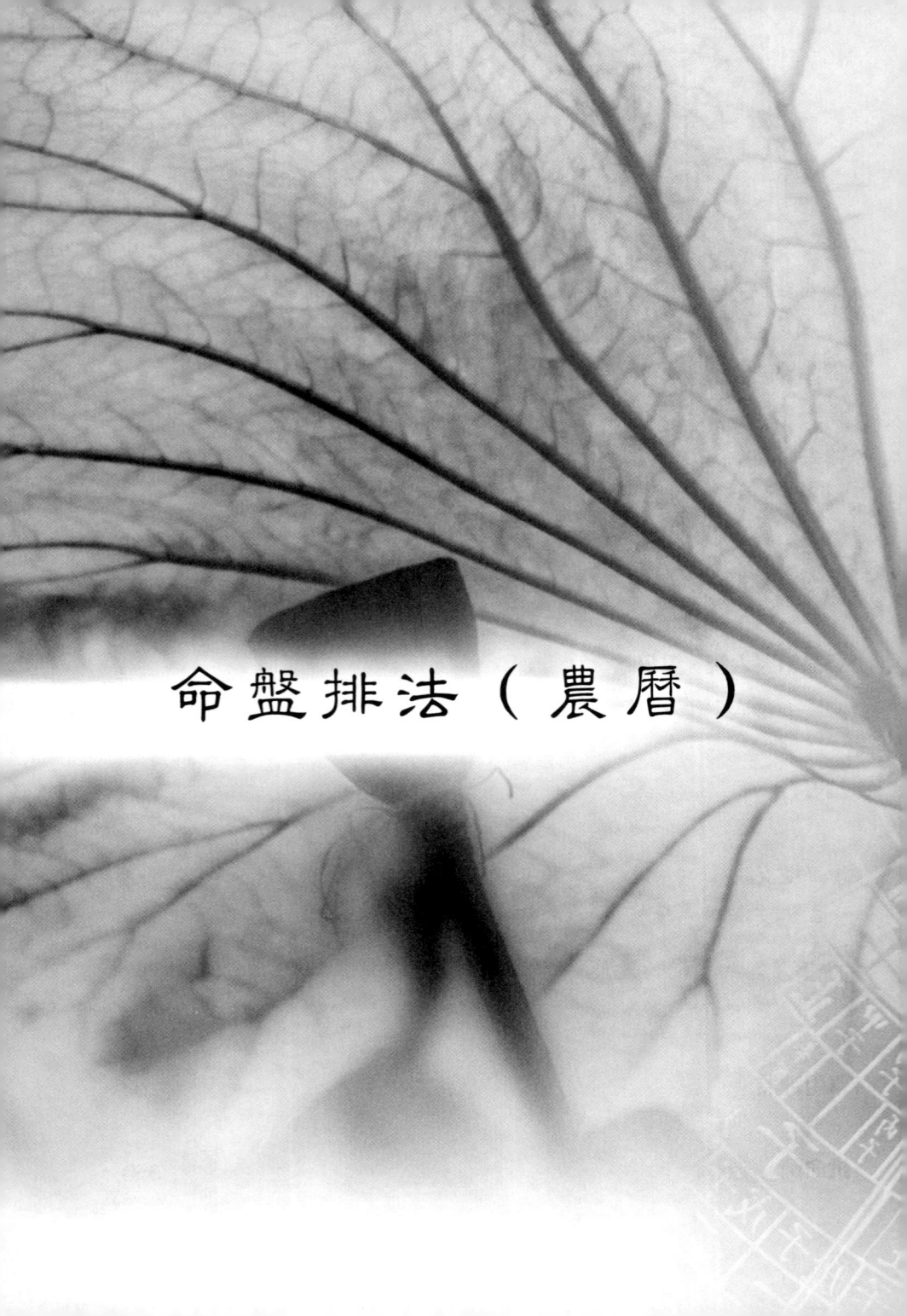

命盤排法（農曆）

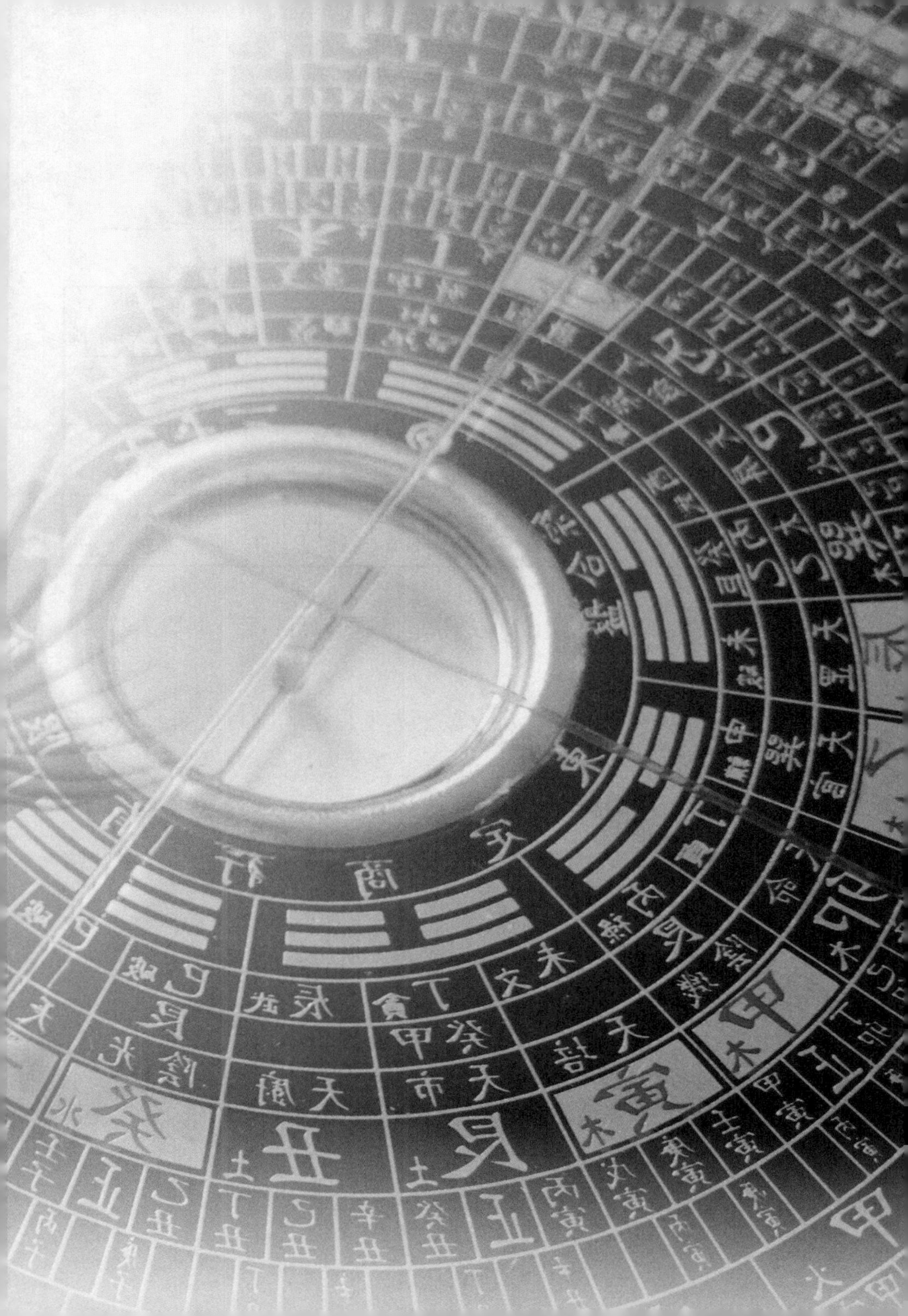

命盤排法（農曆）

巳・蛇 仙道（仙女）・文	午・馬 佛道（男居士）・福	未・羊 鬼道・驛	申・猴 人道（出家人）・孤
辰・龍 修羅道・奸			酉・雞 畜牲道・刃
卯・兔 畜牲道・破			戌・狗 修羅道・藝
寅・虎 人道（商人）・權	丑・牛 鬼道・厄	子・鼠 佛道（女居士）・貴	亥・豬 仙道（仙男）・壽

01、先取生肖（年）定位，依男順女逆推算月日時，共取出四字，即：

　01）本生年上起正月，數至本生月止（閏月生者，以十五以前作前月，十五以後生者作後月）。

　02）再以本生月起初一，數至本生日止。

　03）又以本生日起子時，數至本生時為主宮止，以看此宮斷語吉凶。

02、年：前四世（年），幼年期（1～16歲），父母宮。

03、月：前三世（月），青年期（17～32歲），事業宮、兄弟宮、朋友宮。

04、日：前二世（日），中年期（33～48歲），夫妻宮。

05、時：前一世（時），晚年及總論（48歲以後），命宮（子女）。

06、於命宮安，順向安入各宮位：

命 → 財帛 → 兄弟 → 田宅 → 男女 → 奴僕 → 配偶 → 疾厄 → 遷移 → 官祿 → 福德 → 相貌。

起年月日時法

一、從出生年求出「第四世星宿」和「父母宮」：

從「年」的生肖或地支，開始找出自己的宮位和六道星宿，代表前第四世的轉世。

一）民國58年生的人屬雞（酉），一掌經為酉宮的「刃」：肉畜牲。

二）民國60年生的人屬豬（亥），一掌經為亥宮的「壽」：男仙人。

二、從出生月求出「第三世星宿」和「事業宮」：

一）確認好是順數或逆數，以月的數字是多少就跳幾下。

二）例如：男，農曆民國81年三月十日辰時生。

01、第一個81年生年柱星宿，即是申宮的猴（孤）出家人，為陽男，所以在宮位上要順數。

02、月是「3」，因此從「申」順數往下為「戌、女修羅」，表示第三世的星宿。

命盤排法（農曆）

三、從出生日求出「第二世星宿」和「夫妻宮」：

一）同上例，陽男順數，出生日為「10」。

二）再從月宮「戌」順數往下為「未、福鬼」，表示第二世的星宿。

四、從出生時辰求出「前一世星宿」和「命宮」：

年	81 申年生肖猴	父母宮	前第四世	申、猴、「孤」出家人
月	3月陽男順數	事業宮	前第三世	順下，戌宮「藝」女修羅
日	10日	夫妻宮	前第二世	順下，未宮「驛」福鬼
時	辰「5」	命宮	前第一世	順下，亥宮「壽」男仙人

一）同上例，陽男順數，出生時辰為「辰時」。

二）再從日宮「未」順數往下為「亥、男仙人」，表示前一世的星宿。

五、起命宮法：

第一種：

一、在十二宮安命宮法與子平不同。

二、當于本生時之宮，陽男陰女順，陰男陽女逆，數到卯為止，即是安命宮也，如：

一）巳年（陰）正月十二日午時出生之男。

01、年宮為巳，月宮為巳。

02、日宮為午，時宮為子，在天貴宮。

03、從天貴宮上起午，逆數到卯在卯上，命宮即為卯

（天破宮）。

二）戌年（陽）九月二十四日戌時出生之女。
01、年宮為戌，月宮為寅。
02、日宮為卯，時宮為巳，在天文宮。
03、從天文宮上起戌，逆數到卯在子上，命宮即為子（天貴宮）。

第二種：
一、在十二宮命法，當于本生時之宮，男順女逆數，去數至本身時，即是安命宮也。
二、又與五星遇卯安命法不同，如：
生時是戌，在天文宮。
一）男陽命則順數，就天文數戌至卯，乃在天藝宮安命。
二）女陽命則逆數，當在天貴宮也。

六、例：

01、陽曆 1988 年 7 月 29 日 10 時 10 分出生男，排盤中對應四個的地支分別為：

為農曆 1988 年六月十六日巳時，年支辰（陽），月支未，日支酉，辰支巳。

參照上面的手掌圖，年支在哪個手指上，大拇指就點在哪個手指上。

命盤排法（農曆）

四柱	年根	月苗	日花	時果
乾造	戊辰	己未	乙酉	辛巳
藏干	乙戊癸	乙己丁	辛	戊丙庚
	比財梟	比財食	殺	財傷官
衰旺	冠帶	養	絕	沐浴
納音	大林木	天上火	泉中水	白蠟金
命宮	丁巳			

01）年支在辰，那麼大拇指就點到「辰」，年支宮位就為「天奸」。

02）然後，年上起月。

0A、男生順時針，按照自己農曆月份數目，按照順時針順序開始點手指。

0B、「辰」上起正月，「巳」為二月…以此類推，即農曆六月就停在「酉」。

0C、所以月份對應的宮位就是「天刃」。

03）接著，月上起日。

0A、在「酉」上起初一，「戌」為初二……以此類推，最後農曆十六日落在「子」上。

0B、所以，日期對應宮位就是「天貴」。

04）最後，日上起時。

0A、要注意，時辰按照：子丑寅卯辰巳午未申酉戌亥十二地支來算。

　　　　0B、出生日「子」上起子時，巳時就順數，落在「巳」，所以時辰對應宮位「天文」。
　05）那麼，此男對應的宮位與六道就出來了，如：
　　　　0A、年：辰～天奸宮，前四世輪迴男修羅。
　　　　0B、月：酉～天刃宮，前三世輪迴肉畜牲。
　　　　0C、日：子～天貴宮，前二世輪迴女天人。
　　　　0D、時：巳～天文宮，前一世輪迴女仙人。

02、1970年10月23日20點出生女，換為陰曆則為戌（陽）年九月二十四日戌時。
　01）先將大拇指點在戌（天藝宮）上，在戌上起一月，逆時針方向數，二月在亥上…到九月在寅（天權宮）上。
　02）然後在寅上起初一，逆時針數到二十四，最後落在卯（天破宮）上。
　03）再在卯上起子時，逆時針數，出生的戌時落在巳（天文宮）上。
　04）那麼，此女對應的宮位與六道就出來了，如下面：
　　　　0A、年：戌～天藝宮，前四世輪迴修羅道。
　　　　0B、月：寅～天權宮，前三世輪迴人道。
　　　　0C、日：卯～天破宮，前二世輪迴畜道。
　　　　0D、時：巳～天文宮，前一世輪迴仙道。

03、1970年10月23日20點出生之男。
　　換為陰曆則為戌（陽）年九月二十四日戌時。

命盤排法（農曆）

01）先將大拇指點在戌（天藝宮）上，在戌上起一月，順數到九月在午（天福宮）上。

02）然後在午上起初一，逆數到二十四，最後落在巳（天文宮）上。

03）再在巳上起子時，出生的戌時落在卯（天破宮）上。

04）那麼此女的四宮就出來了：

0A、年：戌～天藝宮，前四世輪迴修羅道。

0B、月：午～天福宮，前三世輪迴佛道。

0C、日：巳～天文宮，前二世輪迴仙道。

0D、時：卯～天破宮，前一世輪迴畜牲道。

04、2001年2月4日12點（當天為立春）出生之男。

換為陰曆，則為巳（陰）年正月十二日午時。

01）先將大拇指點在巳（天文宮）上，巳上起正月，正月還是在巳（天文宮）。

02）然後在巳起初一，逆數十二，最後落在午（天福宮）上。

03）再在午上起子時，出生的午時落在子（天貴宮）上。

04）那麼此人的四宮就出來了：

0A、年：巳～天文宮，前四世輪迴仙道。

0B、月：巳～天文宮，前三世輪迴仙道。

0C、日：午～天福宮，前二世輪迴佛道。

0D、時：子～天貴宮，前一世輪迴佛道。

05、1977年（巳陰）五月十七日酉時生男。

01）當逆起，得年上為天文，月上為天厄，日上為天刃，時上為天貴，立命天福。

02）由命宮天福，順起財帛 → 兄弟 → 田宅 → 男女 → 奴僕 → 妻妾 → 疾厄 → 遷移 → 官祿 → 福德 → 相貌，共十二宮。

03）由月上起大運逆起，每七年一運由天厄起。

04）由日上起出小運，太歲坐未為天驛，小運由日柱天刃上起。

05）流年神煞十二宮為：

0A、太歲、太陽、青龍、太陰、官符、小耗、喪門、朱雀、白虎、貴人、弔客、病符。

0B、由於太歲坐未，所以日柱坐刃，順起流年一歲起運，刃為青龍，所以終身青龍照限。

0C、明年太歲在孤，小限即到天藝，年過一宮，當然，起運和起宮這裡邊有很多秘訣，四柱、命宮、大運、流年、月建，樣樣都有關係地支的刑剋沖害，可說是非常精密。

06、1951年（卯陰）三月十四日巳時生男。

命盤排法（農曆）

命宮	年宮	月宮	日宮	時宮
酉	卯	丑	子	未
天刃	天破	天厄	天貴	天驛
肉畜牲	草畜牲	餓鬼	女天人	福鬼

年宮	卯	天破星	年入天破，運氣不通，父緣不深，祖業難承，雖有事業，勝敗不平，桃花侵命，酒色成凶，東奔西走，虛度飄零。
月宮	丑	天厄星	月入天厄，凶多吉少，性多固執，親人無靠，世業如雲。自立生涯，若無身厄，妻兒不合，帶疾延年，可免災禍。
日宮	子	天貴星	日入天貴，守舊安常，每當危處，有人扶幫，性急如火。又有固執，末年運勢，平順安康，不追功名，最好從商。
時宮	未	天驛星	時入天驛，南走北奔，異城風霜，親自歷盡，心神不定。世事浮雲，六親無德，投靠無門，周遊天下，以商為本。

07、1962年（寅陽）十二月二日午時生男。

命宮	年宮	月宮	日宮	時宮
巳	寅	丑	寅	申
天文	天權	天厄	天權	天孤
仙道	人道	鬼道	人道	人道

年宮	寅	天權星	年入天權，少年奔走，公平仗義，聰明俊秀，勤奮學習。官祿之人，廣交朋友，權在四方，貴格雖好，困厄必防。
月宮	丑	天厄星	月入天厄，凶多吉少，性多固執，親人無靠，世業如雲。自立生涯，若無身厄。妻兒不合，帶疾延年，可免災禍。
日宮	寅	天權星	日入天權，官祿之人，旱苗得雨，萬事更新，文武之財，權道用之，凡事稱心，欲求財物，妻室專權，亦欠全吉。
時宮	申	天孤星	時入天孤，骨肉情疏，一身孤單，六親無助，手段雖好，難以如願，恩人為仇，勞而無功，傷偶剋子，晚景淒涼。

08、男命,庚子(陽)年三月十八日卯時。
　　01) 子年,為子宮天貴星。
　　02) 三月,則由子宮起順數三宮,為寅宮天權星。
　　03) 十八日,則由寅宮起順數十八宮,為未宮天驛星。
　　04) 卯時,則由未宮起順數四宮,為戌宮天藝星。
　　05) 命宮,由戌宮起卯時,算至卯,為戌宮天驛星。

09、女命,甲午(陽)年六月初八日酉時。
　　01) 午年,為午宮天福星。
　　02) 六月,則由午宮起逆數六宮,為丑宮天厄星。
　　03) 初八日,則由丑宮起逆數八宮,為午宮天福星。
　　04) 酉時,則由午宮起逆數十宮,為酉宮天刃星。
　　05) 命宮,由酉宮起酉時,算至卯,為卯宮天破星。

10、男命,巳(陰)年二月初七日寅時。
　　01) 年巳天文宮、月辰天奸宮、日戌天藝宮、時申天孤宮。
　　02) 以時為主宮,天孤在時,夫妻有妨,頭子難留。
　　03) 月佔天奸,單純天奸並不可怕,此造天奸、天文、天藝全,君子德勝才,小人才勝德。

11、1962年(寅陽)12月2日午時生女。

命盤排法（農曆）

命宮	年宮	月宮	日宮	時宮
亥	寅	卯	寅	申
天壽	天權	天破	天權	天孤
仙道	人道	畜道	人道	人道

年宮	寅	天權星	年入天權，少年奔走，公平仗義，聰明俊秀，勤奮學習。官祿之人，廣交朋友，權在四方，貴格雖好，困厄必防。
月宮	丑	天破星	月入天破，事煩心亂，親朋無靠，多學少成，官厄相隨。疾病長生，中年之運，破家敗名，爬山涉水，孤苦伶仃。
日宮	寅	天權星	日入天權，官祿之人，旱苗得雨，萬事更新，文武之財，權道用之，凡事稱心，欲求財物，妻室專權，亦欠全吉。
時宮	申	天孤星	時入天孤，骨肉情疏，一身孤單，六親無助，手段雖好，難以如願，恩人為仇，勞而無功，傷偶剋子，晚景淒涼。

12、女命，巳（陰）年二月初七日寅時。

01）年巳天文宮、月午天福宮、日子天貴宮、時寅天權宮，文福貴權四吉星聚命，乃大貴之命也。

02）以時為主宮，天權在時，主掌權，為人機變。

03）日上佔貴，主中年後掌權。

04）年為天文、月為天福，可承繼祖業，文字發科。

起大運法

一、依據陽男陰女順排、陰男陽女逆排的原則,由月提主星起運,每運七年。

二、假如男子安命天厄宮者,則四歲起運,天刃宮十歲起運,天破、天孤二宮十二歲起運。

三、假如女命安命天厄宮者,則二歲起運,天刃宮九歲起運,天破、天孤二宮六歲起運。

四、厄破刃孤四宮之外,其餘各宮安命者均一歲起運,男女無異,依前面第一條排運。

五、未行運前為童限,起法:

　一)無論男女一律逆行。由命宮起一歲、相品宮二歲、福德宮三歲…依次逆行。

　二)童限滿至本命行運之年後,再依日主宮起小限,依太歲而順行。

六、男女月上起大運,一運管十年;男女日上起小運,一運管一年。

七、例子年三月初八辰時生人。

　一)**男則順行:**

　01、即從子(天貴宮)上起正月,三月則落在寅(天權宮)上,寅為初運(1～10歲),卯(天破宮)為二運(11

命盤排法（農曆）

～20歲）也，餘類推。

02、在大運上再分，一年走一運，如：

01）在初運在寅上，1歲在寅上，2歲在卯上，歲在辰上……10歲則又回到寅上。

02）在二運卯上，11歲在卯上，12歲在辰上……20歲又回到卯上，餘類推。

二）女則逆行：

01、從子（天貴宮）上起正月，三月則落在戌（天藝宮）上，戌為初運，酉（天刃宮）為二運也，餘類推。

02、在大運上再分，一年走一運，如：

01）在初運在戌上，1歲在戌上，2歲在酉上，3歲在申上……10歲則又回到戌上。

02）在二運酉上，11歲在酉上，12歲在申上……20歲又回到酉上，餘類推。

03）每歲如此逐運逐年輪之。

起小運法

一、小限即流年也，隨太歲而流行於十二宮。

一）無論男女皆順行。

二）年過一宮，加流年太歲神煞參看吉凶。

01、如子年生人，太歲在子，日主坐天權宮為青龍，即由寅宮起小限，明年太歲即在丑，青龍即在卯，

小限亦行至卯，以此類推。

02、則終身小限所到之宮即與青龍同到，是謂「青龍照限」。

二、**例：子年三月初四辰時生人。**

　一）**男則順行：**

　　從子（天貴宮）上起正月，三月則落在寅（天權宮）上，寅上起到初四，最後落在巳上。

　二）**女則逆行：**

　　即從子（天貴宮）上起正月，三月則落在戌（天藝宮）上，從戌起到初四，日落在未上，未（天驛宮）為一歲，二歲則為午（天福宮），巳（天文宮）為三歲。

行運吉凶歌

運行吉

子行權者多掌財，子逢天厄即平平，子遇破者可見孝，子遇天福可見喜。

子遇天刃喜得祿，子遇天壽子孫旺。

丑遇天權運氣通，丑遇天文多吉利，丑遇天壽財祿通，丑遇天貴重重喜。

寅遇天福運限高，寅驛相逢得財祿，寅遇藝星多孝服，寅遇天壽

命盤排法（農曆）

得大財。

寅遇天貴喜星動，寅遇天厄和姦財。

卯遇天驛運主亨，卯遇天權能主事，卯遇天福得財喜，卯遇天壽人安樂。

卯遇天貴重增祿。

辰遇天權主福享，辰遇天貴天喜臨，辰遇天福主亨通，辰遇天驛眾人欽。

辰遇天文主快樂，辰遇天厄子孫興。

巳遇天貴眾人欽，巳遇天福多主財，巳遇天刃子孫旺，巳遇天壽子孫旺。

巳遇天權能主事。

午遇天權能生財，午遇天文財祿聚，午遇天刃有大財，午遇天藝大興作。

午遇天壽得快樂，午遇天貴孝喜來。

未遇天福運限通，未遇天壽財祿長，未遇天文有財利，未遇天貴重重喜。

申遇天文多得財，申遇天貴外祿享，申遇天厄外財進，申遇天驛財喜動。

酉遇天福主亨通，酉遇天壽主安樂，酉遇天壽喜風財，酉遇天權眾人抬。

戌遇天壽喜重重，戌遇破星主亨通，戌遇天文身安樂，戌遇天福財源聚。

戌遇天驛眾人抬。

亥遇天貴財喜動，亥遇天貴得快樂，亥遇天福福祿進，亥遇天星眾人扶。

亥遇天刃作家興。

運行凶

鼠蛇相沖敢不當，牛見猿猴見必傷，猛虎遇猴遇藥箭，兔雞逢犬淚兩行。

馬見牛羊孤破離，羊遇鼠牛犬悲惶，龍逢玉兔星分散，蛇遭狂犬似貌狼。

猴遭虎鼠犬不吉，雞避犬兔無驚狂，犬離龍虎兩猴吉，豬怕虎猴害傷亡。

豬犬並羊虎要傷。

六道輪迴

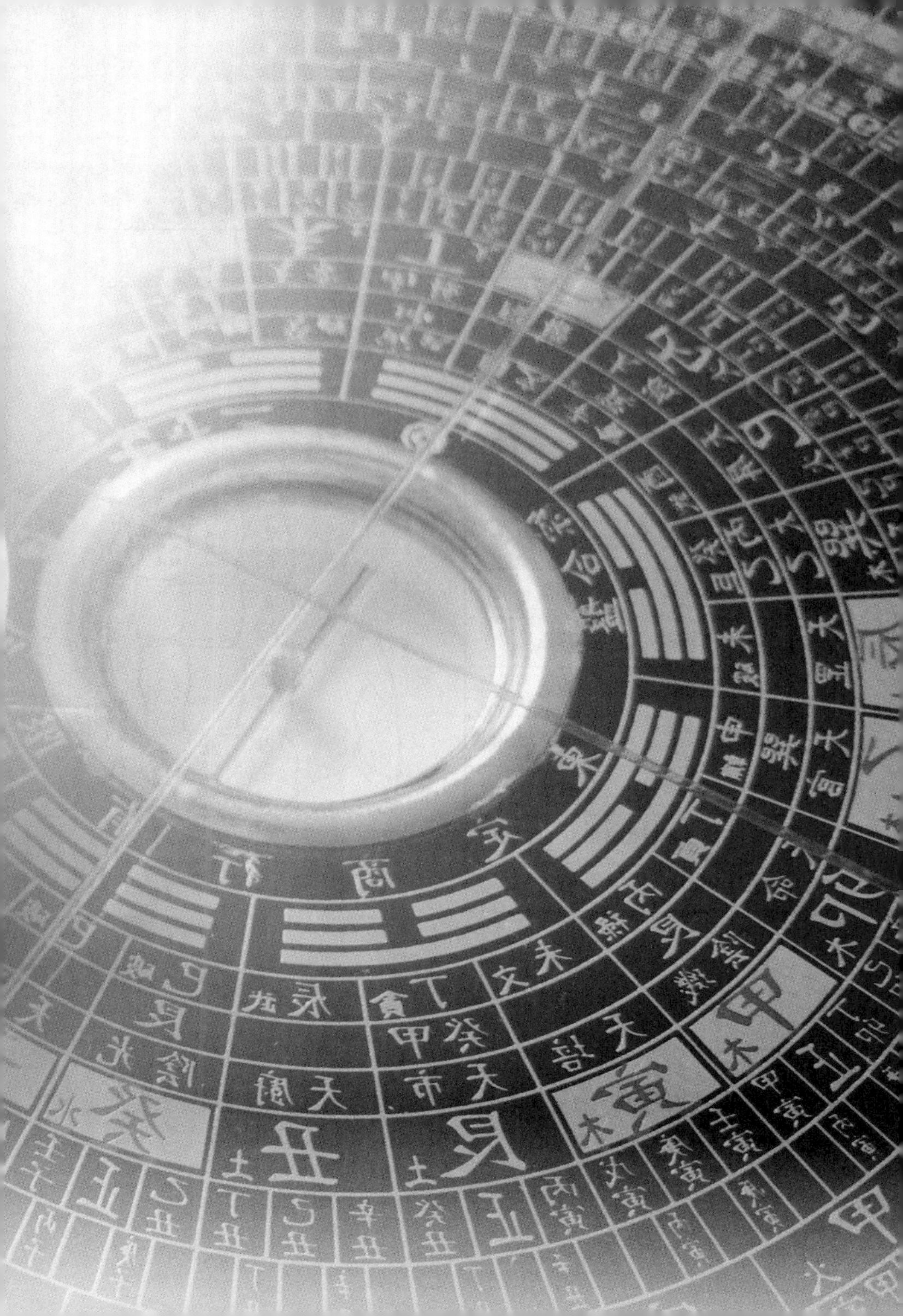

六道輪迴

六道輪迴

年支	宮位	六道
子	天貴宮	佛道
丑	天厄宮	鬼道
寅	天權宮	人道（一說修羅道）
卯	天破宮	畜道
辰	天奸宮	修羅道（一說人道）
巳	天文宮	仙道
午	天福宮	佛道
未	天驛宮	鬼道
申	天孤宮	人道（一說修羅道）
酉	天刃宮	畜道
戌	天藝宮	修羅道（一說人道）
亥	天壽宮	仙道

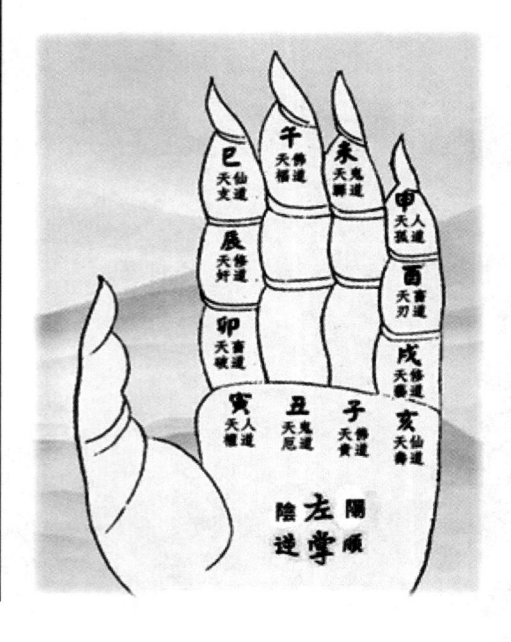

《達摩一掌經》，用來推斷人的前世今生，來得知此人是否有佛道因緣。

以農曆出生年月日時，算出前四世因果，推出前四世分別落於哪一道。

凡推命以左掌輪數十二宮，以年上起月，月上起日，日上起時，看落在何宮，以年月日時四宮綜合來斷其休咎，則一生得失榮枯，窮通貴賤，瞭然在目矣。

01）凡起數，男順女逆，即本生年上起正月數至本生月止。
02）若閏月生者，以十五以前作前月，十五以後生者作後月。
03）再以本生月起初一，數至本生日止，又以本生日起子時數至本生時止。
04）得到的年月日時對應的四道，分別為對你影響最大的前四世，年是距離最遠的前第四世，時即是影響最大的、最近的前世。

一、以地支配合十二生肖排進十二個宮位中，共有六組陰陽男女對角綫的宮位，如：

六道	生肖	剛柔	星宿	生肖	剛柔	星宿
天人道（一稱佛道）	子宮	女天人	天貴星	午宮	男天人	天福星
鬼道	丑宮	餓鬼	天厄星	未宮	福鬼	天驛星
人道	寅宮	商人	天權星	申宮	出家人	天孤星
畜牲道	卯宮	草畜牲	天破星	酉宮	肉畜牲	天刃星
修羅道	辰宮	男修羅	天奸星	戌宮	女修羅	天藝星
仙道	巳宮	女仙人	天文星	亥宮	男仙人	天壽星

二、先換算成農曆：

　　首先出生年月日必須換算成農曆，出生時間必須換算成時辰如子時、丑時…等即可。

三、清楚何謂陽男陰女：

　　一）在出生「年」的地支，若是為奇數，如「子、寅、辰、午、申、戌」稱為陽地支，在此一年份下所生即稱為「陽男」、「陽女」。

　　二）相對的，若是地支年為偶數，如「丑、卯、巳、未、酉、亥」稱為陰地支，在此一年份下所生即稱為「陰男」、「陰女」。

四、順數倒數的確認：

　　一）以出生年清楚是「陽男」或是「陰女」後，確認在十二宮位上是順數或是逆數，「陽男陰女」順數、「陰男陽女」逆數。

　　二）例如 104 年乙未年生肖屬羊，出生的為「陰男」、「陰女」，陰男要逆數、陰女則是順數，所以同一年生的男女，在十二宮位上數的方向將會不一樣的。

三界	六道	十二星宿	地支宮位	基本特質
天界	天人	男天人（居士）	午（陽）	欲界天中的天人、神靈為主，佛緣深厚、善良慈悲，有福報不愁錢財，有特殊才華和對社會理想情操。
		女天人（居士）	子（陽）	同上述特質，但有偏重執著於六親感情，母性強烈容易感動有愛心，有潔癖喜愛乾淨，為人品性高、生活有質感。
	仙道	男仙人	亥（陰）	欲界天中的八部天龍，得道仙人如八仙等，修持精進精魅仙靈如虎仙、鹿仙等；個人欲望貪嗔痴習性仍很重，喜歡崇尚自由不受約束追求自我，偶爾會仗義助人。
		女仙人	巳（陰）	同上述特質，但有偏向女性的手藝，如編織、廚藝等美的事務，和藝術方面才藝，像是酒仙、花仙、樂仙，心性浪漫不務實。
	修羅道	男修羅	辰（陽）	欲界天中的武將戰神，或是個性剛猛、氣勢強烈、積極主動，追求目標完成，容易逞凶鬥狠的仙靈，如龍神、虎仙、猴仙等。
		女修羅	戌（陽）	同上述特質，但有偏向女性陰柔、內斂的一面，重視男女感情慾望，追求美的物質享受，如狐仙、蛇仙、鳥仙等。
人界	人道	商人	寅（陽）	一般的世俗凡夫，每天要擔心煩惱的就是基本錢財事業、家庭婚姻、小孩家人，能有穩定的生活最重要，而沒有特別的理想、才藝、信仰、和欲望上的追求。
		出家人	申（陽）	比一般世俗凡夫更加單純的，或是不想要再當人受苦的類型，開始感受到人生的苦痛，特別是在男女感情婚姻上，而有離俗出家的傾向，或累世中曾當過出家眾。
	畜牲道	草畜性	卯（陰）	如牛馬象鹿般的單純樸實，只要有草吃食就可以過日子，除了延續下一代，沒有太多的欲望，只是終日為生活忙碌，能夠任勞任怨地付出，受人欺侮壓迫也沒有怨言。
		肉畜性	酉（陰）	如獅虎豺狼般的貪婪血肉，具有動物強烈攻擊的本性，積極主動佔有性強烈，但是比較修羅道的剛猛，又少了較高的格調和道德性，為了生存和追求欲望，會有凶殘不講義氣道德的行為發生。
地界	鬼道	福鬼	未（陰）	福鬼又分為兩類： 一是有受到子孫供養祭祀的鬼靈，自身沒有福報但是子孫有孝心，延伸為不思進步只想要受人照顧的怠惰類型。 二是在鬼道中精進修持有發願做事，而進階到鬼神的層次，如土地公、王爺、城隍等神靈，才能來接受眾生的祭拜供養。
		餓鬼	丑（陰）	轉世中最低下的等級，業力深重而且不知悔改，所以連最基本的生活都無法照顧，品性道德或是智慧才能都屬平庸。若轉世為人常身為一般低下卑俗的類型。

29

六道輪迴

六道訣

宮位	子午	丑未	寅申	卯酉	辰戌	巳亥
六道	佛道（一說天人道）	鬼道	修羅道（一說人道）	畜道	人道（一說修羅道）	仙道

一、六道生命歌：

一）十二時宮去須還，惟有重疊走江山；世間多少名利客，盡在仙僧一掌間。

佛道慈悲鬼道慳，人道和謙畜道貪；惟有修羅能主事，時逢仙道一生閑。

子午二宮是佛道，丑未二宮為鬼道，寅申二宮為人道，卯酉二宮為畜道。

辰戌二宮修羅道，巳亥二宮為仙道。

二）仙道為人多行善，喜歡外出好游山，亂事多有多煩惱，晚年逍遙得自在。

人道生人性溫良，修道生人心性暴。

畜道生人心性剛，不怕別人說長短。

鬼道生人天性懶，生活方面也勤儉，做事有成就，晚年能長壽。

午佛道人福氣厚，大小災難易躲過，有坎坷路不平，中年時代心受累。

辰修羅道天奸星，喜歡花草喜歡柳，本命好色心中有，為人

多奸多心機。

天孤早婚有危險，好朋友講義氣，就是沒有好朋友。

藝星遇破藝不精。

二、六道十二星宿也可用十二字真言來簡稱：「貴、福、文、壽、奸、藝、權、孤、破、刃、厄、驛。」

再進一步配合出生農曆「年、月、日、時」和十二地支宮位，就可以簡單輕鬆地推算出，前四世是在哪六道中投胎過。

一）佛道（一說天人道）訣：

01、天貴、天福二宮為佛道。

01）佛道生人多好善，無憂瀟灑樂人間；在世一生煩惱斷，忽然徹悟上西天。

02）凡人生時輪值者，主慈和慷慨，有救人之心，無害人之意。

03）出家修道者，最有福報，極慈悲善良，渡人必成正果。

02、天貴星：

01）時辰落在天貴星，一生清貴事和同，志氣不凡人出類，安然自在性明通。

02）子為地支之首，且居北方亥子丑三宿的中心位置，最為尊貴，故以天貴、佛道喻之。

03）主人清高有德，有行大事成小，災禍無侵。

0A、若更得天權、祿馬星助者，榮昌富貴。

0B、若犯重者，主悲泣翻悔中下小人，半吉之命。

0C、若逢孤厄、破刃照命者，必為朝堂折挫之人，見貴而未為全吉也。

0D、若逢天福、天權星榮華富貴過一生。

0E、若逢天破、天孤、天刃星，一生坐牢受罪命。

04）天貴星主人好清閑，福貴家中定富豪，朋友共來講仁義，不喜歡孤獨，喜歡合群，乃上等之命。

03、天福星：

01）命逢天福是生時，定然倉庫有盈餘，寬洪大量根基穩，財帛光華百福齊。

02）午（馬）在卦為離卦，為文明，且得火的正位，故為天福。

03）六道論法以兩個地支為一組，因此午也為佛道，其他同。

04）此星在命：

0A、主人受福清閑，性情自在，度量寬洪，根基穩實。

0B、又得權刃相扶，衣帛充足，倉庫盈餘，堆金積玉之命。

0C、若犯重者，衣祿不多。

0D、若驛孤奸破星者，必主貪慳嫉妒，衣祿艱難

之下命也。

05）月上佔天福星，本人一生受不到大罪，也是逢凶化吉之命。

0A、日時佔福一生福貴在身。

0B、日上佔福，且時上沒有福星，乃是中年有福，老年沒有福氣。

0C、如果時上沒佔福星且佔孤破星者，老年孤單之命，兒女不孝。

0D、如果再有厄星者，老年病死。

0E、再有刃星出現，老年凶死，下等命。

二）鬼道訣：

01、天厄、天驛二宮為鬼道。

01）鬼道生人性太靈，未會舉意事先能；此人帶疾方延壽，勞碌生涯可見成。

02）凡人生時數至者，主心性不當，多疑慮，善機變。

03）丑宮主帶疾，未宮主奔波勞碌，出家修道者，善巧方便，辛勤勞碌。

02、天厄星：

01）時在厄中人混沌，惺惺作事又癡呆，此人帶疾方延壽，還須勞碌作生涯。

02）丑未為四墓、且居鬼門，故以天厄、鬼道喻之。

03）此星在命，主人帶疾。

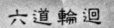

0A、若逢破刃犯沖，災病必重。

0B、若逢權貴星，主人輕疾乃中上命也。

0C、若逢孤、驛、奸星，主作事遲令，一生勞碌，定主蹭蹬離祖，乃中下命也。

04）日時落在天厄星：

0A、本人一生混沌，做事遲緩，此命帶疾，方可延壽。

0B、逢天貴、天福相助者，方可逢凶化吉。

0C、若逢破、厄、刃星助，必有大災，中年殘廢。

0D、再逢兩破三厄者，本人必定短壽。

0E、再逢兩個刃星照命者，必有殺身之禍，下等命也。

03、天驛星：

01）人道若逢天驛星，搬移離祖不曾停，身心不得片時靜，走遍天涯是未甯。

02）未（羊）為坤卦，坤為驛，為大車，因此以天驛喻之。

03）此星照命：

0A、主人離鄉別井，骨肉情多勞碌，身心自成自立之命。

0B、若逢福權貴刃壽五星者，必主官供，給車馬相隨乃顯榮之命。

0C、若逢孤破厄星，猶如風吹樹葉水上浮萍，心猿意馬，奔馳不定，方外雲遊江湖上之下命也。

0D、若犯重而刃厄相冲者必為流徒之類。

04）月上管本人弟兄，且不在家，經常動，出外經營，且有發達之命，是個業務員，或者是個開車的。

05）如果日上佔到天驛星，本人沒有正式的工作。如果再有天刃、天孤、天破星照命者，本人不在家，定是個流浪漢。

06）如果時上佔到天驛星，本人一生不在家，離開祖基，立地他鄉。

0A、如果時上佔到天驛、天福、天貴，本人必有出國之命。

0B、如果再有天權星相助者，本人必是武將、將軍之命、領兵打仗之人。

0C、如果時上佔權、貴、驛、刃者，本人必死在沙場，也算上等命。

三）修羅道（一說人道）訣：

01、天權、天孤二宮為修羅道。

01）修羅生人性溫良，柔和有智敬三光；凡事不中人也喜，清俊聰明最吉祥。

02）凡人生辰值此者，主心性溫雅，作事聰明孝敬，

申宮主孤剋必為僧道。

02、天權星：

01）時辰落在天權星，性格操持志氣雄，作事差遲人也喜，一呼百諾有威風。

02）寅為三陽，在時為平旦、在門為生門、在將為功曹，故以天權、人道喻之。

03）此星在命：

0A、主人聰明，俊秀灑落，襟懷有權有勢，多智多能。

0B、若逢貴福文壽星相助者，人人欽敬，權而無權乃中命也。

0C、若逢厄破孤驛在命者，作事勞力，財帛不聚，未能先能，未會先會，浮浪中命也。

04）日時落在天權星：

0A、本人一生有威風，是個將帥之才，當官之命。

0B、若有破星當頭，本人有權也不大。

0C、若有破、厄、天奸星照命，本人必有坐牢之災，因為男女關係。

0D、如果有權、有孤落在天驛星，本人是個當官的，必定是在外地，不在當地當官。

05）如果時辰落在厄星上，本人50以後雖然有權，但是壽命不長，病死。

03、天孤星：

01）時辰若逢此天孤，六親兄弟有如無，空作空門清靜客，總有妻兒情分疏。

02）申為白虎，為凶喪刑剋之星，故以天孤喻之。

03）此星照命：

0A、主一生孤獨，男人得之，六親無分，女人得之，剋子妨夫。

0B、孤星犯重者，反不為孤，必為半僧半俗。

0C、若得權福貴壽星相助，乃上命也，亦不免少年刑剋。

0D、若逢破驛奸厄刃星，必為雲水漂流下命也，凡選故出之命，要看孤星為主。

04）天孤星者一生孤獨之命，沒有知心朋友，易受騙上當之命。

05）如果月上佔孤，有兄弟也不能在一起，因為命中孤星照命，必剋兄弟。

如果月上佔孤、破、奸者，也有牢獄之災。

06）時上佔孤，宜離祖業晚婚之命，對象外地，本人也宜離祖基。

命中早婚也不行，必定離婚。

07）如果年月時日全部佔孤，本人是光棍、和尚之命。

四）畜道訣：

01、天破、天刃二宮為畜道。

01）畜道為人性不常，自成自敗有刑傷；一生作事多成敗，自專謀為利主張。

02）凡人生時值者，主成敗不一，自用自專，目中無人，故作事每致顛覆。

　　0A、卯宮多破敗，酉宮膽大不安分。

　　0B、出家修道者，不能安然常住一所。

02、天破星：

01）時辰落在天破宮，堆金積玉也成空，夜眠算計圖家富，鈔袋誰知有蛀蟲。

02）卯為四正，在門為傷門、在卦為震卦，故以天破喻之。

03）定位為畜道的原因，則不是很清楚，可能是人道與畜道並存，故人道後即為畜道。

04）此星照命：

　　0A、主財帛空虛，祖業耗散。

　　0B、若得權貴福星相助，亦為中命。

　　0C、如遇驛刃孤厄犯重者，作事艱難，重重破敗，浮浪東西之下命也。

05）日時若落在天破星：

　　0A、本人一生窮命。

0B、若在命中有吉星相助者，也有補救，貴人幫忙，也是一般之命。

0C、若沒有吉星相救，本命是個下等命，一生乞討。

0D、若再有厄星出現，必定死在大街上。

03、天刃星：

01）天刃為人性大剛，是非終日要爭強，持刀弄斧刑心重，好似將軍入戰場。

02）酉為陰虎，且為日落之地、刑傷之門，故以天刃、天破喻之。

03）此星照命：

0A、主人一生剛很性格，躁暴自做，自是不受人觸，受不得閒氣，風火性過端然無事。

0B、若得權貴，福星為人，不俗禮義，足以化強暴乃上命也。

0C、若逢孤破奸厄，膽大心粗，形體殘疾，不免斷髮身死乃下命也。

0D、惡星少而吉星多者，亦為中命。

0E、犯重，必主殘疾。

04）年上佔刃星：

0A、如果男人年上佔刃者，父脾氣不好。

0B、女人年上佔刃者，母脾氣不好。

05）月上佔刃者，兄弟關係不合，經常鬧意見。

06）日佔刃者，本人脾氣暴躁。

0A、如果佔驛、刃、孤三星，本人出外身上易帶刀出行。

0B、打架好動刀、槍，所謂，日上佔刃，持刀弄斧闖四方。

07）如果月日時全帶刃，破，本人必有坐牢之命，必有凶死之命。

0A、如果有富貴星相助者，也有轉吉之命，也有神靈相助。

0B、相助者一般命，相害者下等命。

五）人道訣（一說修羅道）：

01、天奸、天藝為人道。

01）人道時值性情剛，智識超群不善良；見弱不欺能好勝，逢強偏要與爭強。

02）凡人生辰值之者，每事必好勝，剛強不屈。

03）辰奸宮多詐偽，戌宮多技巧。

04）出家修道者，別有一種性情，必須觀其根器何如耳。

02、天奸星：

01）大如滄海細如毛，佛口蛇心兩面刀，奸狡狠謀藏毒性，意多翻覆最難調。

02）辰天罡，為爭鬥之神，與修羅道性質相符。

03）辰為勾辰，所謂勾搭成奸也，故以天奸喻之。

04）此星照命：

　　０Ａ、主人一生勞碌，啾唧奔波，指東說西，機變難測。

　　０Ｂ、若得天貴福星相助，財帛豐盈，亦為上命。

　　０Ｃ、若逢權刃星者，必為奸權殘忍之人，言清行濁，執性凶謀，有善人之心，無容人之量，貪嗔太重，非善人也。

　　０Ｄ、若逢孤厄破驛，定為慳貪嫉妒之小人，乃下命也。

05）日時落在天奸星，乃婚姻不順之命。

06）月上落在天奸星，本人好色，必有外遇。

07）日上落有天奸星，談女人多，最少7個，且有外遇。

08）時辰和日月都有天奸星，本人必有坐牢之災。

　　０Ａ、如果日月時辰有厄、破、奸、刃星者，必有殺身之禍。

　　０Ｂ、如果命中有天福和天貴相助者，也有逢凶化吉之命，但是也不免有牢獄之災。

　　０Ｃ、吉星相助者一般命，否則下等命。

03、天藝星：

01）天藝生人性最靈，將南作北逞多能，諱為見靈機

關巧,到處和同作事勤。

02) 戌為火庫,為文明之庫,故為天藝。

03) 此星照命:

0A、主人多智多能,機巧近貴。

0B、若犯重者,主資質昏鈍,懶惰愚頑,多學少成,匠作用力之輩。

0C、若得天權貴福文壽俱全,剛柔相濟,雖為藝術,亦可成立。

0D、若為天孤,可為僧道之出類者,乃中命也。

0E、若逢破厄,則藝舉無成終為下命。

04) 男人命中佔藝者,主父必定會手藝。

女人佔藝者,母必會手藝。

05) 月上藝者,兄哥有手藝。

06) 日上佔日者,本人會手藝。

0A、如果日上藝星也有破,雖然命者會手藝,卻不精。

0B、如月上佔藝,日上也藝,本人必是開車之人。

0C、如果日上佔藝,時上也佔藝,或者是權貴星相助者,必定是個正法之人、公安或法院之人。

0D、日時佔兩藝兩權者,一個貴星者,必是記者,上等之命人也。

六) 仙道訣:

01、天文、天壽二宮為仙道。
　　01）仙道為人必性慈，寬洪度量有長情；安閑享福兼多壽，學行優長過不群。
　　02）凡人生辰值此，主性情柔緩，惡聲不發怒容。
　　03）出家修道者，最多福報，有學有德行，必成正果。
02、天文星：
　　01）命遇天文秀氣清，聰明智慧意惺惺，男才女秀身清吉，滿腹文章錦繡成。
　　02）巳在卦為巽卦，為文書，火也為文章，故以天文喻之。
　　03）仙道的原理比較特別，巽為山林，為道士，巳為爐灶，因此喻為仙道。
　　04）此星照命：
　　　　0A、主人聰明伶俐，學識過人，作事和美。
　　　　0B、若逢天貴天福天藝星相助，定主鰲頭獨佔，虎榜登名，金階玉陛之人也。
　　　　0C、若遇天權天刃星者，文武多才，乃為上命。
　　　　0D、如遇破厄孤驛及犯重者，乃多學少成，不為書算文墨之輩，必為雲遊湖海之人，乃手藝術士之下命也。
　　05）日上逢天文，必是中專生。
　　06）時佔天文星，必是大學生。

0A、如果日上有天文星出現，又有天破星出現，也能上中專、大專，但是第一次絕對上不去，最少第二次或第三次上中專大專生。

0B、如果日時都沒有文星出現，本人小學生、中學生。

0C、佔破者上學不能畢業，但是有2個貴星出現一個福星照命者也能上去。

0D、如果年月日時全部佔到文星上，本是必是個瞎子，下等命。

03、天壽星：

01）夫妻生時命最長，上恭下敬性溫良，一聞千悟心慈善，喜怒中間有主張。

02）亥居乾位，乾為動，流水不腐，故為天壽。

03）此星照命：

0A、主人長壽康健，智慧聰明，作事溫良有救人之心，無傷人之意，恩中招怨，作事樸實，眾人欽敬，平生安穩，有始有終，喜怒不形。

0B、若得天權福貴刃星相助，必主寬洪大量，福壽綿綿。

0C、犯重者，有壽無福。

0D、犯孤破厄星，乃中命也。

04）年上佔壽管長輩，父母長壽，必定父母當中有一

個懶人。

男壽父懶，女壽母懶。

05）月上佔壽者，本人心性直，性格直，心軟，兄弟和睦，身體都可以。

如果月上雖然有壽星，但也有破厄星，本人不免有小災小病出現，但無大害。

06）日上佔壽，本人身體好。

0A、日佔天壽者，一般壽命88歲，但是記住本人雖然有壽，但是必定懶，喜歡吃肉。

0B、如果時上佔壽者96歲至101歲無妨，但是佔破厄星刃星者，方為73歲壽命。

0C、如果年月日都佔壽者，本人無壽，最後活到18歲必凶死，上吊、喝葯、淹死等。

六道星宿等級升降的基本判斷

一、從一掌經六道星宿累前四世的概念，可以來推論在每一世中的習性行為，是往好或壞的方向在變化，十二星宿有「等級」層次的區分，從最高的「男天人」到「餓鬼」，可以清楚地來判斷，前四世到此一人道的今世，這五個轉世階段中，等級起伏進步或退步的變化。

一）若前一世是「男天人」而今世是在「人道」，那這一個降級算是連降6級，可見在天人道時所犯的過錯可是很大的，相對的在今世或許是有能力和福報的人，但是應該會遭受到很大的厄運挫折，算是一種「處罰」！也是要藉此大折磨讓人來覺悟，才會做更多彌補過錯的善事。

二）若前一世是「草畜牲」而今世是在「人道」，那算是升了1～2級進步呢！
所以今世可能只像牛馬一般，單純地想只要能過日子，也不會想求功名富貴，就會很滿意幸福，沒有什麼太多的欲望，當然也就不會有那些意外橫禍了。

二、六道粗解：

一）天人（佛道）：

01、狹義：

表示欲界天的諸多神靈，和菩薩修持學習的門生弟子，各界修練成仙的精靈、仙人。

02、廣義：

能達到如此高等級的靈識，肯定是要很有修持的功力，心性也當然是很慈悲善良有美德，沒有貪嗔痴慢疑等五毒的惡劣習性。

03、男天人（居士）、「福」：

01）（馬）造橋鋪路，佈施的善心大員外。
02）習性上更加地理性、冷靜，不受情感的牽絆。
　　0A、在修為上較剛毅果決，有堅持性。
　　0B、略顯憨厚，逢凶化吉，與父母相處很好，貴人很多，有福報，經濟穩定。
　　0C、常有貴人協助，易受提拔升官，沒什麼心眼，因事業順利，故較不積極。
　　0D、男性因妻而貴，個性大而化之，比較慵懶，不懂體貼。
　　0E、性情憨厚，易相信別人，熱心大方，願意付出，繼續做財佈施。
　　0F、男性體貼溫柔。
03）基本特質：
　　0A、由於是男生投胎的，若是今世為女生，個性上會比較男性化一些。
　　0B、過去世是財佈施的大善人所以非常的有福報，終生有貴人相助，此生會出生在經濟狀況不錯的家庭，一生不愁吃穿。
　　0C、因為過去世心思一直專注於修養習性，所以這世仍會非常在意內心的修養，對於人世間的世俗現實面，會不在意不願浪費太多時間在上面，對入世的名利成就都不積極。

0D、唯人心軟、愛助人、善好施，愛打抱不平，卻不太愛把心放在賺錢上。

0E、生性溫和，相信所有人，不易對人設防，有時會容易被利用。

04、女天人（居士）、「貴」：
01）（鼠）廣播正念，春風化雨的清貴點燈人。
02）女性總是比男性，多一些溫柔和感性上的優點，但是也會較偏重於情感上的羈絆，或是較浪漫不務實等缺點。

0A、女性苦難較多，不會撒嬌。

0B、乖巧有人緣，心地善良，很會讀書，體貼父母，清雅高貴，重視內在人格涵養。

0C、有貴人相助，適合以嘴巴來傳道，或從事文教清雅的工作，但不太積極。

0D、女性較容易在婚姻生活中受苦，悟性強，常會有逃避現象。

0E、很有智慧，充滿慈悲心，重名不重利，自主性強，重於口德的佈施。

03）基本特質：

0A、由於是女生來投胎的，因此若是今世為男生，舉止上會比較有斯文氣質，也較陰柔一些，除非其他世有較陽剛的輪迴世。

0B、一生比較偏向用嘴巴傳道，即現今所謂的法佈施。

0C、給人希望，給人鼓勵，給人信心，說的話都是正面的，言行很有影響力，**靈魂素質高**，善解人意，心地善良，悟性高，自主性強，有承擔力。

二）仙人（仙道）：

01、狹義：

主要代表是欲界天中的天龍八部[1]，天人之外的七種仙靈神靈精魅，偏向於文藝溫柔的仙人神靈精怪。

02、廣義：

01）靈性略輸於天人的修為，但是已經比一般人道的世俗凡夫，有更深的佛緣和修為。

02）介於天人道和修羅道的特性，有天人的福報慈悲，但仍有修羅道的慾望心性，貪嗔痴慢疑的劣根性還存在。

03）仙道會有更強烈的脫俗離世的靈性，心性崇尚自由以自我為重，喜愛美的事物，也會有明顯的專業才華，對於藝術、音樂、雕刻等，會有天生的能力和敏銳的感覺。

---

[1] 八部包括：一天人、二龍神、三夜叉（能吃鬼的神、鬼神）、四乾達婆（香神、花神）、五阿修羅（任性戰神）、六迦樓羅（金翅鳥神）、七緊那羅（歌神、樂神）、八摩羅伽（大蟒神）。

04）因為靈識的欲望習性仍然很重，助人行善的福報還不夠多，所以還無法提升到天人道的等級中。

03、男仙人、「壽」：

01）（豬）自在長壽，瀟灑、翩翩卻愛八卦的型男。

02）對於世俗的利益常不屑一顧，認為很庸俗，對傳統道德禮俗也很叛逆或超脫。

0A、孝順，貼心重感情，男生個性豪邁不拘小節，女生感覺像哥兒們。

0B、適從事公關，不做勞力的活動，工作不定隨遇而安型，對外來沒有長遠計劃。

0C、較重視另一半精神層面的溝通，怕挫折，感情依賴性頗強，很隨性，離婚率高。

0D、要理財並重務實，否則易抑鬱寡歡，容易有生殖系統的毛病。

0E、書讀得好，男性斯文，較無男性氣概。

03）基本特質：

0A、今世年柱生肖屬豬的人若是女生，個性會比較男性化，不拘小節、個性阿莎力，懂得生活上的享受，怕壓力。

0B、要修務實，沒承擔力，沒決心的功課。

0C、很愛自由自在，愛聊天八卦，個性大而化之，不拘小節，道德心強，心地善良，重仁義道德，

貼心重感情講義氣，善良善解人意。

0D、懂傾聽的藝術對人有同理心，聰明有慧根也很有異性緣，也喜歡清閒過日子。

0E、不宜勞力工作，適合服務性口才的工作，悟性高但不積極，三分鐘熱度。

0F、因仙道來的，不善處理情感太理想化，所以易有感情上的困擾，婚姻易有疏離或離婚現象，生活面的不務實無法滿足對方實際生活面的需求。

04、女仙人、「文」：

01）（蛇）美麗、浪漫、唯美的性靈飛天女。

02）對於男女感情有其虛幻理想性，若是因為犯了色戒被降級轉世，今世會受到感情很大的折磨，極易愛上不該愛的人，或是執著於莫明不理性的感情困擾中。

0A、書讀得好，女性氣質柔美漂亮，唯獨感情上依賴很重。

0B、研究學問高手，不能忍受髒亂的工作環境，也不能太辛苦，要學務實，公關人才。

0C、喜歡幻想浪漫，重感覺，外遇機率高，女生不善家事，更要心靈的交流互動。

0D、愛漂亮，重感情，較沒定性個性充滿浪漫唯美，性聰明心細膩，是讀書料。

03）基本特質：

0A、今世生肖屬蛇的男生，由於是前世女生來投胎，舉止行為會很秀氣斯文，也會有較多女性朋友，和女生在一起很自然可像姐妹般的聊天。

0B、有著不食人間煙火清靈的仙女氣質，但四柱宮中其他的部分有權、破、刃者就不會那麼明顯。

0C、易逃避現實問題不愛面對，對生活環境及週遭的人事物都有潔癖，為人聰明。

0D、對文學、美學的感受力很高，對感情都有著超唯美浪漫要求，本身靈性高，若有貴人助，成就會很高。

三）修羅道：

01、狹義：

主要是指欲界天中的天龍八部，天人之外的七種神靈精魅仙怪，偏向於武藝剛強的仙人神靈精怪。

02、廣義：

01）雖然是天界的仙靈，但是貪嗔痴慢疑的劣根性還很重，每天生活的汲汲營營，擅用心機、心性叛逆、自戀愛現、我行我素、不愛受人管，常任性不按牌理出牌，有勇往直前的個性，屬於積極主動開創性格有將相武才的特性。

02）瞋心重、控制欲望強烈，個性暴燥沖動，是此生

最重要的修行功課。

03、男修羅、「奸」：
    01）（龍）山海中的精靈，別管我來去何方！
    02）表示原本靈性也非俗世的肉體凡夫，會有偏重靈性的修持傾向，容易往禪宗或是其他靈性修持發展，因為有靈異體質，較容易被外靈干擾沖煞。
    03）基本特質：
        0A、不愛受拘束、不愛被管、口才佳、說話直接、個性暴燥、敢愛敢恨、勇往直前。
        0B、完全不管別人感受，領導力強，但因太固執，做的事往往會後悔，特立獨行、不守禮法，有才華但不乖，個性剛強，得理不饒人，自我，但有正義感，一生的功課是要修口德，脾氣。
        0C、反叛性強，早期會被視為問題兒童，重感情及義氣，生命力強，可塑性相對低。
        0D、聰明，但工作上的定性不夠，會常換工作，有創意，點子多，情緒掌握力差。
        0E、完美主義者，負責指揮家裏大小事，而且要視其情緒的掌控，但不記仇。
        0F、反應快，很聰明，脾氣大，來得快去得也快，不信邪，很顧面子。

04、女修羅、「藝」：

六道輪迴

01）（狗）藝高八斗小精靈,,絕頂辯才的輕慢人。
02）表示不屑人間的世俗禮儀假面具,在男女感情有其虛幻的觀念,因此會給人很不務實、高傲孤僻的感覺,這世主要來修感情的功課。
03）除有靈異體質,較容易被外靈干擾沖煞,也很容易成為神靈的乩身代言人。
04）基本特質：
0A、聰明伶俐勤勞,對專業才藝的領悟力高,為人公平公正,有正義感。
0B、脾氣不好,很自我,不愛受拘束,工作喜歡自由沒壓力,有個性,也很清高。
0C、幼年很有才華,主觀意識與能力都強,有藝術天份,較不能忍受父母的嘮叨。
0D、適合從事專業性的工作,尤其理工方面,常常工作有成就,也可看得到具體結果。
0E、希望配偶要有才華與能力,是心甘情願與對方結髮一輩子的人,但有時爭執性強。
0F、反應快,思緒敏銳,大都有特殊才能,固執不易說服,有我行我素之個性。

四）人道：

01、狹義：

人世間所有士農工商的世俗凡夫,不論是高官富商或

是販夫走卒，都是在此一等級不高的，人人皆有業障果報、煩惱纏身的人道。

02、廣義：
有各種七情六慾、貪嗔痴慢疑五毒深重的個性，最大的優點是可塑性高，隨時隨地感受到心裡身體的苦，和貪瞋癡無所不在的折磨，因而促成了可以來修行往上提升超越的的好機緣。

03、商人、「權」：
01）表示如同一般的世俗凡夫，仍深陷在五毒之中，每天仍是被錢財、事業、名利、權勢、情欲和病痛等所束縛，還未有覺知的心體會到六道輪迴的真理。
02）（虎）精打細算，人生戰場見我運籌帷幄的生意人。
03）基本特質：
0A、過去世在人道是商人，數字觀念很強，標準生意人，易記仇，但都放在心中不易表現出來。
0B、務實理性過於注重現實面，更善謀略，從商從政皆可，有當老闆的雄心潛力，特別喜歡賺錢，與「出家人」正好相反，一生食祿不缺，做事務實有志氣，重視信用和名譽。
0C、從小很有主見，不喜歡被管束，年少容易嶄露頭角，具十足型動力。

六道輪迴

0D、衣食無虞,是主管的命格,愛掌權,主觀意識強烈,做事很有方法有效率。

0E、會管另一半,為人處事一板一眼,頗會記仇,但都會放心中型。

0F、懂得經營,有很強的賺錢能量,不容易推心置腹,重視家庭生活,喜歡用錢堆積。

04、出家人、「孤」:

01)表示已經開始產生覺知的心,知道人道業障果報的苦,不願再來人道當人,而願意放下世俗塵物,不在汲汲營營追求名利情慾,開始往懺悔反省、彌補罪過、行善布施、精進修行等功課在努力中。

02)(猴)遠離人群的獨孤隱人。

03)基本特質:

0A、由於過去世為出家人,是接受供養的,所以對於求生於現代科技,競爭世界中是較辛苦的一件事。

0B、為人較安靜,由於過去世是修行在深山靜野裡,很少與人交談也少朋友,所以這世在與人交往相處的情形較不理想,而此世「孤」的靈魂功課,是再回去承接家業,此生宗教信仰的緣分較深。

0C、常常感覺沒人真正了解他們懂他們的內心世

界,易形成孤僻自閉的個性,六親緣淡,與父母親人緣分淡薄,個性剛強且悶的脾氣,對自我及外在人事環境的要求都很嚴格,所以常發勞騷,批判一些自身無力去改變的事。

0D、容易想不開走向上一世同樣的路,拋開一切遁入空門,然而這一切對這一世要做的功課是沒用的仍然要償還的,此生要做法佈施。

0E、早年與父母關係較淡,不知如何與人互動,沉默寡言,書唸得並不是很好。

0F、對金錢有深切自卑感,要學勇敢務實,常獨來獨往,較無創造力,要學習法佈施。

0G、有冷漠的距離感,容易不解風情,冷戰可以持續很久,生活嚴謹。

0H、有自卑感害怕人群,行動力較弱,情緒容易卡在心中,理想性高。

五)畜牲道:

01、狹義:世間所見的蟲魚鳥獸,皆是畜牲道裡的眾生,其中以哺乳類較有靈性。

02、廣義:

01)畜牲是很愚痴沒有靈性,不懂倫理道德,學習智能偏低,只有基本的動物本性,每天窮於顧飽肚子求生存,接著又忙於發情傳宗接代延續子孫。

02）對於理想、才藝、學習、精進、超越等，都是不會去思考想象追求的。

03、草畜牲、「破」：

01）（兔）溫馴小動物，守著陽光守著你！

02）表示我執非常重、固執不通、隨遇而安、一身憨膽，常感嘆無力改變現況，今生要修癡的劣習性，多學習上課和接受別人的意見，多聽朋友的建議，要學會如何放下和我執。

03）基本特質：

0A、破是溫馴的草食性動物，如兔子，綿羊類的，常無法掙脫自身的困境，認真地吃草，規律地生活，不會侵犯別人，但也不希望別人來侵犯他。

0B、有一個特色，因為是弱勢的草食動物，為了守衛及隨時逃命，隨時都在警備狀態中，這世的睡眠較易驚醒，或眼睛半張著睡。

0C、堅硬的性格打拼。

0D、守成，愛家，顧家，穩定，一成不變，執著，有潔癖，屬於還債型的，會碎碎唸，很認命，防禦性強，能忍受夫妻間不平等的待遇，他的想法是「算了，就算不幸也不敢改變」。

0E、個性保守，早年沒自信，義務型的孝順，幼年性格為乖乖牌，較沒勇氣與膽識。

0F、適合上班族，沒有開創性，大部分的人一份工作都從事很久，且會邊做邊抱怨。

0G、婚姻生活肯定不會太好，婚姻中會沒有自我，是愛家型的配偶，感情相當執著。

0H、個性溫和沒侵犯性，但防衛性很強，愛付出又心不甘情不願，無法享受生命。

0I、非常執著感情，大部分是來還債的，因勤勞守戒，較容易有人間富貴，但較沒有兄弟親朋的助力，要靠自己。

04、肉畜牲、「刃」：

01）（雞）凶猛動物，盯緊目標伺機而動，唯我獨尊。

02）表示動物攻擊本性很強烈，而且不顧禮義廉恥、道德理法，為了私慾不惜傷害親人或他人，容易作奸犯科也不知道悔改。

03）對於男女感情充滿積極性，會擅用各種方法，如金錢、才藝、溫情、甜言蜜語等，來達到其目的。

04）基本特質：

0A、個性太過於剛烈，主觀我執，堅持己見，聽不進別人勸告，做事易自做主張，與周圍共事的人不易協調。

0B、主動的葷食動物，具攻擊性，如草原上的虎、豹之類動物，行動力超強，個性直率，爆發力強，

在大草原上鎖定目標之後攻擊獵物，先咬住獵物脖子，使之窒息致死，是凶猛的動物，所以在累世累劫的果報中，很多刃的人氣管喉嚨都不好，容易有氣喘支器管方面的疾病心臟的問題，則因為在全力衝刺時，整個行動需要心臟的能力來幫忙所致。

0C、讓人有壓迫感，敢愛敢恨，愛的非常霸氣，愛的強烈，照自己的方式去愛，但也要視對方的自我觀念會不會太強而定，強勢、佔有欲強，做起事來大方與大器。

0D、從小個性剛烈，常與父母產生衝突，對父母也很執著，氣管不好，具暴力傾向。

0E、勇於冒險實踐，屬開路先鋒型，適合企業家和政客，容易中風。

0F、性需求較強，敢愛敢恨，佔有慾強，最黏人，熱度也最高，霸氣的愛。

0G、剛強性急，很有行動力，做事果斷，目標取向，不拘小節，可多捐血。

六）鬼道：

01、狹義：

因為業力深重而在鬼道受苦，一般須要受盡各種苦痛，不得溫飽、寒冷酷熱、衣不蔽體、無法安穩、智慧不

開等頑劣的處境。

02、廣義：

01）因過去世有著受苦的靈魂，和貧乏的物質生活，所以今世為人會永不滿足、好還要更好、多還要更多、貪欲難滿，但是卻常常付出很多心力，因為福報不夠，只能得到一點點的回饋。

02）因為心性自卑，會養成擅於看人臉色處處討好人，凡事沒有信心太過依賴不敢決定，認為別人對自己的付出都是一種恩賜。

03）所以要學習主動去付出廣積福報，和建立起有信心獨立的人格。

03、福鬼、「驛」：

01）（羊）日夜奔馳的靈魂，驛心難側。

02）表示因有人供養照顧，所以此生做事提不起勁，生活慵懶沒目標只想休閒，而且很容易滿足。

03）基本特質：

0A、很有福報，但沒什麼智慧，由於前世是屬受人供養的鬼道，所以這世在接受別人的給予時，認為是很當然的一件事，不覺得有何不妥。

0B、易有靈異體質，不易專心，心猿意馬，常常容易受到驚嚇，也常常發呆出神。

0C、愛熱鬧，喜歡人群生活，喜歡往外跑，在家

待不住，雖不適合婚姻生活，但因執著的個性，因想要而要，真心朋友不多，多為家庭奔波勞碌，此生須做法佈施，也因過去世曾受信徒的香火供奉，所以要延續回饋福德，要做財佈施，更要學習靜心，才能專心。

0D、與父母關係緣薄，從小就顯得很獨立，容易早出社會，心不易定。

0E、習慣奔波，適合當導遊或各種業務性的工作，重視朋友感情，為人熱心。

0F、婚後絕對會為家庭及對方付出，要慎選另一半，最好不要早婚。

0G、經常出國命，行動力強，重朋友愛熱鬧，要學習專心與靜心，怕鬼怪。

04、餓鬼、「厄」：

01）（牛）等待光明的靈魂，重見曙光的惜福者。

02）表示永遠難以得到溫飽安穩，缺乏獨立自主性、膽小沒安全感，會希望別人給予物質上的支援。

03）基本特質：

0A、真正的餓鬼道。

0B、怕寂寞，只要有人在身邊就好，個性平實，知足常樂不論是做任何事。

0C、會有遇到陰間訪客的機會，因過去世在鬼道，

受苦太久了，來到了人間，會覺得舒服多了，所以生存能力特別強，把他們丟在任何環境都可以生存，任何的苦對他們來說都還好。

0D、人生性帶疑，做事容易慌張久考慮，生命狀態呈現有點混沌，不知自己到底在做些什麼，對事也較不求甚解，不願深入追究真實事理。

0E、鬼道厄的人若帶有疾病反而能延壽，一生勞碌，喜歡群體熱鬧的生活，但話不多，只喜歡靜靜的待在人群中。

0F、容易珍惜，有生命力，韌性強。

0G、鬼道厄的人靈魂渾厄，有小聰明但沒大智慧，追求形而下的物質，很務實，容易渾渾噩噩過日子，不清楚自己真正要的是什麼，沒有原則，人際關係很好，吃苦耐勞，希望被愛被肯定被關懷，愛錢，所以要學習付出，由被動接受到主動付出，明確了解自己所要的。

0H、智慧不易開，怕孤獨寂寞，容易出意外，很孝順父母，幼年適合獎懲方式管教。

0I、持續力差，無法收成安定，自主性弱，頗喜歡職場的熱鬧，容易滿足，不會抱怨。

0J、婚姻無主見，困頓渾噩，但不適合單身，雖然苦也能忍受，不在意婚姻生活品質。

OK、生存力強，愛漂亮，心地好沒主見，不太用大腦，依賴性強，喜過美好日子。

三、從六道轉世來當人的特性：

一）乘願來轉世者：

有少部分來人世間投胎的人，並不是在天界做錯事被降級來當人的，而是乘願而來人間的，有許多在宗教或哲學上有成就者，就是從天堂佛國來人間度化眾生、傳播真理。

二）天人來轉世者：

01、有些人是則從天界因犯錯造業，而被降級轉世到人間的，因在天界生活享受福報盡了，又不積極再精進修行，只能乖乖地再重返人間來行善積德，而這些由天界轉世的人，大多善良純直品性佳，生命的品質及靈魂素質都很高，因還有福報也大多能出生在好的家庭裡，找到好的父母雙親來照顧，不過俗世生活雖還可以滿足，但也一定都會有業力困難來折磨，算是在天界做錯事的一種處罰。

02、有些從天界來轉世的人，是來人間替老天爺辦事的，或是來人間完成共業因果，通常都會有強烈的靈異敏感體質，或是有對社會的公益理想情操，命中帶有純陽之氣，在人間的行為舉止光明磊落心地耿直，所以在中外歷史中，每當人類發生戰爭災劫時，都會有民族

救星或偉人來轉世，帶領眾生來度過苦難。

03、所以帶天命（上天有交付任務使命者，簡單而言，是明白本世該做何事的人）：

- 01）小則，通靈接旨、建宮立廟，來濟世服務解救一般世人。
- 02）中則，發願宏法、寫書立論，從教化根本來影響世人。
- 03）大則，救國救民、創機立業，如明朝國師劉伯溫和及推翻滿清的國父孫中山先生等人，都是帶天命下來人間，拯救當代百姓大共業而來的。

04、從天界來轉世的人，也會具備在天界二十八層天不同的個性及習氣，天界共分成三界「欲界天、色界天、無色界天」，又細分成二十八層天，每一層天的習慣行為和修為境界都不相同。

- 01）欲界天裡的天人習性跟世間凡人最相近，也最容易犯錯，如羅漢、一般神靈等級。
- 02）色界天已是進階修持的天人神靈，如聲聞、尊者、初級菩薩、帝君等級。
- 03）無色界天都是菩薩以上的修為境界了，所以無分男女形象。

六道輪迴

三）阿修羅來轉世者：

一）若是從阿修羅界來轉世的，跟天界來轉世的有類似的福報和天命，但是更有剛烈主觀的個性，通常也會有某些特殊才華能力，也會有靈異敏感通靈能力，而且智慧聰敏、辯才無礙、學習能力強，但心思若有偏差很容易入到魔道中。

二）現在有很多阿修羅因為入魔道，而在人間變成議論名師或通靈、乩童，專門毀佛謗佛，或是似行佛法而來圖謀個人私慾，或是設立宮廟辦事服務，把宗教修行弄得正邪難分，常有神棍斂財騙色等新聞出現，讓有心修行的人不知該如何跟隨學習。

四、前世是人再來轉世者：

一）世間人有大半是前世為人，今生又重新再來投胎為人的，畢竟大部分人雖沒圓滿十善業無法投生天界，但也不是大奸大惡的人，被打下地獄難以投胎，其中或許是有前世心願未了，也或許是再來人間還債、討債、報恩，或是貪戀執著人間放不下的感情、親情、愛情等，大部份都是應驗前世的福報業力，繼續在今世的恩怨情仇、感情糾葛中生活，也繼續受著苦海人生的痛苦折磨，一世又一世的輪迴著。

二）而在六道之中「人」也最容易修行，縱使不管是從何道而來，像是從鬼道中來慾念難滿、愚癡妄想，有深

重的因果業力,但只要一心轉念向善,放下私慾,發大願濟世助人,馬上就能夠來應驗得證果位,所謂「一闡提[2]仍有佛性」、「放下屠刀、立地成佛」。

三)從天界、阿修羅道來的人,雖有智慧通靈能力,但是也只要心念一偏,貪求名聞利養、圖謀私慾,縱使再有很好的資質天分,仍然會被打下到地獄中受苦,所以才要好好地把握「人身」來修行。

五)肉畜牲來轉世者:

有些人的習性,也可以來判斷是從肉畜牲來轉世的,例如:

01、不孝類型:不孝敬父母,甚至辱罵、打罵父母,畜生不如的人。

02、忘恩類型:

01)開口向朋友借錢的時候,恨不得跪下來表示感謝,並拍胸脯絕對承諾會按時還錢。

02)但是到還錢的時候避而不見,以種種理由推脫,甚至關機躲避賴賬不還。

03、負義類型:

有事你幫他時就高興,你不幫他時就馬上翻臉,只要

---

[2] 一闡提為斷滅善根、不信因果、愚痴粗俗、卑劣低下之人。

關係到個人一點點利益，就馬上翻臉不認人。

04、自我類型：

不懂得尊重別人，事事都以自我為中心的人，覺得所有人都不如自己，喜好在弱者面前炫耀自己的成就。

05、獨尊類型：

01）對於朋友給他幫忙，從無感恩的心，都認為是自己應該得到的。

02）你為他做好了 10 件事，只要有一件不如他的意，就馬上翻臉指責，和人相處從不記得別人對他的好，只記得誰對不起他。

六）鬼道來轉世者：

01、有些靈魂則是在地府幽冥受完苦報之後，有受到超渡供養、福報回向，或自身因緣已成熟等候以到，今世再重新投胎到人間當人，這一類的人大多出生在貧窮卑賤的家庭，難以得到父母照顧，或者體弱多病、四肢殘缺，或遭逢重病意外陽壽不長，或受盡凌虐欺侮一生命運奇差。

02、這些剛從地府幽冥轉世為人的眾生，因其身上的陰氣較重，也常會夢見鬼靈、好兄弟，或也會常夢見車禍意外死亡等，有些時候還很容易感應到鬼界亡靈，而導致身體的精神緊張恐懼，和某些莫明的因果病，在宗

教信仰上跟地藏王菩薩會很有緣。

03、另外一種情形就是在鬼道中的「判官、鬼神」，在地府中向地藏王菩薩發願，希望到人世間來修行濟世度化世人，通常都會有更強烈的靈異敏感能力，更容易可以來和鬼道眾生感應，進而通靈來做為鬼神的代言人，傳達鬼界眾生的訊息和要求。

一掌經秘笈

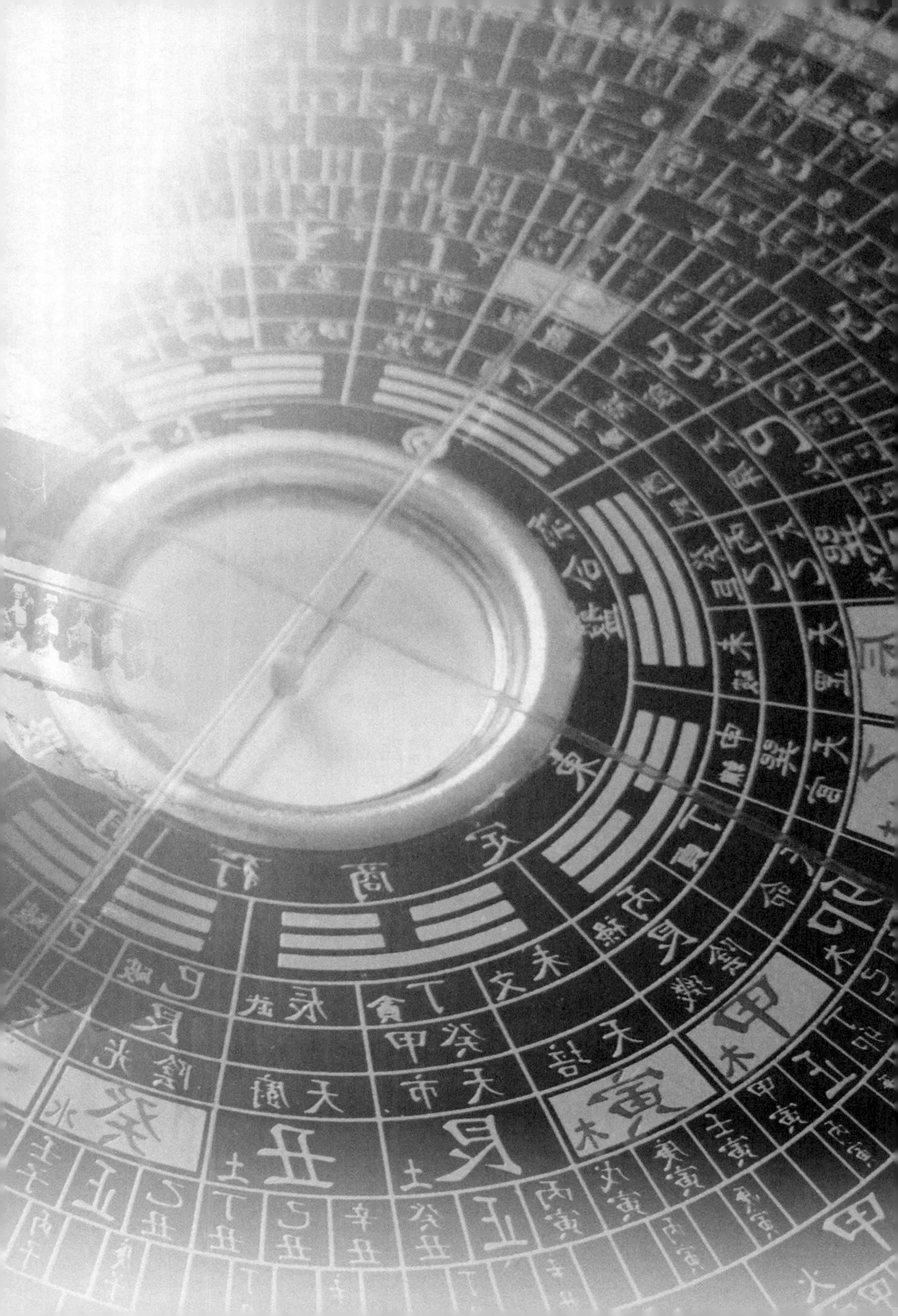

一掌經秘笈

01、「天福」• 佛道 • 男居士：佈施的善心大員外。

　　01）父母宮（第一個字）：

　　　　略顯憨厚，逢凶化吉，與父母相處很好，貴人很多，有福報，經濟穩定。

　　02）事業宮（第二個字）：

　　　　常有貴人協助，易受提拔升官，沒什麼心眼，因事業順利，故較不積極。

　　03）夫妻宮（第三個字）：

　　　　0A、女性苦難較多，不會撒嬌。

　　　　0B、男性因妻而貴，個性大而化之，比較慵懶，不懂體貼。

　　04）命宮（第四個字）：性情憨厚，易相信別人，熱心大方，願意付出，繼續做財佈施。

02、「天貴」• 佛道 • 女居士：春風化雨的清貴點燈人。

　　01）父母宮（第一個字）：

　　　　乖巧有人緣，心地善良，很會讀書，體貼父母，清雅高貴，重視內在人格涵養。

　　02）事業宮（第二個字）：

有貴人相助，適合以嘴巴來傳道，或從事文教清雅的工作，但不太積極。

03）夫妻宮（第三個字）：
女性較容易在婚姻生活中受苦，悟性強，常會有逃避現象，男性體貼溫柔。

04）命宮（第四個字）：很有智慧，充滿慈悲心，重名不重利，自主性強，重於口德的佈施。

03、「天文」・仙道・仙女：浪漫唯美的性靈飛天女。

01）父母宮（第一個字）：
0A、書讀得好。
0B、男性斯文，較無男性氣概。
0C、女性氣質柔美漂亮，唯獨感情上依賴很重。

02）事業宮（第二個字）：
研究學問高手，不能忍受髒亂的工作環境，不能太辛苦，要學務實，公關人才。

03）夫妻宮（第三個字）：
喜歡幻想浪漫，重感覺，外遇機率高，女生不善家事，更要心靈的交流互動。

04）命宮（第四個字）：
愛漂亮，重感情，較沒定性個性充滿浪漫唯美，性聰

明心細膩，是讀書料。

04、「天壽」・仙道・仙男：瀟灑、翩翩卻愛八卦的型男。

01）父母宮（第一個字）：孝順，貼心重感情，男生個性豪邁不拘小節，女生感覺像哥兒們。

02）事業宮（第二個字）：
適合從事公關，不做勞力的活動，工作不定隨遇而安型，對外來沒有長遠計劃。

03）夫妻宮（第三個字）：
較重視另一半精神層面的溝通，怕挫折，感情依賴性頗強，很隨性，離婚率高。

04）命宮（第四個字）：要理財並重務實，否則易抑鬱寡歡，容易有生殖系統的毛病。

05、「天孤」・人道・出家人：人群中的獨孤隱人。

01）父母宮（第一個字）：
早年與父母關係較淡，不知如何與人互動，沉默寡言，書唸得並不是很好。

02）事業宮（第二個字）：
對金錢有深切自卑感，常獨來獨往，較無創造力，要學勇敢務實，學習法佈施。

03）夫妻宮（第三個字）：有冷漠的距離感，容易不解風情，

冷戰可以持續很久，生活嚴謹。

04）命宮（第四個字）：有自卑感害怕人群，行動力較弱，情緒容易卡在心中，理想性高。

06、「天權」・ 人道 ・ 生意人：人生戰場，見我運籌帷幄。

01）父母宮（第一個字）：從小很有主見，不喜歡被管束，年少容易嶄露頭角，具十足型動力。

02）事業宮（第二個字）：
衣食無虞，是主管的命格，愛掌權，主觀意識強烈，做事很有方法有效率。

03）夫妻宮（第三個字）：會管另一半，為人處事一板一眼，頗會記仇，但都會放心中型。

04）命宮（第四個字）：
懂得經營，有很強賺錢能量，不容易推心置腹，重視家庭生活，喜歡用錢堆積。

07、「天奸」・ 修羅道：山海中的精靈，別管我來去何方！

01）父母宮（第一個字）：
反叛性強，早期會被視為問題兒童，重感情及義氣，生命力強，可塑性相對低。

02）事業宮（第二個字）：
聰明但工作上的定性不夠，會常換工作，有創意，點

子多,情緒掌握力差。

03)夫妻宮(第三個字):
完美主義者,負責指揮家裏大小事,而且要視其情緒的掌控,但不記仇。

04)命宮(第四個字):反應快,很聰明,脾氣大,來得快去得也快,不信邪,很顧面子。

08、「天藝」• 修羅道:藝高八斗,絕頂辯才的輕慢人。

01)父母宮(第一個字):
幼年很有才華,主觀意識與能力都強,有藝術天份,較不能忍受父母的嘮叨。

02)事業宮(第二個字):
適合從事專業性工作,尤其理工方面,常常工作有成就,也可看得到具體結果。

03)夫妻宮(第三個字):
希望配偶要有才華與能力,是心甘情願與對方結髮一輩子的,但有時爭執性強。

04)命宮(第四個字):
反應快,思緒敏銳,大都有特殊才能,固執不易說服,有我行我素之個性。

09、「天破」• 畜牲道:守著陽光守著你!

01）父母宮（第一個字）：

個性保守，早年沒自信，義務型的孝順，幼年性格為乖乖牌，較沒勇氣與膽識。

02）事業宮（第二個字）：

適合上班族，沒有開創性，大部分的人一份工作都從事很久，且會邊做邊抱怨。

03）夫妻宮（第三個字）：

婚姻生活肯定不會太好，婚姻中會沒有自我，是愛家型的配偶，感情相當執著。

04）命宮（第四個字）：

個性溫和沒侵犯性，但防衛性很強，愛付出又心不甘情不願，無法享受生命。

10、「天刃」・畜牲道：盯緊目標伺機而動，唯我獨尊。

01）父母宮（第一個字）：

從小個性剛烈，常與父母產生沖突，對父母也很執著，氣管不好，具暴力傾向。

02）事業宮（第二個字）：勇於冒險實踐，屬開路先鋒型，適合企業家和政客，容易中風。

03）夫妻宮（第三個字）：

性需求較強，敢愛敢恨，佔有慾強，最黏人，熱度也

最高，霸氣的愛。

04）命宮（第四個字）：

剛強性急，很有行動力，做事果斷，目標取向，不拘小節，可多捐血。

11、「天驛」‧ 鬼道：日夜奔馳，驛心難測。

01）父母宮（第一個字）：與父母關係緣薄，從小就顯得很獨立，容易早出社會，心不易定。

02）事業宮（第二個字）：

習慣奔波，適合當導遊或各種業務性的工作，重視朋友感情，為人熱心。

03）夫妻宮（第三個字）：婚後絕對會為家庭及對方付出，要慎選另一半，最好不要早婚。

04）命宮（第四個字）：經常出國命，行動力強，重朋友愛熱鬧，要學習專心與靜心，怕鬼怪。

12、「天厄」‧ 鬼道：重見曙光的惜福者。

01）父母宮（第一個字）：

智慧不易開，怕孤獨寂寞，容易出意外，很孝順父母，幼年適合獎懲方式管教。

02）事業宮（第二個字）：

持續力差，無法收成安定，自主性弱，喜歡職場的熱

鬧,容易滿足,不會抱怨。

03)夫妻宮(第三個字):
婚姻無主見,困頓渾噩,但不適合單身,雖然苦也能忍受,不在意婚姻品質。

04)命宮(第四個字):
生存力強,愛漂亮,心地好沒主見,不太用大腦,依賴性強,喜過美好日子。

十二宮安命歌

一、凡四柱命宮與大運行限,均喜生合,而忌冲尅,刑害尤所不喜。
如亥遇卯為半合助身,亥遇未則為亂合敗德,舉此以例其他。

二、下列十二星運單獨判斷方法,綜合起來看四柱,大致是按年、月、日、時順序成因果關係去
觀察,例如:

一)月柱「壽」而日柱「孤」,則有手術、婚姻破裂等災禍。
二)反之順序顛倒,則不為禍,反而可解災。
三)這樣依靠本性,講究因果關係,從事務的發展規律中尋找結果才能準確無誤。

三、按時間段來說,重點以日柱為主。

一）因為日柱乃婚姻家庭和中年運氣，是人生最關鍵、時間最長的（25～49歲）一步運。

二）而時柱為「果」，且直接與流年運氣相遇，對流年運氣影響較大，也很重要。

三）整體判斷還需參照四柱，重詳靈活運用。

四、一掌經，分左右，「陽男陰女」順數、「陰男陽女」逆數，掌內能知人貴賤。

　01、年柱逢天貴、天福者：祖顯、父榮。

　02、月柱逢天文者：兄文弟武，父母愛藝術，或技術之人。

　03、日柱逢天孤者：夫妻分離，或有外情人。

　04、時柱逢天孤者：子息刑傷。

　05、年柱天破者：祖業虛空不得，而父母不賢良。

　06、月柱天藝：主兄巧而弟不拙。

　07、天文逢時柱：子為儒家，功名天下揚。

　08、月柱天孤、天破：水災。

　09、天文、天貴逢年月柱：主歷代文人。

　10、文貴若見日時柱：必享晚景富貴、榮華。

　11、月見天厄：刑傷兄弟；日得天權：必有大權，或正權，主持正義。

12、日、時見天厄：多生多病之子。

13、年月柱見天驛：為江湖之客。

14、日、時逢天壽：主高壽。

15、日時逢天刃：主人性急，命剛多招惹是非；若柱中犯重者受苦奔波。

16、時得吉星，逢年月日凶星冲刑剋害，則下格矣。
    01）時遇凶星，得年月日吉星生合照助，則反為上格矣。
    02）時遇凶星，又值年月日凶星冲合照破害，則為下格矣。
    03）時遇吉星，又值年月日吉星臨照生合，則為上格矣。

17、四柱有二三重吉星者，財源有益，家道必昌。
    01）若四柱皆吉星者，必大富大貴之人也。
    02）四柱有二三重凶星者，奔波勞碌，辛苦下流。
    03）若柱皆凶星，如奸破驛刃君大者徒流氣，或可前生看經作善者，值此凶星，不過貧窮孤苦而已。

18、二三吉（凶）星、皆吉（凶）星
    01）此處四柱有二三、或皆吉（凶）星，指的是不重複的吉星、凶星。

02）重複稱為伏吟，與三見、四見皆有個別論法。

03）子寅辰午申戌為陽，丑卯巳未酉亥為陰。

　　0A、四柱陰多先剋父，四柱陽多先喪母。

　　0B、在此之後還有與此完全相反的論述，即四柱陽多先剋父、四柱陰多先喪母。

　　0C、在明代及以前，術數是基於統計性分析，因此看到這種論述並不是矛盾，都有其準確性。

　　0D、經曰：「孤陰不生、獨陽不長。」

由此可以認定的是四柱純陽、純陰，其父母必然是有刑傷的。

04）男怕孤驛破厄諸星，若有福貴二星不妨。

　　0A、女怕驛破厄星，有福壽權星穩實。

　　0B、女命天貴逢天奸，花前月下會佳期。

　　0C、女命孤厄逢天驛，堂前使喚與孀君；若值天文孤與驛，師尼妓者有何疑？

子宮：天貴星（佛道星）

一、子為地支之首，且居北方亥子丑三宿的中心位置，最為尊貴，故以天貴，佛道喻之。

二、此星主人清高，有德有行，大事成小，災禍無侵。

　　一）若更得天權、祿馬助者：榮昌富貴。

二）若犯重者：主悲泣翻悔，中下小人，半吉之命。

三）若逢孤、厄、破、刃照命者：必為朝堂折挫之人，見貴，而未為全吉也。

「貴」星居十二地支中的「子」地，生肖鼠，因此具有「鼠」的某些特性。

比如喜群居，喜積累，反映靈敏以及對環境適應能力較強等。

象徵人的一些特點：
一、交朋好友，互幫互助，善於利用集體力量，凡求易成。
二、多進少出，善於積累（俗稱「會過日子」）。
三、思維敏捷又足智多謀，大度中時而斤斤計較，缺乏氣度。
四、無憂無慮，對社會環境適應性強。

四柱佔「貴」又與其他星相遇會改變以上特點，或促進優點，或加強缺點，或成功，或失敗也是必然結果。

以上特點只在少年、青年、中年、老年等相應時段有所體現。

「貴」星對繁瑣、低級的體力勞動感到不適應，利於經商、管理等不操心、不費力、高尚清閒、有群體依靠的職業。

「貴」星在四柱中重複出現越多越顯高貴，但根據物極必反的原理，由於佛性及依賴性過強，其求索能力和承受能力極低，尤其不利於婚姻、子女。

流年行運見「貴」必有較大的求索，在有群體依賴的情況下容易成功，因為「貴」星有群體、貴人的形象。

也有友人相聚、上級提攜、事業進取升遷等喜慶之事。

「貴」星是男命人生運律的制高點，接下來就是「厄破連三年」的「敗運」。

因此，凡事不宜過分追求，以免反彈過大。

尤其是老年遇「貴」運，由於身衰不能承受旺運，反而成為：

一、運律的最低點。

二、事業的終結點。

三、疾病的衍生之時。

三、安命歌：

一）時辰若與天貴逢，一生清吉事亨通；志氣不凡人不俗，安然自在眾和同。

更得天權逢祿馬，榮華富貴坐高亭；若逢破厄孤星照，折斷琴弦下命人。

自古貴宮始為奇，衣祿天然不缺時；兄弟父母緣分薄，外方朋友反相知。

二）生辰落在天貴宮，一生事上主亨通；志氣赴凡隨脫俗，安然自在樂和同。

01、或命在子宮得天貴，事業亨通如秋桂；意志不凡出人眾，安然自在性明通。

02、或生辰落在天貴宮，一生事業主亨通；志氣超凡人脫俗，安危自在樂和同。

三）富貴清吉，大事難成，小事不拘，乃有地位之名，有剋害，重妻悲離，審成晦昧。

四）天貴宮者，主為人不俗，一生安亨福祿，突禍不侵，清閑自在，作事現成。

01、本宮安命：主一生性直無私曲，不受人欺，仕途中有成有望，性躁氣暴。

02、富者：好作善事，喜怒不遷。

03、貧者：亦衣祿無缺，但每每與人不足，常遭怨咎。

04、貧賤之人：皆主父母有妨，妻子有剋。

05、出家者：我慢自矜，眼底無人，師徒不睦，伴侶不利，心常不定，勞碌之流。

四、詩曰：

一）命在子宮是天貴，事業有成有氣勢；胸懷大志人稱頌，兒怕悲離在已妻。

01、年入天貴，心性柔順，言語忠直，少有固執，修學方章。少年登科，若非官位，農事大吉，不犯凶患，注意身體。

02、月入天貴,中年榮華,吉人天相,人緣堪誇,口辯出眾。財源生發,商賈為業,四海為家,莫入花街,損財毀譽。

03、日入天貴,守舊安常,每當危處,有人扶幫,性急如火。又有固執,末年運勢,平順安康,不追功名,最好從商。

04、時入天貴,子女成名,剛柔相濟,其樂無窮,秋鼠入倉。衣食豐足,少年雖困,苦盡甘來,莫進酒色,損財傷身。

二)子宮財庫貴人鄉,時上逢之福壽昌;學究聖賢禮義遍,清奇俊俏姓名揚。

再逢年月日星吉,決主飛騰與富強;最喜天權文福壽,一朝宰輔不尋常。

破厄奸孤年月日,運限如逢亦主殤;喜得時宮天吉在,十分落難免狼狽。

若逢雙貴非為貴,此卻反為不吉祥;年月日時已載定,隨其吉凶細推詳。

五、解曰:

一)子宮,天貴星,志氣不凡,富裕清吉。

二)子宮之人,態度愉快,文雅動人。

01、平生極少消極及厭世之表現,朋友結合,有念舊之深情,夫婦唱隨,有持久之厚愛,聰明篤實,有過人之處也。

02、有時標新立異,發激越之言,或於事務判斷,獨持異議,主觀未免過強,致貽性情乖僻之誚。

03、意志堅強,為其優點,論事而非論人,不念宿怨,有寬宏大量之風度。

04、四月若逢三貴二惟或壽星者,此主生格大貴人也,女命反此。

05、喜得時宮天吉在,十分落難免狼噬。
　　01)時為歸宿,時上天貴,結局佳良。
　　02)一貴解千厄,即是此意。
　　03)天貴講就清用,伏吟則不貴。

06、如逢歲運不佳,生理方面,可能影響心臟,或患血液循環之病、神思厭倦、怔忡不寧等症狀。

01)男命:
　　0A、若年月日值權(寅)、福(午)、壽(亥)者:必為公卿、將相,文武兼備。
　　0B、若值文(巳)、藝(戌)、刃(酉)者:亦是一世人豪,絕非尋常白丁。
　　0C、若權雖重照,又遇天破相刑者:寅寅子卯。
　　　　0A)則安樂反為怨泣,富貴反作貧寒,六親份淺,小人嫉妒。
　　　　0B)天破相刑,指的是日時的子卯相刑。

0D、本宮犯重者：

　　0A）功名被劫，反為不貴。

　　0B）縱然財帛有餘，必致勞心勞力，不能承祖之業，雖有子，亦不得力也。

　　0C）類似與官星的作用，官多化殺，勞心費力等。

0E、若值破、厄、奸、孤沖剋或兼犯重者：主財帛耗散，家業漂零，平常下命。

0F、若年月日值三孤星者：必為僧侶（或者為修煉之人，此類人極易成功）。

0G、若值驛、孤（申）：縱出家，亦主心性不定，東奔西往，所謂腳跟不穩之流。

0H、三金一水僧羽士、四柱定位：

　　0A）年月日值三孤星：必為僧羽士。

　　0B）年月孤：祖業父母疏。

　　0C）日孤：身空妻子無。

　　0D）時貴：貴亦為仙佛。

　　0E）年上見天驛：喻為腳跟不穩。

　　0F）所謂腳跟不穩之流也：時為頭，年為腳。

02）女命：

0A、值福（午）、壽（亥）、藝（戌）在年月日者：必作夫人之命觀。

0B、若值孤、破、驛星：乃是師尼之流。

0C、若值孤、刃、驛星：
　　0A）必是孀居，不然無子或有疾病。
　　0B）孤破驛刃厄：
　　　　0a、孤刃厄：主刑剋，孤可主剋父母、丈夫，刃剋夫、剋子，厄疾病、流產。
　　　　0b、破驛：破主破敗父母夫財，驛主奔波勞碌。

0D、若值奸（辰）、破（卯）、驛（未）星：
　　0A）必落風塵（小姐之流）或為婢妾（當今的服務員）。
　　0B）奸、驛，可代表淫奔。
　　　　0a、天奸星為勾辰，與天驛並：可代表淫奔。
　　　　0b、奸破驛貴，此時貴人指夫星。

0E、值權（寅）、刃（酉）、奸（辰）星：
　　0A）主欺凌夫主，不孝翁姑，忤妒不賢。
　　0B）值權刃奸星：主欺凌夫主、不孝翁姑、忤逆不賢。
　　0C）權刃奸：
　　　　0a）女值權刃，夫權被奪。
　　　　0b）權刃再值天奸：則忤逆不賢。

0F、本宮犯重者，或值文、破者：
　　乃為旁室（或者是今天說的情人，二奶也），勞

碌辛苦下命也。

0G、女命權多，奪夫權：

0A）女命值天福、天壽、天藝在年月日者：必依夫人之命觀。

0B）天福、天壽、天藝：無天權，婦隨夫貴。

0C）天貴為官星，女命為夫。

0a、天貴為官星，女命為夫，講究清用，一位為貴。

0b、天貴犯重：則為雙夫，重貴不貴，故為側室。

六、白話解：

一）祖業斯文：

祖上是書香門第，也可以說父是文人，就是沒有文化，但是社會知識豐富，在當地威望高，能為人辦事。

二）本人非常聰明，有智慧，知識面寬等，因為水主智慧，可以任意發揮。

三）有天生的預測功能，即使這人不是學預測的。

四）佔佛道星有佛眼。

比如你說這事不成別人不相信，結果三個月後事情終究沒有成。

五）如果在時宮，斷子女能成才！不一定非當官，指女子有能力、

有魄力。

六）一生在關鍵時刻，有貴人相助，因為是天貴宮。

七）家裡有人或者自己要信五術（包括佛、道、其它教派）。
何時信？一般是子午兩年開始信，因為相沖！

八）慈悲善良，仁慈忠厚，性子較急、開朗等。

九）愛清潔。

十）志氣不凡，為人不俗。

丑宮：天厄星（鬼道星）

一、丑未為四墓，且居鬼門，故以天厄，鬼道喻之。

二、此星在命，主人帶疾。
　　一）若逢破、刃犯沖：災病必重。
　　二）若逢權、貴：主人輕疾，乃中上命也。
　　三）若逢孤、驛、奸星：主人做事遲疑，一生勞碌，定主蹭蹬離祖，乃中下命也。

「厄」居「丑」地，有生肖牛的特點。

代表勞碌、坎坷、遲鈍、狹小的環境以及壓抑的情緒。

象徵坑窪地勢或井中窩聚之水，有不安於現狀的求變心裏。

同時又性格內向，善於忍耐，具有吃苦耐勞精神，能經歷坎坷不平的人生之路。

男命佔之尚可。

女命佔「厄」不利，因為女人居家，其不安於現狀的求變心裏往往不利於婚姻家庭。

因此，女命佔「厄」歷來有「食二井之水」的說法。

當然是在過去男尊女卑社會條件下的習慣認識，現代女人在外奔波求索的並不在少數，況且具體還要看其所在位置，即：

少年、青年、中年或老年，以及其他星運條件，不能一概而論。

四柱佔「厄」並非一無是處，儘管其「坑」小，但是數量多，除顯現出坎坷外，仍能財帛小聚。

只是由於「滿則溢」的效果，因此在「厄」星主事階段無大財。

它的優點如善於忍耐、吃苦耐勞精神等常能獲得政治、仕途上的進展。

利於從事體力勞動、軍旅、司法以及與水有關的職業。

行運見「厄」會產生「身陷牢籠」的感覺。

強烈的徐圖解脫的心理促使他必有出行、調動、行業變更等想方設法脫離現狀的舉動。

多數難度極大，甚至不切實際，除非水到渠成，否則成功的

可能性幾乎為零。

三、安命歌：

一）時在厄中人混沌，惺惺做事又癡疑；此命帶疾方延壽，碌勞生涯終無奇。

　　01、或命在丑宮身主困，謀為事件未得溫；此人帶疾方延壽，還須勞碌不見奇。

　　02、或時在厄宮人困苦，謀為作事運來遲；若還帶疾方延壽，勞碌生涯始見奇。

二）若逢破驛重重散，好心相助得同居；更嫌孤照逢驛馬，出離祖業更無疑。

　　初限之年主苦辛，終年發福暮年盈；衣祿財源前有定，夫高妻少兩方寧。

三）在天厄宮人困苦，謀為作事運來遲；若還帶疾方延壽，勞碌生涯始見奇。

四）帶暗疾，作事遲延，一生啾啾唧唧，只宜離祖遠行，他方自然，多災多病，須防未然，晚年豐慶，若夢稱心遂意，須背井離鄉，幼年必須過房，苟欲延年，更當帶疾。

五）凡生辰值天厄宮者，為人雖聰明伶俐，心性拘泥執滯，故作事操心，多狐疑不決。

　　01、本宮安命，貴者：主剛介耿直，不畏奸強，不欺懦弱。

02、富者：賢良欽敬，小人不足，招得大財，衣祿豐足，心直口快，與人不足。

03、貧者：奔波辛苦，常生晦疾，不為大害，晚景安樂，暮年昌盛之命。

04、出家者：好施慈悲，一生不惹閑非，不行世法，廣有衣食，安樂修行之命。

四、詩曰：

一）命在丑宮身多困，好夢難從夢中尋；百業生處多故事，晚景吉慶白頭吟。

01、年入天厄，初年有災，傷兄剋弟，勞心傷財，祖業難守。凡事阻礙，帶疾延壽，口舌成災，若無此厄，早別塵埃。

02、月入天厄，凶多吉少，性多固執，親人無靠，世業如雲。自立生涯，若無身厄，妻兄不合，帶疾延年，可免災禍。

03、日入天厄，疾厄常隨，登舟必慎，難免水厄，明珠沉海。失意興歎，若不傷妻，剋子無疑，帶疾延年，逆境行運。

二）時入天厄，運氣不通，根基破敗，祖業難承，雪上加霜。魚游淺灘，造化難施，不信人言，世上萬事，畫中之餅。
丑位陰宮黑道星，災殃疾病不會寧；自從出世多刑破，三日傷寒五日驚。

時位若然逢天厄，主生暗疾不離身；年月日星逢吉曜，饒君

家道足豐亨。

衣祿雖盈財欠泰，常生疾病始延生。

五、解曰：

一）丑宮，天厄星，先難得吉，離祖勞心，晚年吉。

二）丑宮之人，態度愉悅，志向蓬勃，極喜立功。

01、一生充滿遺大投艱之慨，不計本身利益。

02、惟好以傲岸及教訓之態度對人，好像天生德於予，別人應對我信任、尊敬、讚美，而不容反對，有時此種舉動，或也可致信於人，博得社會一時之敬仰，究以鋒芒過露，氣焰過張，最後容易遭受怨咎，而搆陷也即隨之，足以阻礙其事業之進展。

03、天厄為困頓之神，故有「人困苦、運來遲」之說。

04、天厄帶疾則延壽，勞碌反為平常。

05、如逢歲運不佳，生理方面或患風濕、膝部痿弱、流行軟腳病，及皮膚濕疹諸症。

01）男命：

0A、年月日若得福、文、貴、壽、權、藝等吉星：
主無疾而有壽，財帛盈餘，助名有成，作事有望。

0B、若幫助吉星（福文貴壽權藝）雖吉或犯重：

0A）疾病重上。

0B）刃破重逢疾厄：凡甚難為妻子，刑傷父母。

0C、若遇天孤、奸、驛諸凶星沖剋：

必主為僧道，縱在家者，決主無妻子，區區度日，碌碌營生，離祖破家，常帶暗疾。

0D、凡生辰值天厄宮道：為人雖聰明伶俐，心惟拘泥執滯，故作事操心、多狐疑不決。

0E、若夢稱心遂意，必須背井離鄉，幼年必決過房。

0F、天厄為困頓勞碌，需自力更生，他鄉立業。

0A）時上天厄：他鄉立業。

0B）過房也離祖，因此幼年過房有利。

0G、人苟欲延年，更當帶疾。

02）女命：

0A、女命值天厄星生辰者，年月日得福、壽、藝三吉星相助：一生富貴，主跨灶之子。

0B、若值天驛、權刃奸破、孤星沖剋者：

0A）夫妻不睦，父母有傷，翁姑不和。

0B）雖和，決主刑剋，生子不肖。

0C、孤星重犯，或值驛、奸、破，正月日者：

0A）非師尼必傷夫剋子。

0B）本宮人犯，疾病綿綿，常生啾唧者也。

0D、凡女命值天厄星辰生者，年月日得福壽藝三吉星相：一生富貴、主生跨寵之子。

0E、若值天驛權,亦奸破孤星沖剋者:
主夫婦不格,父母有傷,翁姑不和,雖和決主刑剋,生子不肖,孤犁重犯。

0F、又或天驛、天破有一位來正月日者:
非師尼必傷夫剋弟,本公人犯疾病,綿七常生唧者也。

六、白話解:

一)能與人善處,能吃苦不達目的不罷休。

二)雖然機靈,但是不太通情達理,有時在小問題上想不開。

三)多思慮,性格裡有三分內向,看不去不是很熱情。

四)有時小氣,吝嗇!

五)有暗病或者慢性病(一般在中年或者中年後期易有),雖然有,但是不用擔心,有病才能長壽,否則短命。

六)多愛奔波之苦,負擔重。

寅宮:天權星(人道星)

一、寅為三陽,在時為平旦,在門為生門,在將為功曹,故以天權,人道喻之。

二、此星在命,主人聰明俊秀,灑落襟懷,有權有勢,多智多能。

一)若逢貴、福、文、壽星相助者:人人欽敬。

二）犯重者：權而無權，乃中命也。

三）若逢厄、破、孤、驛在命者：做事勞力，財帛不聚，未能先能，未會先會，浮浪之命。

四）若權星重照，又遇天破相刑者：則安樂反而怨泣，富貴反作貧寒，六親分淺，小人嫉妒。

「權」居「寅」位，生肖虎。

有森林之王的虎性（威信），具備全方位的操持管理能力和當家做主的欲望，在事務性和操作性工作方面顯得很幹練。

四柱佔「權」星者，具有管理方面的特長，尤其在許多事務性工作上，常能顯示出全面到位，井井有條的管理素質。

與其他星運組合好的可成為機關、後勤、總務等管理幹部。

組合不好的只是普通設備操作者或瑣碎事務的操心者，稱為「操心命」。

女命佔「權」一向被認為是「女奪夫權」的象徵。

因為全面的管理才能違背了「女子無才便是德」的古訓，在現代社會並不適用。

由於「權」星具有全面和繁瑣的思維能力，必然導致各單項能力較弱，表現平平，不利於在各專長及學業上的進展。

事業上往往不安於一職，喜歡尋求第二職業，體現出游離不

定的特點。

如「權」星在四柱中重複出現,代表操持過度,會產生四肢筋骨以及神經系統的傷險。

行運見「權」一定是在管理、操持等事業上非常忙碌的時期,也是求財求事的收穫時期和四肢傷災的應驗時期。

一般認為這是「厄破連三年」的第二年,處於人生運律的下降期,雖然有收穫但困難重重,不宜過度操勞:

一是避免傷災。

一是給下一步「破」運起到一些緩解作用,避免挫折過大。

三、安命歌:

一)年月日時遇天權,秉性公平志氣堅;自主主宰成美事,大人見喜小人嫌。

01、或命在寅宮到天權,為人出外得平安;堅心學成文武藝,平生一諾有人從。

02、或生辰落處在天權,智慧聰明布聖賢;冠世英雄名利就,一呼百諾在人間。

二)做事差遲人也喜,聰明正直在人前;俊秀多才名譽好,氣度寬宏命不凡。

生來衣食自前緣,快活悠遊在晚年;還是近官方遂意,僧家苦行福無邊。

三）生辰落處在天權，智慧聰明布聖賢；冠世英雄名利就，一呼百諾在人間。

四）聰明大器，富貴之命，一生得人欽仰，有操權榮，中年更好。

五）天權宮者，為人聰明特達，出類超群，處世剛柔相濟，作事隨機應變。

　　01、本宮安命者：夫妻兩硬始無妨害，父母有剋，兄弟有傷。

　　02、貴者：主少年辛苦不得意，中年始享福祿。

　　03、富者：辛苦起家，主招意外之財，中年創業成家，白頭始得受用。

　　04、貧者：利官近貴，一生方始衣祿無虧。

　　05、出家者：初運奔波勞碌，中年有緣事，老來福行甚佳。

　　06、不信心、不修行者：一生勞碌，無地可安，衣食有虧，終作馬流人，至死填溝壑。

四、詩曰：

一）天權之命在寅宮，出外營生處處通；堅心學得文武藝，千金一諾有人從。

　　01、年入天權，少年奔走，公平仗義，聰明俊秀，勤奮學習。官祿之人，廣交朋友，權在四方，貴格雖好，困厄必防。

　　02、月入天權，豐衣足食，修身善德，可稱君子，立身揚名。

　　　　千金資產，榮華無窮，宏揚四海，貴格如此，以德立命。

03、日入天權，官祿之人，旱苗得雨，萬事更新，文武之材。
　　　權道用之，凡事稱心，欲求財物，妻室專權，亦欠全吉。

04、時入天權，公正豁達，氣量寬宏，主宰有成，身書馭路。
　　　權在四方，若非官祿，以商為業，若談人非，口舌難免。

二）寅宮原來是權堂，時臨此位必軒昂；更兼福貴加天壽，必作公卿家富強。

年月日逢福驛刃，氣高志大掌朝綱；一呼百諾人欽敬，四海聲名遍播揚。

若遇天孤沖剋照，英豪旺氣盡潛藏；破厄天奸俱犯過，縱然慷慨也尋常。

命犯雙權無處用，更兼寫字不成行；家道興衰皆為此，老逢老運得安康。

五、解曰：

一）寅宮，天權星，聰明大器，中年有權柄。

二）寅宮之人，秉性剛毅，目光銳利，富有沖刺力，喜覓捷徑，以達其目的。

01、兼以性情活潑，談吐精神，令人有深刻之印象。

02、雖在童年，已能自見，無論何事，如不能與人共享其成，

每歉然於懷，不失為仁者之風度，以是交遊甚廣，人緣極佳，老謀歸隱，也將無法擺脫。

03、天權類似於四柱的七殺星。

　　01）七殺喜制，不喜多，時上一位為貴。

　　02）天權不可犯重，犯重者：「性氣粗躁所為悖」。

04、如歲運不佳，生理方面，可能影響下肢及臀部，如癌瘤癰疽、痰水結聚、崇濕積癰、及血液不清等症。

01）男命：

　　0A、凡生辰在天權宮者：為人聰明豁達、出類超群，處世剛柔相濟，作事機變隨時。

　　0B、若年月日坐貴、福、刃、藝、壽星者：到處神欽鬼伏，望重名高。

　　0C、本宮犯重者：才而無權，性氣粗暴，所為悖戾。

　　0D、若逢奸、厄、破、驛、孤星者：
　　　　主作事勞心費力，意在飄流，心好淫蕩，財源前來後去，情性浮泛不常，反為下格也。

02）女命：

　　0A、生辰坐天權，年月日值天福、文、藝、壽星者：
　　　　主旺夫、富貴、無疾、多子，為人有操持能思算，作事有為，專奪夫權，好與外事，乃女中丈夫也。

　　0B、若年月日犯孤、驛、奸、破、刃、厄者：

主不賢不孝，兩舌惡口，心性凶惡，殘忍妒悍，生子不肖或無子息。

0C、本宮犯重及驛、刃、孤星，在年月日沖剋者：
主更改不常，刑傷夫子，衣祿欠缺，常生悲怨，白道悽惶，平常之格也。

六、白話解：

一）小時是個娃娃頭，同玩的小孩都比自己大些，上學後是班級幹部。

二）性格非常倔強。

三）有主見，有魄力，敢想敢做；人服氣，不糊塗，不人云亦云。

四）當官或者主事之人，如頭家等。（修羅主事）

五）過于主觀，武斷，一人說了算；性子直，不愛受約束。

六）愛管閑事，群眾關係好。

七）通情達理，樂于助人。

八）寅在五行為木，可以斷他家附近有大樹，木塔等。

九）頭班：為官，行政業務主管等。

卯宮：天破星（畜道星）

一、卯為四正，在門為傷門，在卦為震卦，故以天破喻之。

至於定位為畜道的原因，可能是人道與畜道並存，故而人道後，即為畜道。

二、此星主財帛空虛，祖業耗散。

　　一）若得權、貴、福星相助：亦為中命。

　　二）如遇驛、刃、孤、厄犯重者：做事艱難，重重破敗，浮浪東西之下命也。

「破」居「卯」地，肖兔。

有奔波、驚恐、居無定處、不斷的跑動求食、喜歡隱蔽而宏大的地域環境等特點。

象徵人的貪求無厭永不滿足，奔走勞碌不停以及習慣于費力、遠行、不辭辛苦的求索方式。

又象徵江河之水，氣勢磅礡，長流不斷。

四柱佔「破」大都喜歡毫無限制的生活方式，甚至肥大而寬鬆的著裝服飾。

在現代，如四柱組合較好的，常有大財，財源進出較大，性格大度而豪放。

組合不好則屬奔波費力，多付出少收穫，勞而無功的普通勞動者。

當然所謂組合的好與壞，只能通過現實社會環境來觀察與解釋，換到其他環境不一定能解釋的通，這只是個人的理解。

另外，其流徙不安的性質不但是人的特點，還是財物的特點，被稱為「過手之財」。

因此利於經商、金融、工程、勞務、以及流動性強的職業。

對應於人體的軀幹部位，組合不好有腰椎傷險。

行運見「破」是人生運律的最低谷時期，稱為「敗運」。

必有如遷移、調動、失業或退職、夫妻分離、財物流失等事發生。

其主要特點是「分離運」，凡符合此特點的追求皆可成（如調動、搬遷、分居、換業等），其餘諸求，均難以成功。

三、安命歌：

一）時若生逢天破星，堆金積玉也成空；夜眠坐圖家富貴，誰知鈔袋有蛀蟲。

01、或命在卯宮逢天破，堆金積玉亦多磨；夜眠計算圖家富，鈔袋誰知無半文。

02、或時辰落在天破宮，堆金積玉總成空；夜眠不寐算家事，誰知錢袋有蛀蟲。

二）貪謀產業多費力，買賣經營運不通；口說修行心不善，算來命破犯孤星。

性善聰明無是非，貴人衣祿有盈餘；福祿須知前生定，一朝

平安上天梯。

三）時辰落在天破宮，堆金積玉總成空；夜眠不寢算家可，鈔袋誰知有蛀蟲。

四）財帛聚散，祖業稀，作業浮沉不實，若得權威，不可橫作。

五）凡生時值天破宮，謂之大財星，決主根基破敗，祖業難招。

 01、本宮安命者：父母有妨，妻子有剋。

 02、貴者：
  01）聰明善性，無害物之心，有濟人之意。
  02）婢妾數人，夫人無剋，不然主剋三妻，亦有傷。

 03、富者：財物初年聚散不常，中限始能積聚，晚年得子可繼祖業。

 04、貧者：肩挑負販，朝夕辛苦，夫妻不睦，老景安閑，敗成可望。

 05、出家者：勤于焚修者，龍天恭敬，事事皆佳，衣食盈餘，搏施不匱。

 06、懶惰廢馳者：衣食有缺。

四、詩曰：

一）命在卯宮逢天破，浮雲富貴亦多磨；哪得人家花常好，落落寡歡奈若何。

01、年入天破，運氣不通，父緣不深，祖業難承，雖有事業。
勝敗不平，桃花侵命，酒色成凶，東奔西走，虛度飄零。

02、月入天破，事煩心亂，親朋無靠，多學少成，官厄相隨。
疾病長生，中年之運，破家敗名，爬山涉水，孤苦伶仃。

03、日入天破，家境有困，事不如意，心思不順，財帛耗散。
養虎為患，不有官厄，必有病纏，親朋無靠，祖業失傳。

04、時入天破，運氣不通，根基破敗，祖業難承，晚年命運。
始得安寧，老來富豪，膝下增榮，閱進白首，風霜如夢。

二）卯宿之宮是破君，生時坐此不斯文；再遇破孤奸驛刃，家業消化似火焚。

六親朋友如水昕，鴛鴦鴻雁不成群；若得吉星年月日，財帛衣糧始作君。

要究吉凶星宿位，主中下格得其真；若逢孤厄重重破，何日眉開再喜欣。

若不早修來世福，今生空自怨何人。

五、解曰：

一）卯宮，天破星，慷慨疏財，得權時需謙虛為上。

二）卯宮之人：

01、少時體質較弱，壯年可轉強健，當血氣方剛時，由於神經過於敏銳，最易動怒，每因小事釀成爭端，經歷不

少挫折。

02、自成年後,性格一變為嚴謹,剋己自律,以個人力量從事奮鬥,其觀察力特強,於人於事,能作深度之透視,善惡分明,如見肝肺,因而轉易吸引人之同情,而於人生之瞭解,自然界之探索,也有其嘎嘎獨造之處,卯宮之特點,即在於此。

03、天破類似於四柱的劫財星,劫財剋財,故此謂之破財星,天破雖凶,但並非無解。

04、如逢歲運不佳,生理方面,可能影響陰部,發生腎石,痔瘡,脫肛,血毒等症。

01)男命:

0A、凡人生時值天破宮者:謂之破財星,決主根基破敗、祖業難招。

0B、年月日若得權、貴、福星協助:主自立家園,財穀盈餘,衣祿豐足。

0C、若值福、驛、壽、權:

0A)乃江河賈客或九流術士,百年成家,財來財去,虎皮羊盾,外貌可觀。

0B)天驛,為腳跟不穩之人。

再值天破:則可論為江河賣客或九流術士。

0C)至於能否白手成家,則需看四柱是否有吉星,

及吉星的等級。

　　0a、天貴、天權、天福、天壽為上品。

　　0b、天文、天驛、天刃、天藝為中品。

　　0c、天厄、天破、天奸、天孤為下品。

0D、四柱逢驛、刃、孤星：

　0A）主一生勞碌，妻子刑傷。

　0B）縱有，決不得力，東奔西走，辛勤度日。

0E、如犯重破者：

　0A）心性淫亂。

　　　0a、天破是沒有淫亂的象意的，此處的淫亂象意，取的是卯正星～桃花。

　　　0b、天破犯重：為雙卯，雙正星桃花，故為淫亂。

　0B）兼有天驛，蹤跡漂蓬，作事少成。

0F、值奸、孤、刃重照者：

　0A）主無情無義，奸亂不端，外君子內小人。

　0B）命如此者，莫與相處，縱為僧道，決非善良，貧嗔慳盛，必少慈心也。

0G、若值文、藝、福星協助：

　主姿俊雅，藝術名家，祖業雖消乏，恂恂如也（出自《論語》，意為嚴肅恭謹），好惟書鄉，上格也。

0H、天破無祖業，自立自主。

0A）格局好，白手起家；格局差，一世貧寒。

0B）時值天破：一般無祖業，若求發展，直須他鄉立業。

0C）格局好者，白手起家，格局差者，貧寒一世。

0D）天破類似劫財，口頭說得。

如逢文藝福星：則主姿俊雅，瀟灑之人。

02）女命：

0A、生辰年月日值奸、驛、孤者：在家敗父母，出嫁敗夫家，決然如此。

0B、年月日值福、壽、文、藝、權星：主破後成家，旺夫益子。

0C、年月日值福、貴、壽居者：亦主夫貴身榮，多子長壽，乃作好命也。

0D、若犯奸、驛、刃者：必主不孝翁姑，欺凌夫主，奸詐妒悍。

0E、若天孤星重犯：必作師尼，不然剋子傷夫，家道消乏。

0F、孤驛重犯：必作奴婢，財帛平常，衣食可度也。

0G、申為白虎，刑剋之神。

0a、天孤為申，為白虎刑剋之神。

0b、重犯：則刑剋六親，為師尼或奴婢不良等。

五、白話解：

01、大多家境貧寒，從小（18歲前）出門創業。

02、祖業無靠，兄弟無靠，白手起家。

03、終生辛苦、勤勞。

04、對人濃道，寧肯吃虧不佔便宜。

05、存錢不易，終生錢緊（三分之一以上的收入都給別人花去）。

06、為別人大方，為自己手緊，常為他人做嫁衣。

07、在家者，一生孝敬父母。

08、不積財，財來財去。

09、破相。

10、做事有終，想到周到全面。

11、易貪心。

辰宮：天奸星（修羅星）

一、辰天罡，為爭鬥之神，與修羅道性質相符。
　　辰為勾辰，所謂勾搭成奸也，故以天奸喻之。

二、此星照命，主人一生勞碌，啾唧奔波，指東說西，機變難測。

一）若得天貴、福星相助：財帛豐盈，亦為上命。

二）若逢權、刃星者：

必為奸權殘恐之小人，言清行濁，執性凶謀，有善人之心，無容人之量，貪嗔太重，非善人也。

三）若逢孤、厄、破、驛：定為吝貪嫉妒之小人，乃下命也。

「天奸」星居於「辰」，具有「龍」性和「天罡」星的特點。

「辰」在東南方向，地之一隅，古有「天傾西北，地陷東南」一說，被視為反亂不吉之地。

因此，依儒家觀點來說，佔「奸」者權謀不善，並非好人。

而實際上「奸」星很有人緣，能服眾，有威望，懂義氣，有勇有謀，言之必行，敢作敢為等很多優點。

只是存有逆反心理，善主事，且其目標過於高遠，雖有「真龍天子」的氣質，終究難以達其目的，挫折在所難免。

形容人的追求目標過大，難以實現。

另外，以其突發的脾氣，和突然的反叛舉動，來形容性格暴烈以及事物發生的出其不意。

四柱佔「奸」者，以上本性隨著組合、位置的不同而有所變化，但普遍財運較好。

如四柱組合好，可在軍旅或公安司法系統有所發展。

組合不好則壯志難酬，有「生不逢時」的感覺，甚至出現災禍或成為違法者。

行運遇「奸」常有高遠、甚至不切實際的追求目標。

無論求財還是求事，如把握好機會，目標降低到力所能及的程度是可以達到的，否則難成。

同時根據其「暴」的性質，也有事物突然來臨，或者突然失去的意外結果。

「奸」星是運律低谷後的回升階段，能力還有限。

只要耐住急迫的本性，凡事適可而止，按部就班，不要過於去追求什麼，一般目標是完全可以達到的，否則執著的去追求高遠目標，挫折將是巨大的。

三、安命歌：

一）大如滄海細如毛，佛口蛇心兩面刀；奸狡計謀藏毒藥，一翻一覆最難交。

01、或命在辰宮最命輕，佛口蛇心兩刀面；奸狡狼謀陰陽毒，意多翻覆最難調。

02、或生辰輪落在天奸，計較朝昏不放閑；刀藏笑裏多奸詐，變亂是非顛倒間。

二）心思常愛他人物，自己勞心意不撓；若逢權福壽相助，也能發達是英豪。

辰宮立命量無涯，初限辛勤晚始佳；釋子勤修多獲福，猶如枯木再生花。

三）生辰轉宮在天奸，詐較朝昏不放閒；刀藏笑裡多奸詐，變亂是非顛倒間。

四）做事才巧，機謀多能，莫人能測，心懷多計，利己掠人，指東道西，言而不行。

01、本宮安命者：為人廣量寬洪，凡事與人不足。

02、貴者：少年功名遲鈍，直須鐵硯將穿，方始春風得意。

03、富者：父母無緣，兄弟情寡，自成自立，刻薄者多，說明者少，晚景榮華，子能跨灶。

04、貧者：初年奔波吃苦，若要豐衣足食，須近貴方佳，執鞭引轡，富而可求。

05、出家者：
高人恭敬，小人不足，道友常生嫉妒，師徒恒發無明，勤心懺禮，暮年福報無窮。

四、詩曰：

一）辰宮立命事非輕，利己損人真不堪；言而無信皆虛偽，意多反覆事難成。

01、年入天奸，智謀過人，剛柔相濟，變化多端，以財取勝。
名振四方，奸狡過頭，反遭失敗，琴官論之，妻妾可知。

02、月入天奸，中年有厄，智謀過人，剛愎自用，雖無敗殺。
千金自散，若無官厄，堂上有憂，不學無術，身遭困苦。

03、日入天奸，坐謀平生，蛟龍得水，變化無窮，天恩厚重。
必及高官，或有災禍，自然消減，莫近酒色，恐為禍患。

04、時入天奸，狡猾機謀，口辯有餘，智慧出眾，在家有利。
出門操勞，進出官門，難免蹊蹺，從業商賈，豐衣足食。

二）辰垣之位是奸宮，時上逢之必主凶；祖業必須難保守，離家出世難漂流。

妻欲欺夫夫哄婦，父不亦與兒女親；弟不敬兄兄不愛，骨肉親情道路人。

兄整合人施巧計，大如滄海細如針；年月日逢奸尚可，時上逢之不可論。

奸星重犯奸莫測，每笑稱呼鄙子耳；若得貴人權福壽，濟身潤屋眾人欽。

五、解曰：

一）辰宮，天奸星，事多反覆，機謀多能。

二）辰宮之人：

01、性格溫和，儀表雅致，行止彬彬有禮，樂於為人排解爭端，思慮周到，措置平衡，務使雙方能得相應之滿意。

02、遇有需求，則挺身出助，往往熱忱過度，無暇自顧，反而惹起是非糾纏，尤以婦人之要求，更見踴躍以赴，事後若蒙輕諾之譏，亦所不恤，此類作風，看似隨和，缺乏決斷，其實天性使然。

03、如逢歲運不佳，生理方面，可能影響腎部，水火不濟、脊背軟弱及患脾腎兩虧等症。

01）男命：

0A、凡生辰坐天奸宮：為人奸詐，而是親指南道北、機械不常、外施假意、包藏禍心。

0A）天奸主奸詐不常，但並非絕對如此。

0B）年月日上值孤驛破厄凶星者：為奸詐不常之人。

0C）得權貴壽文藝吉星居年月日上者：
反主有財有祿、能施能為、出言辯理、立志公道。

0B、年月日上值孤、驛、破、厄星者：
生辰坐此宮，為人奸詐，面是親非，指南道北，機械無常，外施假義，包藏禍心，勿與交結。

0C、若得權、貴、福、壽、文、藝吉星居年月日者：
反而有財有祿，能施能為，出言辯理，立心慕道，乃是上格，可功計較。

0D、若孤、驛重照：刑傷妻子，性情不常，縱為僧道，決是馬流人，非是法器。

0E、若天刃重合：膽大氣豪，只宜自愛，不作苦民，但恐身不保也。

　　0A）天刃為膽大氣豪，天奸為功於心計；

　　0B）刃奸會合：則為奸匪之人。

0F、本宮犯重者：

　　0A）不作奸看。

　　0B）若遇恩貴：反是吉人，亦主上等命也。

02）女命：

0A、凡女命值生辰天奸者：主言情行濁，貪婪慳吝。

0B、年月日逢孤、驛、破星：若非妓者，必為師尼。

0C、年月日逢厄、破、驛、刃：

　　0A）主厚顏淩夫或為小妾（二奶之流），必暗傷主母。

　　0B）若為主婦，必殘傷娌妾，作事不端。

0D、若逢福、壽、藝星：亦是亨福有壽之命，但為人奸巧。

0E、若文、藝、貴於年月日者：必主照明，閨中雅秀也。

0F、孤驛重照：必主孀居，勞碌之命。

0G、若藝得破星：

　　0A）乃為側室。

0B）文厄兼刃：雖聰慧，亦主凶多吉少也！

六、白話解：

一）聰明，心眼多。

二）狡猾之人，一般不要交往。

三）主意多，辦法也多。

四）人緣好，有幾個鐵哥們。

五）性暴多變。

六）此人常常給周遭人造成無形壓力。

七）頭班一般是經商、與機械電子、開車、財務打交道；文化人與電腦科技有關。

巳宮：天文星（仙道星）

一、巳在卦為巽卦，為文書，火也為文章，故以天文喻之。
仙道的原理比較特別，巽為山林，為道士，巳為爐灶，因此喻為仙道。

二、此星照命，主人聰明伶俐、學識過人，做事和美。

一）若逢貴、福、藝星相助：定主鰲頭獨佔，虎榜登名，金階玉陛之人也。

二）若逢權、刃星者：文武多才，乃為上命。

三）如遇破、厄、孤、驛及犯重者：

乃多學少成，不為書算文墨之輩，必為雲遊湖海之人，乃手藝術士之下命也。

「文」星居「巳」位，生肖蛇。

取其慢條斯理的遊動形態，來形容人高雅聖潔、柔弱多情、清閑自在、喜樂好遊等特點，是聰明秀氣的文弱書生形態。

四柱佔「文」者，具有較強的邏輯思維能力和想像力，有理想，有韜略，愛好廣泛，待人接物有情有義、有禮有節，尤其在學業上文理俱佳，屬於知識型人才。

缺點是不習慣於低級繁瑣的事務和體力勞動，身體瘦弱，思想單純、激進，社交能力和處理繁瑣事務的能力較差等，因此在政治、事務性工作和財運方面表現一般。

如四柱組合好，可在學業方面有所進展，能獲得學術或科技方面的成就，是清閑卻不自在的腦力勞動者。

組合不好或犯重，必有學業或事業上的挫折，甚至體弱多病及眼目損傷等。

但多情善感、喜樂好遊，以及事業游離不定是其共性，外表無憂無慮，實則愁思滿懷。

行運見「文」被稱為「愁運」，因事務繁瑣而理不出頭緒，類似學習任務重而思慮過多的表現，但往往在學業上有所進展，

是升學、職業變更以及青年人的婚姻嫁娶之時。

財運猶如細水長流，即無大財，也不中斷。

三、安命歌：

一）時值天文秀氣星，聰明智慧性靈根；男合女順負清靜，滿腹文章錦繡程。

01、或命在巳宮志氣清，聰明百慧冠群英；男和女合身逢吉，滿腹文章錦繡生。

02、或時坐天文秀氣宮，聰明智慧變而通；男女值之多清潔，滿腹文章錦繡胸。

二）男為僧道多雲水，女命便要別嫁人；多學少成犯孤刃，福壽權星上命人。

慈和貴客主忠良，宜入公門保吉昌；貧者奔波宜近貴，僧家修德甚相當。

三）時坐天文秀氣宮，聰明智慧變而通；男女值之多清吉，滿腹文章錦繡胸。

四）聰明伶俐，志氣軒昂，作事多美，科名顯達，必登顯明地位，女命主招好夫。

五）凡人生辰值天文星者，為人聰明穎悟，志氣過人，有攀龍附鳳之才，出超群之智。

01、最怕文星重犯，必主多學少成，有頭無尾。

02、本宮安命者：心性聰明，生財有道，作事有方，妻宮生配無傷。

03、貴者：一生享福，無纖毫挫折。

04、富者：主得四方財利，宜入公門，不然主常有官訟閑非。

05、貧者：奔波四方，不宜守早，晚景得安。

06、出家者：慈悲利生，引接後進，德布十方，教行宇內。

07、不信心者：譭謗師父，兩舌惡口，心無常性，終作馬流人。

四、詩曰：

一）命在巳宮志氣高，一門喜慶樂陶陶；男和女合身和吉，絕世才華震京都。

01、年入天文，容貌端正，若勤學習，早年出仕，若廢學業。勞力生涯，琴瑟和樂，亦有別難，早婚不利，晚婚皆老。

02、月入天文，文筆相應，兄文弟武，比翼雙騰，雖無祖業。赤手致富，官位一品，眾人仰慕，若非官祿，醫藝生涯。

03、日入天文，末年榮華，用心正直，聲譽堪誇，若勤學問。名列龍門，不學無術，庸碌無為，衣食有餘，安渡平生。

04、時入天文，斯文之人，出入聚財，衣食富足，博學多識。

人人誇好，平生所忌，火上有厄，若非官祿，妻兒雙剋。

二）天文居巳最為奇，君子宜逢日共時；若能權貴福星助，脫卻藍袍換紫袍。

古來將相原無種，運至時來日始輝；最怕凶星來剋害，滿腹文章不療饑。

年月日時俱坐此，莫將妄念想京畿；落得做個聰明士，好似羊身衣虎皮。

詩書滿腹終無用，功名縱得也須遲；多學少成皆為此，有頭無尾少靈機。

五、解曰：

一）巳宮，天文星，文章振發，女命有好夫。

二）巳宮之人：

　01、態度沉靜，思慮瑣屑，喜吹毛求疵，雖至親至密者，亦多懼與接近，生活孤寂，其為缺點，目不待言，但尤不失捐介之操。

　02、影響最大者，厥為注視小節而忽視大端，輕重適當，殊於前途有礙。

　03、好在立命此宮之人，心細於髮，手段精明，處事有條不紊。

04、經商做賈,盡能積少成大,前途無量,平時因深思過慮,致易沾輕微腦病。

05、如逢歲運不佳,則影響腹部,身患腸胃、便秘、洩瀉、痢疾等症。

01）男命:
    0A、凡人生辰值天文星者:最聰明穎悟、志氣過人,有攀龍附鳳之才、出類碌群之智。
    0B、最怕文星重犯:必主多學少成,有頭無尾。
    0C、若得厄、刃、權星在年月日作合:
        必主文武雙全,利名並遂,財穀盈餘,衣豐食足。
    0D、若值權、貴、福星:
        必享祖業,或是書香,功名必遂,有始有終,心寬性緩,妻子和諧,福壽雙全,乃為上格。
    0E、若年月日逢奸、孤、破、驛者:主錢財不聚,勞碌無休。
    0F、年月日逢天藝、驛、破:
        必檀板生涯,優伶伎倆,朝遊柳巷,暮情花街,乃為下命之格也。

02）女命:
    0A、女命生辰值天文宮者:主萬性蘭心,幽閑貞靜。
    0B、年月日逢天福、貴、壽:必主五花宮諧,夫貴身榮,子女成行,白頭享福。

0C、若值權、福、刃者：主奪夫權，性格豪邁，不耐歲寒，有操持，能治家者。

0D、若值天奸、驛、厄：主多詐，身心勞碌。

0E、若值藝、破：主女工精細，幾番成敗，家業凋零，針黹度日。

0F、若值天孤、驛、刃：必主剋子傷夫，白首向孤燈，師尼乞苦之命。

0G、若本宮重犯，而兼天貴、天驛：

  0A）必犯桃花，更夫破祖，淫亂家風。

  0B）縱居富貴之鄉，難免踰牆鑽穴，乃下格也。

六、白話解：

一）心地善良，同情心強，看到動情處，易流淚。

二）學習良好，在學校時名次在前。

  沒有上過學的人，學技術比別人快，無師自通多技藝，只是少文憑。

三）在學校時，文科比理科好。

四）學習東西快，不斷吸收新東西，活到老，學到老。

五）小時挑食。

六）做事性子急，走路都比別人快。

七）慈悲，看電視小說易動情而流淚。

八）人多清秀、俊俏。

午宮：天福星（佛道星）

一、午在卦為離卦，為文明，且得火的正位，故為天福。
　　六道論法，以兩個地支為一組，因此午也為佛道，其他同。

二、此星照命，主人受福清閑，性情自在，度量寬宏，根基穩實。

　　一）若得權、刃相扶：衣帛充足，倉庫盈餘，堆金積玉之命。

　　二）若犯重者：衣祿不多。

　　三）若逢驛、孤、奸、破星者：必主貪吝嫉妒，衣祿艱難之下命也。

「福」星居「午」地，生肖馬。

性情溫和又有能力，雖善於奔跑卻有限定範圍，無憂無慮，安於現狀而毫無它求的特點，是佛家認為佛性最明顯的星運。

四柱佔「福」者是安居樂業的象徵。

為人和睦，老實厚道，清閑自在，樂觀無憂，不操心，不費力，從不深入追求什麼，卻常能收到不求自來的奇效。

具有解災功能，對其他星運帶來的厄運有緩解作用，歷來有「一福壓百禍」的說法。

但缺點是，其不願操心費力、凡事不深入的特點，往往不利

於學業的進展，更不利於仕途，尤其那些管人的、管事的官，因為他至少在「福」星主事的階段缺乏管理能力。

此外，對相鄰星運本性特點有固定作用，例如「孤」星遇「福」，在目標單一的基礎上，進一步演變為「強」脾氣。

「厄」遇「福」，則愈加難以解脫等。

「福」可理解為「合」，與「破」星的「分離」相反，對出行、調動有牽制作用。

此外，柱中「福」多反不利於婚姻嫁娶，這是佛性過強造成的。

行運見「福」需遵循自然，維持現狀，不宜求索。

反之則違背佛性而求之必失，尤其是那些需要操心費力的求索更加不利。

「福」與「貴」類似是人生運律的高點，但也有所不同，「福」是清閑享受之時，而非求索之機。

三、安命歌：

一）天福溫和志氣高，量寬淳厚祿豐饒；財命可逢權壽貴，賢良清吉潤心苗。

  01、或命在午宮得天福，根基滋潤性靈藥；寬宏厚重心明朗，財帛豐盈家運興。

  02、或天福時居吉慶星，根基穩實禍無侵；寬宏大量兼明

敏，志氣軒昂獨出群。

二）厄孤驛破奸貪輩，別逢重財自散消；為俗命銀盛滿庫，出家學道任逍遙。

貧者營謀近貴人，橫財天付富翁欣；貴官祿位升遷旺，僧道衣糧累日增。

三）天福時居吉慶星，銳基穩實禍無侵；寬宏大量兼明敏，志氣軒昂獨出群。

四）清雅，謀為出眾，根基堅固，官田廣廈，食祿齊美，富貴榮華之命也。

01、本宮安命者：聰明俊秀，難為父母，六親兄弟無情，夫妻兩硬方諧。

02、貴者：施惠於人，人懷怨恨，妻妾不和，子女晚得。

03、富者：財祿雖豐，知音鮮寡，內不睦于妻子，外不和于朋友，甘苦自知之命。

04、貧者：辛勤近貴，衣食方足，或為公門卒役，或受雇于富貴之家。

05、出家者：頓悟漸圓通，主得四方衣祿。

四、詩曰：

一）命在午宮得天福，勝比黃金儲滿屋；寬宏厚重心明朗，家庭

興隆衣食足。

01、年入天福，早年富貴，人人稱讚，貴人來助，每事如意。
有德有信，出入官門，聰明多財，貪財太過，反有損傷。

02、月入天福，秋鼠入庫，財源廣進，中年發福，祿馬有餘。
救濟貧窮，莫歎配宮，不然多病，猛虎出林，權利亨通。

03、日入天福，榮祿昌盛，才藝非凡，鄉里留名，商賈為業。
手弄千金，門庭若市，妻坐福宮，福無雙至，樂極生悲。

04、時入天福，富豪之命，高臺樓閣，錦衣玉食，德高望重。
一身榮耀，體魄雖佳，亦有病厄，末年之運，游閑逍遙。

二）福星值此最為強，時位逢之主吉祥；顯達聰明兼厚重，慈和恭儉更溫良。

再得貴權文壽助，何憂家道不榮昌；縱使破厄孤星照，平生決不缺衣糧。

年月日中逢此宿，管教衣祿不尋常；若值凶星居三柱，恐主疾病或遭殃。

造化局中雖混雜，要從生剋細推詳；重福相逢非是福，愚蠢如同兩目盲。

五、解曰：

一）午宮，天福星，榮華吉命。

二）午宮之人：

01、天生具有野心、高貴和熱望的特質，並且有堅強的意志，經常不顧險阻，打通一切阻礙的勇氣。

02、有時傲氣很盛，而為企圖速化，出人頭地，則又不願小屈以求大伸。

03、平時待人和藹可親，也無非籠絡手段，取悅他人，便利其本身之發展，假使戒除驕態，自有成功之一日。

04、如逢歲運不佳，生理方面，可能影響腰部，發生脊骨疼痛、風濕、黃疸等症。

01）男命：

0A、年月生時值天福宮者：為人狀貌清奇，志氣超越。

0B、若年月日逢天貴、權、刃者：主車馬填門，金珠滿室，王公貴人之格也。

0C、若逢奸、驛、破、厄：乃是吝嗇之徒，器小之輩。

0D、若犯重孤、天驛：

0A）必作享福高僧。

0B）若在家者：剋妻傷子，孤獨之人。

0E、若逢文、藝、壽星：主安閑享福，得現成產業，飽學多才，決非白丁也。

0F、若本宮重犯，又值驛、破：主一生淫蕩，財源不聚，事業無成，乃為下格也。

02）女命：

0A、生辰值天福宮者：

　　0A）主溫良恭敬，情性和平，為人持重。

　　0B）再得權、壽、貴星居年月日上：
　　必是誥命夫人，更兼有才智，能施捨多福壽，不然亦是富翁之妻，旺夫益子。

0B、若兼天文、藝、貴：決是名門閨秀女，享榮華，但不能鳳冠霞帔之及身耳。

0C、若逢天孤、破：主傷夫剋子。

0D、若值天驛、天厄：家道雖豐，決主辛勤勞碌，一生不得安閑，常有啾唧小悔。

0E、若犯天奸、破、厄：
　　主心性奸惡，無故興謗，兩舌惡口，妯娌不睦，姑嫂不和，雖名門望族，亦不能免也。

六、白話解：

一）其人五官端正。

二）曾祖父之前家境寬裕，不為官則為商。
　　01、到了祖父這代，家境沒落。
　　02、到父這代，家境一般，比較緊張。

三）小時是寶貝，膽小心軟。

四）心直口快健談，藏不住話。

五）多慈悲，多清閑。

六）家人或者自己信五術；當下不信，將來要信。

七）喜歡出門，不喜歡呆在家中。

未宮：天驛星（鬼道星）

一、未為坤卦，坤為驛，為大車，因此以天驛喻之。

二、此星照命，主人離鄉別井，骨肉情多，勞碌身心，自成自立之命。

　　一）若逢福、權、貴、刃、壽五星者：必主官祿供給，車馬相隨，乃顯榮之命。

　　二）若逢孤、破、厄星：
　　　　猶如風吹樹葉，水上浮萍，心猿意馬，賓士不定，方外雲遊，江湖上下之命也。

　　三）若犯重而刃、厄相沖者：必為流徒之類。

「驛」星居「未」地，生肖羊。

為了生存需要不斷的遷徙，具有居無定處、善於奔跑和攀登等特點。

也有「驛馬」和「驛站」的性質。

四柱佔「驛」者，生活無固定規律，東奔西走，在外居住是

常事。

平時喜動不喜靜，煩躁不安，一旦靜下來必有心事，俗稱「心忙」、「坐不住」或「三心二意」。

性格稍顯內向，有心計且不易外露，俗稱「心眼多」。

而這種「心裏長草」的性格，很難在學業上取得突出的成績。

如果組合不好或犯重，會奔勞而無收穫，甚至腿足傷災。

其勤勞和善於攀登、求索的特點，使之凡求易得很少落空，因此常有臨時性的財物收穫，獲得事業成功以及仕途的升遷。

一般可在商業、供銷等經常出差在外的職業上有所發展。

行運見「驛」出行必然，所求成敗視其四柱組合及目標性質決定。

由於求索能力較強，短期目標一般都能成功，尤其是財運極佳。

三、安命歌：

一）天驛流年犯此星，命宜離祖得安寧；經營游遍天下路，運殊時乖妄費心。

01、或命在未宮逢天驛，移居離祖過城營；生來那得一時靜，走遍天涯始得寧。

02、或生辰落在天驛宮，破祖離家走西東；片時不得安寧

生,踏遍天涯始見功。

二）若逢權福終須吉,福刃相交上命人;奔南走北身無主,親朋無靠總成空。

田宅衣糧宿有緣,夫妻歡樂少憂煎;僧家修道行方便,在所游方福自然。

三）生辰落在天驛宮,破祖離家走西東;片時不得安寧生,踏遍天涯始見功。

01、離祖,奔走他方,一生勞碌,心如女性,作事心不定,六親冷淡。

02、凡人值天驛宮者,為人心性無恒,喜離家出外周流天下,浪跡萍蹤,尋花問柳。

　01）本宮安命者:心無定準,喜出遠遊。

　02）貴者:游宦四方,代天巡狩,日升東而沒西,人生秦而游楚,誠定業也。

　03）富者:祖業無靠,自成自立,或出外經商,或自行開店,主招四方之財。

　04）貧者:祖業敗盡,手藝營生,衣食不缺,子息先花後果。

　05）出家者:腳跟不穩,心無常日,歷遍山川,不能安坐之命。

四、詩曰：

一）命在未宮逢天驛，離鄉別井走四方；浪跡天涯與海角，半生難得一時閑。

　　01、年入天驛，食少事煩，在家困憂，出處得利，心中有苦。世事浮雲，月落琴床，婚災亦臨，周遊天下，以商為本。

　　02、月入天驛，虛度世事，居家難安，出外可閑，有始無終。行如浮雲，樂極生悲，一敗一成，貧困相伴，始得安寧。

　　03、日入天驛，為人孤獨，夫妻難合，極易反目，春林獨鳥。花無葉枝，才智雖佳，每歎失數，莫恨初困，晚歲得福。

　　04、時入天驛，南走北奔，異城風霜，親自歷盡，心神不定。世事浮雲，六親無德，投靠無門，周遊天下，以商為本。

二）天驛之星在未宮，時逢此宿總成空；四改三遷尤未定，鐵鞋踏破不成功。

天福壽文權貴助，許君榮貴改門風；職任巡方身顯耀，發福他鄉河海通。

若逢破厄孤星照，終日奔波衣食空；時來積得三分飲，恰似冰霜入手中。

拿雲捉月渾無用，螟蛉出贅稍從容。

五、解曰：

一）未宮，天驛星，一生勞碌，離祖始安。

二）未宮之人：

    01、一舉一動，于謙讓之中每露忸怩之態，似行畏怯。

    02、然其性格，則敏感而易發怒，貌為柔順，內心則極堅強，不肯輕易接納他人意見。

    03、其人辦事嚴謹，工作謹慎，均為最佳之表現，並有很好的領悟力與觀察力，喜歡沉思，想像力非常活躍，但容易耽於聲色之好，宜多注意。

    04、如逢歲運不佳，生理方面，可能患胃病、逆呃、消化不良等疾。

    01）男命：

        0A、凡人生時值天驛宮者：

            為人心性無擔，喜離家出外、周流天下、浪跡萍蹤、盤花問柳。

        0B、若得權、貴、福星居年月日上：決主執掌朝綱，巡行萬國，顯祖揚宗。

        0C、若值福、壽、權者：必主經商致富。

        0D、若值天文、藝、奸者：乃是江湖九流術士。

        0E、若值天孤、天破、天厄者：

敗家失業，剋子傷妻，幼可出家，反得正果，辛勤勞碌之命也。

02）女命：

0A、女命值天驛坐生時者：主奔波勞碌，一生不得安逸。

0B、年月日若值福、貴、天壽者：身雖不得安閑，原處富貴之鄉。

0C、若值孤、刃、權、福：乃是孀居寡婦。

0D、若值破、藝、厄：必主倚門獻笑，花柳多情。

0E、若孤、厄重逢：乃是師尼之命也。

六、白話解：

一）一生奔波：上午在東大街，下午就在西大街；今年在臺北，明年在高雄。

二）出門喜，進門憂。

三）對小事情是一問三不知，不記在心上，總是在想大事。

四）講究衣著，有氣質，有風度。

五）辦任何事，一般非常容易。

六）搞文藝、經商、且易與機械打交道。

申宮：天孤星（人道星）

一、申為白虎，為凶喪刑剋之星，故以天孤喻之。

二、此星照命，主人一生孤獨，男人得之六親無分，女人得之剋子妨夫。

　一）孤星犯重者：反不為孤，必為半僧半俗。

　二）若得權、福、貴、壽星相助：乃上命也，亦不免少年刑剋。

　三）若逢破、驛、奸、厄、刃星：必為雲水漂流下命也。

　四）凡選故家之命，要看孤星為主。

「孤」星居「申」位，生肖猴。

喜歡蹬高望遠，很少下到地面等與人類相似，卻又不同於人類的生活方式。

象徵「錐子」或「刀」，具有剛性和對單一目標的突擊能力，及寧折不彎的行為特點。

同時也象徵人體最高點的頭部。

四柱佔「孤」者主見極強，很少與人有共同語言，往往顯得很孤立和獨特。

思維和追求目標也較專一而執著，善於直取而不願繞行，易走極端，就是在學業上也有嚴重的偏科現象，俗稱「認死理」或

「鑽牛角尖」，索求快捷易得，但也過剛易挫。

對個體或專項的追求能力較強，只要不是需要群體追求的目標，一般都能達到。

當然，如果目標過於高遠或力不能及，挫折也是難免的，這要看四柱組合情況決定。

女命佔「孤」確有「刑剋」徵候。

如日柱佔之必有「剋夫」，或者說婚姻挫折現象，起碼也是兩地分居。

這是性格不同造成的必然結果，定義為「剋夫」似乎也不太恰當。

另外，「孤」星兩現，則不以「孤」論，如過多，可能貧苦一生。

行運見「孤」必遠行，或有高遠的追求目標。

成功與否看其是否符合單一性質和四柱反映的資訊，以及是否力所能及。

一般外出求學（升學）可成，而其他除個體和專項利益以外，凡是需要與人協調、交涉的目標、集體利益或者婚姻嫁娶，則是不可能成功的。

如四柱組合不好，也是頭部或身體損傷資訊的應驗時期。

三、安命歌：

一）人犯天孤六親疏，女犯天孤剋丈夫；若逢天壽終須吉，權福相鄰上命人。

01、或命在申宮逢天孤，兄弟親朋有孤苦；男人犯此多傷子，女人犯此必刑夫。

02、或時落天孤骨肉疏，男傷妻子女刑夫；吉星協助方雲吉，推詳微理莫糊塗。

二）僧尼逢此徒弟少，道士遇此獨自居；相交驛破漂流客，數分重重孤不孤。

貴賤須防剋子憂，晚年得子始無愁；自立家園不賴福，出家得重福無儔。

三）時落天孤骨兩陳，男傷妻子女刑夫；吉星協助方舌吉，推詳微星莫糊塗。

01、孤單，男女寡居獨宿，剋陷刑傷，子息難為，晚婚即吉，不宜早配，只好修身養德，作善人。

02、本宮安命者：心靈性巧，不受人欺，妻子初年刑剋重。

03、貴者：中年發福，婢妾眾多，聲色自娛，利祿是好。

04、富者：心貪慳吝，惟利是圖，中年傷妻剋子，老景安閑享福。

05、貧者：刑傷重，六親無情，骨肉無緣，酒色之徒也。

06、出家者：聰明敏辨，山水是好，誠心修道，教化凡俗，貴賤欽利之命。

四、詩曰：

一）命在申宮是天孤，縱不伶仃亦孤苦；最怕壯年偏傷子，女人犯之必刑夫。

01、年入天孤，心勝性閑，塞北歸雁，秋夜孤飛，若非風霜。疾病罹身，鴛鴦難配，東西各飛，身雖孤獨，財帛宜人。

02、月入天孤，一身孤單，兄弟無靠，獨立月下，身如秋萍。四海漂泊，妄動不利，安分為營，命帶香火，奉祀可寧。

03、日入天孤，為人孤獨，夫妻難合，極易反目，春林孤鳥。春蘭秋菊，自有其時，財智聰明，莫恨初困，末運逢貴。

04、時入天孤，骨肉情疏，一身孤單，六親無助，手段雖好。難以如願，恩人為仇，勞而無功，傷偶剋子，晚景淒涼。

二）申上之宿號天孤，生辰逢著六親疏；再加厄破奸星照，男傷妻子女妨夫。

早年剋父兼傷母，晚景應悲子息無；男人值此為僧道，女人逢此作尼姑。

若是貴文天福助，終作興家創業徒；親戚骨肉同冰炭，朋友相知總是虛。

犯了重孤與破驛，朝遊南北暮東西。

五、解曰：

一）申宮，天孤星，不宜早婚，女命妨夫。

二）申宮之人：

01、具有雙重性格，心理難得平衡，故有時充滿自信樂觀，有時則疑慮失望。

02、其可取者，心靈方面極為機警，如討論謀一問題，每能提出新穎之意見，不同凡響，言論姿態，表露尤佳，故其所發揮之吸引力，足以構成其社會地位。

03、若論事業前途，則應有始有終，不可半途而廢。

04、如逢歲運不佳，生理方面，宜防肺胸兩部發生咳嗽、哮喘、氣呃及呼吸器官之疾病。

01）男命：

0A、時值天孤星者：六親冷淡，骨肉情疏，早歲刑剋父母，中年刑剋妻子，鴻雁離群。

0B、若得天貴、福、壽居年月日生：亦是福貴之格，但早年不免刑傷耳。

0C、若值文、藝、權、刃：亦可成家立業，若是斯文，庶免剋害。

0D、若犯奸、破、厄、刃，及孤星重犯：

0A）不如收拾閑風月，衾帳梅花獨自眠，只可為僧作道，雲水逍遙，不宜在俗。

0B）四柱若值三孤一福：必作有德高僧，大享人間福祿者也。

02）女命：

0A、生辰值天孤星者：必主獨宿空房，刑孤影單。

0B、若年月日得吉星救助：

0A）不為大害，但有刑傷。

0B）或經商出外，庶免刑剋。

0C）或雖在家不相和合，或夫厭棄妻，或婦厭棄夫，亦可免剋也。

0C、若年月日犯奸、驛、刃、破及天厄者：

0A）必作師尼，莫想居家。

0B）若不然，或為婢妾。

0D、若重犯而值天福、壽者，乃主孀居，出家為尼，決多財祿，因緣者也。

六、白話解：

一）一生孤獨，有種莫名的孤獨感。

二）六親疏遠，來往少，包括朋友也少。

三）清高、傲慢，不服人，自信心強。

四）犯上之人，愛與上司長官頂嘴。

五）一生至少失去兩次以上的好機會。

六）婚姻不順，獨守空房。

七）兄妹人多，女比男多，且有夭折與中途去世的。

八）情緒多變。

九）喜歡單獨行動。

十）主事表當官、當頭家之人。

酉宮：天刃星（又名「天創星」，畜道星）

一、酉為陰虎，且為日落之地、刑傷之門，故以天刃、天破喻之。

二、此星照命，主人一生剛狠，性格暴躁，自顧自是，不受人觸，受不得閑氣，風火性過，端然無事。

一）若得權、貴、福星：為人不俗，禮儀足以化強暴，乃上命也。

二）若逢孤、破、奸、厄：膽大心粗，形體殘疾，不免斷髮身死，乃下命也。

三）惡星少，而吉星多者：亦為中命。

四）犯重：必主殘疾。

「刃」星居「酉」，生肖雞。

有反應敏捷、勤儉、善於聚少成多、開拓創新、爭強好勝等特點。

又象形于「車」、刀刃、金屬等剛性物質。

四柱佔「刃」者大都勤奮好學，勇於開拓進取，且行動敏捷、俐落。

尤其形象感覺極佳，對有型的物體原理理解能力較強，善於模仿和創新。

在學業上也較重視理科，素有「天創」星之說。

在事業和財運方面，主要靠技藝或有門面的經商能力，靠「雞啄米」式的營謀小利而聚少成多的積累，但無大財，只是稍有「小氣」之嫌。

如四柱組合不好，其勤奮、和「要強」心往往會成為「扒嘰命」。

缺點是性格過剛，從不向任何人低頭，其寧折不彎的特點，甚至超過「孤」星，必然會出現事業挫折、硬性傷災、家庭破裂重組等現象。

行運見「刃」，必有更新再創之舉，好比用刀切去舊皮現出新貌，雞撥開舊土，現出新土一樣，

會有新的進展，例如：

再度成家立業、再置房產設施、再添新項目、更換新產業，或者再學新技能、再進職稱學歷等；當然不排除硬性傷災的危險，但一般無大礙。

三、安命歌：

一）天刃相交命太剛，他非我是要爭強；智巧與人無怨恨，正直無偏欲頭揚。

01、或命在酉宮性過剛，他非我是要爭強；拈刀弄斧雄心重，好作將軍入戰場。

02、或生辰若是居天刃，性氣剛強不讓人；持刀執斧刑心重，好做將軍入戰場。

二）招刀弄斧刑心重，好似將軍入戰場；若逢天權主富貴，縱然凶暴也無妨。

富貴經營遂意懷，貧人性暴少和諧；貴人慷慨多雄略，僧道謙虛福報來。

三）生辰若是居天刃，性氣剛強不讓人；持刀執斧刑心重，好做將軍入戰場。

四）性氣剛硬，不屈服人，作事單獨而行，不肯讓人之言語，強辯自己意見，自作聰明，多為失敗。

五）凡值天刃星者，為人心性氣硬，不受人欺負，不耐閑氣。

01、本宮安命：為人性急暴躁，六親兄弟無緣，夫妻兩硬始無妨害，子息有三。

02、貴者：有威權膽略，武職更宜。

03、富者：朋情和悅，不受人欺，初年勞碌，晚景榮華。

04、貧者：頑劣，好勇鬥狠，常招是非，一生進退不常之命。

05、出家者：無明易發，我慢自矜，常遭人謗過而不改，定業所致也。

四、詩曰：

一）命在酉宮性剛強，人非我是費參詳；徒然具有匹夫勇，大事難成確悲傷。

01、年入天刃，性格固執，道觀僧堂，是其去處，平生隱愁。何人可知，幼無疾患，厄加手足，權刃相逢，反而為福。

02、月入天刃，身有病痛，若無重患，落傷難免，匠工生涯。可免此厄，守舊安靜，始得安身，權貴相加，必有重任。

03、日入天刃，飛鳥傷翼，蒙人之害，風波頻起，出入酒間。傷財剋妻，祖基不利，離鄉趨吉，若無身厄，手足有疾。

04、時入天刃，為人剛直，爭強好勝，不受人欺，踏遍青山。四海留名，行善積德，厄運自消，必有功名，後歲崢嶸。

二）酉垣天刃殺鄉星，時上逢之不利人；性如烈火財難聚，一生慷慨竟忘貧。

正直立心無毒意，終朝歡暢少憂嘆；多口常招人怨恨，性剛處事不饒人。

若得貴權天福助，持重威嚴是貴鄉；行運若逢生旺地，富貴

雙全福自臻。

重刃若逢多酷毒,常遇官訟禍頻頻;吉星扶助多通達,惡曜沖刑禍立侵。

五、解曰:

一)酉宮,天刃星,性情剛直,時有是非。

二)酉宮之人:

01、沉默寧靜,思慮深遠,心地善良,忠實可靠,惟有時也表現暴躁,固執己見。

02、年少之時,尚未有任性之表現,迄年齒日增,主觀日強,積漸日久,行動遂不免放恣,最後得一諍友,隨時規勸,定能知所自反,否則流為剛愎自用矣。

03、其人一生富於大自然之愛好,名山大川,樂於登臨,失意時盡能枕石漱流,自我解譬,滌蕩煩襟,亦一得也。

04、如值歲運不佳,生理方面,可能影響喉部,發生氣管炎、心臟不寧等症。

01)男命:

0A、凡男命值天刃星者:為人心高氣硬、不受人欺、自作自是、不耐閒氣。

0B、年月日得天福、壽、貴:主公道無私,卻剋父母,

功名顯達，衣祿無虧。

0C、若值文、藝、壽、驛：主風度超越，有仁義禮智，無暴虐奸巧。

0D、值破、孤、奸、厄：則好勇鬥狠，連遭官訟，不破家蕩產不休，凶惡之命也。

0E、若值三刃一壽，或三刃一福、或一權：決主掌握兵權，指揮三軍，汗馬成名。

02）女命：

0A、值天刃生辰者：性格暴躁，不耐歲寒，一時風火性，過後卻無心。

0B、年月日若值文、壽、福、貴：主財祿不旺不衰，衣食不饑不寒。

0C、若值驛、破、奸、厄：

決主在家敗父母，出嫁敗夫家，常有口舌是非，不能安靜之命也。

0D、若天孤重犯，天驛再臨：必作師尼，或為寡婦，辛勤吃苦之命也。

0E、若值三刃一破，或一厄，或一奸：

此等女命焉得善終，速宜改過念佛，懺悔德性，庶免惡道也。

六、白話解：

一）責任心特別強：對公事、別人之事，比對自己事認真。

二）性子急，效率高。

三）工作有創造性，不墨守陳規。

四）自尊心強，虛榮心重。

五）爭強好勝、要面子。

六）知識面寬。

七）人非常靈活。

八）易胃寒。

戌宮：天藝星（又名「小天破」，修羅星）

一、戌為火庫，為文明之庫，故為天藝。

二、此星照命，主人多智多能，機巧近貴。

> 一）若犯重者：主資質昏鈍，懶惰愚頑，多學少成，匠作用力之輩。
>
> 二）若得天權、福、貴、文、壽俱全：剛柔相濟，雖為藝術，亦可成立。
>
> 三）若逢天孤：可為僧道之出類者，乃中命也。
>
> 四）若逢破、厄：則藝舉無成，終為下命。
>
> 「藝」星居「戌」，生肖狗。
>
> 　代表忠厚、誠摯、信譽、勤逸和智謀，同時也代表反復多變的性質。

「戌」在西北，牢獄之地，司牢獄看守之職，故有口舌爭訟，是非不寧的特點。

四柱佔「藝」者愛好廣泛，且心靈手巧，能掌握多種技能，常為各行各業的能工巧匠。

愛管「閑事」，具有較強的邏輯思維能力，其辯博能力常被稱為「磨豆腐嘴」。

有謀略，有正義感和同情心，講誠信，常以助人為樂。

如果從事軍旅參謀、司法、律師、安全保衛等工作可望有所發展，也可從事郵遞、合夥買賣、往返交易、以及各種手藝等項工作。

缺點是「手散」，愛花錢，消耗大，有「小天破」之稱，因此在財運上經常入不敷出。

「藝」星多者，「信過為實」必愚鈍，反覆太過將一事無成。

「藝」星再見「破」，有「大天破遇小天破，不招災即有禍」的說法，腰腿傷災難免。

行運見「藝」反覆不順，口舌爭執，財帛耗散，僅次於「破」星是運律的第二低谷。

但是，除求財以外，符合以上特點的索求，尚可成功。

三、安命歌：

一）天藝生人心性靈，自東作西有多能；為人清雅機謀巧，到處人憐只為勤。

　　01、或命在戌宮心性平，一生遇貴得賢能；指東作西機變巧，四方藝術有獻名。

　　02、或生辰若坐天藝宮，智慧聰明心性通；文武盡皆能一試，百工技藝亦馳名。

二）多智有權因福照，懶惰皆因有破星；女命所照為星主，犯重遇厄下命人。

　　貴人智巧兼多欲，富多勞心過作家；惟有貧人能手藝，僧人修道福無涯。

三）生辰若坐天藝宮，智慧聰明心性通；女文武盡皆能已，百工技藝亦馳名。

四）多雄多智，秀氣有奇巧，但逢諸事，一目就知，只是多學少成，為人不俗。

　　01、本宮安命者：心性巧慧，見景生情。

　　02、貴者：智而多欲，巧而善變。

　　03、富者：勞心勞力，勤于作家，見色忘身，多致悔吝。

　　04、貧者：財來財去，奔波勞碌之命。

　　05、出家者：
　　　　01）修道創業，當作諸緣事。

02）福薄者貪嗔妒忌，慣挫因果，若不懺悔，地獄難逃。

四、詩曰：

一）命在戌宮性本靈，半生遇貴事易成；才智過人多美景，一朝得意顯門庭。

> 01、年入天藝，智謀過人，心巧手技，衣食豐足，安度歲月。技藝生財，不調之歎，亦有可能，早子難養，財源茂盛。
>
> 02、月入天藝，才藝超群，兄巧弟靈，共享盛名，匠藝養身。白手可成，若非功名，才華可誇，東西流離，藝術可成。
>
> 03、日入天藝，性巧才博，文武雙全，必有功名，神通之材。經國濟世，東西出入，警惕風波，自身富貴，家內多厄。
>
> 04、時入天藝，學業有成，機動靈利，以才成功，六親難靠。弱馬負重，居所多移，自立為生，文武相宜，技藝馳名。

二）戌宮天藝性巧靈，時逢學業必然成；若無吉曜來相助，到底還教藝不精。

君子生辰如值此，天權福貴助成名；莫羨聰明多俊俏，聰明太過悔翻生。

若是女人逢一二，或臨旺相主多情；破厄孤星來作命，獨守孤幃一盞燈。

天藝重逢無頭尾，作事躊躇沒準繩；一生不得安閑坐，推命須當看重輕。

五、解曰：

一）戌宮，天藝星，心性平和，藝道有名。

二）戌宮之人：

　　01、舉動靈敏，工作熱烈，精神勇敢，對於事務，一經計劃就緒，即以全力實施擴展，絕不躊躇顧慮。

　　02、缺乏忍耐性，為其所短，故須擅自控制，毋使躁進，遂能納入正軌，底於成功，大凡賦性好動之人，偶受刺激，如非心灰意懶，則將變本加厲，縱結局未必盡敗，亦屬得不償失，應以冷靜之頭腦，作縝密之思考為要。

　　03、如逢歲運不佳，生理方面，可能影響頭部，如眩暈、中風、思想錯亂、牙筋疼痛等疾。

　　01）男命：

　　　　0A、凡生辰值天藝宮：為人有操持，多機變，上下皆和，美良合一。

　　　　0B、若值權、貴、福星居年月日作合：
　　　　　　主多智多能，名高位重，不作蓬萊三上客，定為天子眼前臣。

　　　　0C、若值文、壽、刃星：主技藝精巧，財祿豐盈，清高享福者。

　　　　0D、若本宮重犯：反為懶惰，作事遲鈍，多學少成，

忘前失後。

0E、若值奸、破、厄、孤：猶如雪上加霜，財源不聚，天驛再臨，東奔西走，下命人。

02）女命：

0A、生辰坐天藝者：心性聰慧，針指技藝精巧。

0B、年月日若值權、壽、福星：亦主享福多壽，衣祿美盛。

0C、若本宮重犯，或臨旺相，兼值破、驛：難免桑濮[3]之譏。

0D、若值奸、孤、厄、文：則獨守空幃，針指渡日。

0E、若天孤重照：必作師尼之命也。

六、白話解：

一）人聰明，手巧。

二）靠技藝謀生。

三）對人忠誠濃道，寧肯吃虧，不佔便宜。

四）對機械很有興趣。

五）身體毛病多在脾胃。

亥宮：天壽星（仙道星）

3　桑濮：「桑間濮（ㄆㄨˊ）上」指淫靡之音，一指男女幽會的地方或男女幽會之事。
《漢書‧地理志下》：「衛地…有桑間濮上之阻，男女亦亟聚會，聲色生焉。」
後來用「桑間濮上」指淫靡風氣盛行的地方，也指男女幽會之處。

一、亥居乾位，乾為動，流水不腐，故為天壽。

二、此星照命，主人長壽康健，智慧聰明，做事溫良，有救人之心，無傷人之意，恩中招怨，做事樸實，眾人欽敬，平生安穩，有始有終，喜怒不形。

　　一）若得天權、福、貴、刃星相助：必主寬宏大量，福壽綿綿。

　　二）犯重者：有壽無福。

　　三）犯孤、破、厄星：乃中命也。

「壽」居「亥」位，生肖豬。

代表多柔少剛、綿延遲緩的本性，平靜圓滑的外表以及養尊處優的生活環境。

同時也具有「亥」水的柔和與不穩定性。

其特點恰好與「刃」星相反，一剛一柔。

「壽」與「文」星同道，自然有其共同特點，如：
清閑自在，喜樂好遊，文明禮貌，通文理，重感情等。

不同的是「壽」星做事更加遲緩，慢條斯理，按部就班，柔弱綿長而缺乏果斷和陽剛之氣，是教師或文案寫作人員的形象。

其優點是無憂無慮，處事圓滑，平安，壽命長，可以緩解柱中的剛性之災。

缺點是「慢性子」，凡事不著急不上火，拖延遲緩，優柔寡斷，會失去很多機會，使之凡求不易得，東北方言叫「抻悠命」，即拖延、藕斷絲連之意。

財運一般，細而綿長。

如四柱組合不好，會出現婚姻破裂、經絡阻斷至殘等後果。

行運見「壽」是清閑自在的上升運。

只是其拖延遲緩的本性必然造成索求難成，需要等待較長時間才能得到收穫，如瑣事纏繞，也難以在短時間內得到解脫，需順其自然，作長遠打算，否則欲速則不達。

老年遇「壽」有「壽終」之意，也是經絡不通的可能。

三、安命歌：

一）天壽臨宮主命長，有仁有義性溫良；一聞能悟他人意，喜怒之中有主張。

01、或命在亥宮壽命長，上尊下重性溫量；一聞自悟心慈悲，愁散之時喜氣揚。

02、或天壽生辰壽主長，與人恭敬性溫良；一生立意多慈善，喜怒之中有主張。

二）若逢權福終須吉，刃貴臨宮大吉祥；如有破厄孤星照，犯重祥者不須祥。

富人當娶少年妻，貴客高官祿不虧；貧上刑傷且妨壽，出家

善惡兩般奇。

三）天壽生辰壽主長，與人恭敬性溫良；一生立意多慈善，喜怒之中有主張。

 01、壽長康健，心慈好善，作事公平，存心誠實，有為人之心，無傷人之意。

 02、凡生辰值天壽宮者，為人度量寬宏，信義有方，常有濟人利物之心，絕無損人利己之念，無怨無尤，有賞有罰。

  01）本宮安命者：心性寬閑，父母有剋，兄弟有傷。

  02）貴者：

   0A、三妾四婢，妻可白頭。

   0B、若無婢妾則紅顏弦斷，青髮鼓盆，子亦晚得。

  03）富者：初年財來財去，末限富足高強，妻宮年少，子息先花後果。

  04）貧者：衣食無虧，年壽有防之命。

  05）出家者，有德有行：則貴家供養，衣食盈餘。

  06）福薄無行，不修善者：取贈習俗，衣食缺乏，魔王子弟也。

四、詩曰：

一）命在亥宮壽命長，敦厚持重性溫良；急公好義心慈善，紫氣東來喜洋洋。

01、年入天壽，漂零孤單，若非獨身，風霜盡染，仙道有緣。口舌損財，莫恨初苦，後運榮華，福壽雙全，浪際天涯。

02、月入天壽，健康有壽，慾寡神爽，東奔西走，有仁有義。聰明俊秀，一喜一悲，吉凶交流，胸懷坦蕩，心有意守。

03、日入天壽，閑寂之人，天上得罪，人間謫下，每事公平。寬以待人，官非口舌，在所難免，兄耶弟耶，爭則必失。

04、時入天壽，白首閑暇，豐衣足食，無憂無愁，壽過九旬。功德自有，琴瑟不調，或有妻妾，莫恨初困，晚景悠悠。

二）天壽之宮是亥垣，生辰值此福綿綿；年月日星相協吉，白眉皓道壽無邊。

此處長生俱在內，吉星來扶五福全；運限更逢天貴位，富貴榮華喜自然。

年月日中逢惡宿，請君仔細為推看；三處合來沖剋重，天壽貧窮頃刻間。

若遇重壽重添壽，但嫌福薄受饑寒；細詳妙理無窮盡，貴賤貧窮莫亂言。

五、解曰：

一）亥宮，天壽星，心慈明悟，剋己助人。

二）亥宮之人：

01、情感極為濃厚,神經又屬敏銳,故待人接物,一片熱情,而事逾其分,則已超越於理智之外,反易引起誤會,招致他人指責。

02、其人本質,實為謙讓為懷,倘能加以修養,務為沉著,則於世情通達多矣,至其生平無視個人財產,願與親友同處於恬逸之境,心休意美。

03、如逢歲運不佳,生理方面,可能影響身體全部,或因感冒而成痛風症,或因血液有毒而化腫瘡,以及關節炎、肢體麻痺等症。

01)男命:

0A、凡生辰值天壽宮者:

為人肚量寬洪、信義有方,常有濟人利物之心、絕無損人利己之念,無怨無憂、有賞有罰。

0B、年月日若值權、貴、福星:不惟壽命綿長,更且功名顯達。

0C、若值刃、福、貴:必為名將。

0D、若值文、福、貴:有智慧聰明,性格溫良,能享前人之業,鄉薦可舉者。

0E、若值天驛、福、權:必是經商致富或近貴起家者。

0F、若值天孤、刃、破:必主刑傷妻子,破離祖基,白手成家者。

0G、若值重孤或三孤:皆是出家之命。

0H、若值天藝、刃、福：必百工技藝興家。

0I、若值天奸、驛、破：

不惟蕩產敗家，到處與人不足，老景取贈親友，此皆前定之業，或懺悔可免，餘不能消也。

02）女命：

0A、生時坐天壽宮者：

0A）主壽命延長，端麗聰明。

0B）最嫌天驛作合，主貧賤淫亂，改族更夫。

0B、若值權、福、文、貴：主福壽雙全。

0C、若月上逢驛：必主孤單。

0D、若值天孤：必作師尼。

0E、若值奸、破、刃星：主多詐偽，兩口惡舌，不善不賢之命也。

六、白話解：

一）其人孝順父母、老人。

二）家有長壽史，三代以上都長壽。

三）好靜不好鬧，忙裡偷閑，動裡求靜。

四）深沉而內向，看問題說話很穩重，不輕浮。

五）本質上寡言，清風明月之人。

六）自己也長壽。

七）心軟，多慈悲，講仁義，多行善事。

八）信神。

說明例

一、四柱論：

一）四柱：藝、福、刃、文。
　　01、「藝」多才藝，「福」星鞏固和改善之。
　　02、「福」為和順，無管理能力，象徵家庭、事業單位。
　　03、「刃」星去舊更新，必有家庭和事業的挫折變更。
　　04、「文」星在時柱，其單純、文弱的特點終生跟隨。
　　05、「藝」、「刃」有災，而一「福」可緩解。

二）四柱：刃、福、破、厄。
　　01、「刃」有創造力，善於積累，「福」星固之。
　　02、「福」後見「破」，有婚姻失敗以及事業的分離遠行。
　　03、財大而流動亦大，但「厄」星在後，仍可財帛小聚。

三）四柱：破、藝、破、藝。
　　01、「藝」、「破」相交且重複，必有災禍，腰腿傷災難免。
　　02、聰明智巧，奔波反覆，「自東作西有多能」但勞累。
　　03、財大易流，「手散」消耗大。
　　04、「藝」星特點跟隨一生。

四）四柱：厄、厄、厄、厄。
　　01、此特殊四柱是官運，但一生仕途坎坷不平，周圍環境不利卻難以擺脫，精神壓抑難伸，雖事業辛苦多折，

但其忍耐力極強。

02、財運一般，多則難聚，不貪求，是一生清廉的形象。

五）四柱：藝、破、貴、福。

01、此命雖「藝」、「破」相遇，但因「貴」、「福」在後，且「福」性強，聰明多才，清閑而順利。

02、除青年行「破」運時，曾摔斷小腿外，別無大礙。

六）四柱：破、權、壽、孤。（女命）

01、此命「破」後「權」，雖有災但無妨，因為「權」有「壓禍」作用。

02、日時兩柱「壽」、「孤」相遇不利。

03、「壽」有「身體」之意，被「孤」刀截斷，于幼年行「破」運時，因病夭折。

七）四柱：權、壽、驛、藝。

01、此命「驛」、「藝」相遇。

02、「驛」有「足」意，「藝」主反復，且在時柱性強，因足傷致殘。

03、「壽」有情，「驛」在「夫妻位」，為三心二意，婚後妻子出走。

八）四柱：破、藝、權、刃與權、破、藝、刃。

01、此二例「藝」、「破」相鄰，刃星在後，易招災惹禍，貪小便宜。

02、其聰明智巧用之不當，盜竊、打鬥、傷災不斷，乃不肖之子。

03、「權」星在日柱者稍好些，但傷災難免，只是傷及部位不同。

二、凡人年月日時四柱，三犯吉凶：

一）犯三佛道者：主一生福祿綿長，仁慈忠厚。

二）犯三鬼道者：為人貪財、嫉妒，做事有心。

三）犯三人道者：有權有柄，作事有方，不吃人虧。

四）犯三畜道者：為人奸詐、強橫、心毒，家園能治，妒忌暗生，不肯安閑之命也。

五）犯三修羅道者：為人奸詐強橫，不肯安閒之流。

六）犯三仙道者：命終後往生西方極樂世界，一生閑逸自如之命。

三、論命九品格：

一）凡人之生時不准，則推命不真，生時若准，則一生貧富貴賤，洞然在掌中也。

01、掌經十二宮輪轉，年月日時四柱，斷人休咎，無有不准，無有不驗。

02、不查七政，不推五星，以上中下品論命優劣。

01）天貴、天權、天福、天壽為上品。

02）天文、天驛、天刃、天藝為中品。

03）天破、天奸、天孤、天厄為下品。

04）貴、權、奸、福、孤、藝為六陽。

05）厄、壽、刃、驛、文、破為六陰。

03、四柱陽多先剋父,四柱陰多先剋母,間有不準確,則或不居長胎,或時辰不准矣。

貴賤窮通,確有妙理,惟在慧心人,細究五行,生剋沖合,並官星之吉凶,大約四星

居四柱:

01）兩吉兩凶,則中中格。

02）三吉一凶,上中格。

03）四星皆吉,上上格也。

04）三凶一吉,下中格。

05）四星皆凶,下下格也。

06）其中,上中下三品格中,各有上中下格,即念佛法門,西方蓮花,化生之九品格也。

二）九品格詩章略：

01、右九品格有限之命,何能以盡天下人？蓋聊分為九種之格,以為式耳。

總不出四柱皆吉為富貴,四柱皆凶為貧賤也。

02、必須時辰準確,則命不差。

01）年月日皆從凶星，若時上星吉，原無妨害。

02）年月日皆吉星，若時凶星，足能敗，用公式也。

03）故年吉不如月吉，月吉不如日吉，日吉不如時吉也。

03、況四柱有冲合，有生剋，有刑助，有旺相休囚，變化無窮。

01）九品格：

0A、上品上格，年月日時：

0A）權貴壽福 或 福壽貴權 或 貴權壽福 或 壽貴權福 或 福貴權壽 或 權壽福貴

或壽福權貴 或 壽權福貴 或 三貴一福 或 三福一貴。

0B）以上之格為王候卿相之命也。

0B、上品中格，年月日時：

0A）文貴福權 或 貴文福權 或 福文貴權 或 文福貴權 或 福貴文權 或 福貴權文

或 貴福權文 或 三文一貴 或 三權一福 或 三權一貴。

0B）以上之格為六部九卿，科道之命也。

0C、上品下格，年月日時：

0A）壽刃福貴 或 刃壽福貴 或 刃福壽貴 或 福壽刃貴 或 福刃壽貴 或 福壽貴刃

或 刃壽福貴 或 三壽一貴 或 三壽一福。

165

0B）以上之格掌握兵權，統率上文武將或田連千頃，驅奴使婢之富翁命也。

0D、中品上格，年月日時：

0A）權貴福藝 或 貴權福藝 或 福權貴藝 或 權福貴藝 或 貴藝福權 或 貴福藝權

　或 藝福權貴 或 三貴一藝 或 三福一藝。

0B）以上之格乃外藩方面二千有之命也。

0E、中品中格，年月日時：

0A）文貴壽刃 或 文貴刃壽 或 壽貴刃文 或 文刃壽貴 或 貴文福驛 或 驛貴文福

或 驛文貴福 或 貴福權厄 或 權貴福厄 或 厄福權貴 或 三貴一厄 或 三貴一驛。

0B）以上之格乃卿科佐二之命也。

0F、中品下格，年月日時：

0A）福壽驛藝 或 驛福驛壽 或 驛壽福藝 或 福藝壽驛 或 文福壽驛 或 壽福刃驛

或 驛壽厄福 或 厄驛福壽。

0A）以上之格乃公門為役起家，乃外經而勞碌成家之命也。

0G、下品上格，年月日時：

0B）刃文厄貴 或 文刃厄貴 或 厄刃文貴 或 刃厄文貴 或 破貴壽文 或 貴文壽破

或 文壽貴破 或 三貴一破 或 三文一破。

0A）以上之格乃游八泮中終身之命，欲飛黃騰達恐不能也。

0H、下品中格，年月日時：

0A）驛奸厄驛 或 驛壽刃厄 或 藝破壽厄 或 奸壽文驛 或 孤壽福奸 或 福貴驛厄

或 文福孤厄 或 破驛福厄 或 破厄福驛 或 破壽福孤 或 權壽厄驛 或

文壽貴破 或 文奸厄壽 或 孤福厄藝 或 厄破厄藝 或 刃奸破驛 或 驛壽厄奸

或 權破奸福 或 三驛一藝 或 三破一藝 或 三奸一壽 或 三奸一藝。

0B）以上之格為心經勞碌、日夜奔波，吃苦經紀營生，卿成下下事業，若來稍安之命也。

0I、下品下格，年月日時：

0A）驛厄破奸 或 厄驛破奸 或 破驛厄奸 或 驛破厄奸 或 厄破驛奸 或 破厄驛奸

或 奸厄破驛 或 驛奸厄破 或 奸厄驛破 或 厄奸驛破 或 三厄一破 或

厄三驛一 或 三奸一厄 或 厄三奸一 或 三驛一破 或 三驛一厄 或 三奸一驛。

0B）以上之格為肩挑負板、朝不謀生、衣食艱難，

或破敗祖業、傾家蕩產之命也。

0J、在九品格有限之命，何能以盡天下人，蓋聊分此九種之格，以為式耳，總不出四柱皆吉為富貴，四柱皆凶為貧賤也，又須時辰必准，則命始不差。

0A）年月日縱皆為凶星，若時上星吉，原來無妨害。

0B）年月日皆吉星，若時一凶星，足能敗乃公事也。

0C）故年吉不如月吉、月吉不如日吉、日吉不如時吉也。

02）今此掌中輪數，則年同月異，月同日異，日同時異，千差萬別，正與子平不同，又有刑傷孤剋之命，亦分上中下格二左云：

0A、上格，年月日時：

0A）三孤一貴 或 三孤一福、文、壽 或 三孤一文權 或 二孤一破一福 或 文福破壽

或 貴壽二孤 或 文破權壽 或 文壽破孤 或 福貴二孤 或 權福二孤

或 三壽時孤 或 三貴、三文、三福時孤。

0B）以上等格，主出家必為高僧。

　　0a、若在家者，主享清福長壽。

　　0b、若不奉佛者，主年少孤剋，長者刑傷妻

子，六親緣寡，老無後嗣。

0c、然一生或富或貴，原無阻礙，孤貴之命矣。

0B、中格，年月日時：

0A）孤厄文破 或 厄文孤破 或 厄破文孤 或 破孤文厄 或 藝壽破孤 或 刃壽破孤

或 壽驛二孤 或 文驛刃孤 或 二孤驛壽 或 權厄二孤 或 驛文二孤。

0B）以上之格，為僧為道，世法纏身，或遊方跋涉，身心不定之命。

0C）若在俗者，為破祖敗家，不能成立到老，離俗之人也。

0C、下格，年月日時：

0A）奸破孤驛 或 破奸驛孤（四星互換位略） 或 奸厄孤破 或 厄奸孤破（四星互換位略），共十六句互換。

0B）破厄二孤 或 奸厄二孤 或 厄奸二孤 或 二孤一厄 或 三孤一破、一奸、一驛

或 三破一孤、三驛一孤。

一掌經秘笈

十二宮

01、重貴不貴，重福無福，重藝為人懵鈍。

02、重文雖學無成，雙厄早歲凶亡，縱長成變愚頑。

03、重破不為破，重孤可出家，重驛不勞碌，重奸不奸，重刃不刃。

04、十二宮重犯歌：

命逢雙貴不為貴，重厄為人疾病重；雙權疏失兼孤剋，女逢雙破多貧窮。

若逢雙奸奸莫測，犯了雙文夢不成；須知雙福不為福，雙驛行蹤查莫尋。

重孤真是孤寒言，重刃為人酷毒凶；天藝重逢愚且鈍，壽重多福福須輕。

05、凡刑剋重耳，三貴若逢者，必然大貴，高賢尊敬，小人不足。

06、詳夫觀命之法，當必查宮限數為先。

01）男怕孤驛凶星，有天福天貴者不妨。

0A、兩重天貴者，貴而不貴。

0B、兩重天權者，截而無權。

0C、天文重者，男女泛濫。

02）女怕破刃厄星：

0A、有天權星者，助夫旺子。

0B、有天文天藝星者，性巧。

0C、有天福天貴天壽星者，命穩實。

0D、有天文星而犯重者，定主貧賤淫汙，玷辱祖宗。

0E、天貴重者，終許見貴。

0F、若見四重貴者，剋子而衣祿豐盈。

0G、天福重者，衣祿自然。

0H、厄在時日重者，反不為厄。

0I、逢三厄者不唯旡厄，而衣祿有餘。

07、行運而逢兩重者，命限大晦。

08、月分而逢孤破厄星者，此月亦主凶災。

09、命限天權星者，虛實而刑妻剋子。

　01）命有二權星者，庄重正大。

　02）命有三權星者，必主威權。

　03）三權若值者，每事不受人欺，心高志大，富貴有權。

　04）權若見孤，多刑剋。

　05）貴壽權生年月，必豐祖業而顯門閭。

10、厄逢三位，幼或身亡，不亡後反近貴，必有豬疾，祖業改離，慳吝不足，非良善輩。

　01）四厄星者，主二子，衣祿有餘。

　02）生時逢二厄，早歲凶亡。

11、有二天破星者，衣祿反穩。

01）有三破星者，破敗下命，為人性燥，祖業難守，自成自立，六親兄弟無靠，財帛易散，事上虛花。

02）有四破星者，無衣祿而壽不長。

12、奸星見重者，反不奸而正大。

01）有三奸星者，狡獪下流之人，為人奸詐，機深謀遠；若有吉星來助，反為志誠信實之人。

02）有四奸星者，亦主徒流破敗。

03）少年重奸者，性慳貪，而壽亦不永。

13、文星重者，主富貴。

01）文星三者，衣祿少而多文學，智慧聰明，有剛有柔，善繼承祖業，長保富貴。

02）四文星者，剋妻而損目。

03）破敗逢文，必夭亡。

14、二福星者，剋妻而先貴。

01）三福星，有壽而無福，必然大富。

02）四福星者，衣祿充裕。

15、二驛星，反主女貴。

01）三驛星者，主下賤，祖業不招，心性不常，遷移更改無定，一生勞碌。。

02）四驛星者，得奴僕力。

03）貴驛二重，多勞碌。

16、二孤星者，有子孫。

　　01）三孤星者，女剋夫男剋子。

　　02）四孤星者，妻貪窮。

　　03）四柱有三孤，中年破敗。

17、二刃星者，主慈善。

　　01）三刃星者，為事有方，信行誠實，祖業茂盛，乃貴人有權之命。

　　02）四刃星者，權貴而壽夭。

　　03）刃若見厄，疾病貧窮。

　　04）刃厄同宮，損自己而傷手足。

　　05）破刃孤厄會於一時，難為夫妻子息。

18、二藝星者，刑妻剋子。

　　01）三藝星者，矇瞳而昏愚。

　　02）四藝星者，蹭蹬而無成。

　　03）藝若逢奸，刑傷破敗。

19、二壽星者，性愚魯，年雖高而破敗招非。

　　01）三壽星者，為人好善，廣行方便，長壽之命。

　　02）四壽星者，離祖而窮善。

　　03）若是福或貴來助，乃福壽雙全之人也。

　　　　0A、天貴星：一貴衣祿，二貴有餘，三貴真貴，四貴剋子孫。

0B、天厄星：一厄離別，二厄剋破，三厄衣祿，四厄得子孫。

0C、天權星：一權平安，二權不貴，三權有權，四權有損傷。

0D、天破星：一破平安，二破衣食，三破下賤，四破無子孫。

0E、天奸星：一奸分散，二奸有緣，三奸有謀，四奸保平安。

0F、天文星：一文聰明，二文缺金，三文是貴，四貴損眼目。

0G、天福星：一福是福，二福有壽，三福大貴，四福為僧道。

0H、天驛星：一驛難存，二驛安寧，三驛下賤，四驛主奔波。

0I、天孤星：一孤不孤，二孤有子，三孤剋婦，四孤主貧窮。

0J、天刃星：一刃不永，二刃衣祿，三刃有祿，四刃主高貴。

0K、天藝星：一藝壽高，二藝剋婦，三藝懵鈍，四藝下命人。

0L、天壽星：一壽有壽，二壽大壽，三壽為僧，四壽必遠離。

04）所謂重犯，就是兩個宮在同一個位置，這時所反映的意義就與一個宮時不盡相同。

論十二宮安命所代表的人生形態

一、子午卯酉安命：

一）子午卯酉為四桃花之地。

二）故在此四宮安命之人，大體上皆較好交遊，風流倜儻，喜好酒色，一生當中感情複雜，飄蕩難免。

01、其中卯天破、酉天刃，此二宮立命之人，人生波動性強。

02、若再有驛馬星則會背井離鄉，一生在外奔波難免，且其工作性質偏向於外務、旅遊業等動態的工作。

二、辰戌丑未安命：

一）辰戌丑未為四墓庫之地，故為鬼道、修羅道，為孤獨之地，主刑。

二）故此四宮安命者，必是外表厚重而內多遊移，應以棄祖離宗、離鄉背井為好，否則刑剋六親。

01、其中辰戌二宮，修羅道，故有辰為天羅，戌為地網之謂。

02、此二宮立命者，必是想方設法欲沖破羅網而出，其游離飄蕩的程度更為劇烈，且有反抗心理，因為處於天羅地網之中，會有被束縛及有志難伸的

感慨，於是便會有怨恨之心，進而難以滿足而感憤懣。

三、寅申巳亥安命：

  一）寅申人道，巳亥仙道，人道、仙道，皆主辛勤勞碌，故設在驛馬之地。

  二）人道：奔波、自尋煩惱。

  三）仙道：看破紅塵。

原文

十二星總論

  詳夫觀命之法，當必查宮限數為先。

  男怕孤、驛凶星，有天福、天貴者不妨。

  未宮的天驛、申宮的天孤，天驛主奔波勞碌，天孤一生無助。

  天福在午宮與未宮六合，天貴在子宮與申宮半三合，主有福有助，即另有年月日三支在此兩宮。

  女怕破、刃厄星；有天權星者，助夫旺子。

  天破在卯、天刃在酉、天厄在丑，此三宮有關連，其中卯酉是門戶，主陰戶手術（開刀剖腹產之類）。

  天權在寅，主權力，寅若是夫妻宮有此象。

  在古代，女性不做官，若四時有一落在天權宮，有可能是夫君做官。

有天文、天藝星者,性巧。

主技術、手藝謀生,聰明,一學就會。

有天福、天貴、天壽星者,命穩實。

天災人禍,照樣安穩渡過。

有天文星而犯重者,定主貧賤淫污,玷辱祖宗。

男命注力玩文字,少出去營生或羞于出外營生,自然窮。

女的,因此宮是風府,主性飄,肚子裏又有點文墨,因而不願過窮日子,自然騷了。

如唐朝的魚玄機。

行運而逢兩重者,命限大晦。

正如斗數「大小限重逢,吉凶皆緊」,重疊,場量太大之意。

月分而逢孤破厄星者,此月亦主凶災。

月份逢孤、破、厄星者,此月也凶,流月過凶宮之意。

男命兩重天貴者,貴而不貴。

兩重天權者,權而無權。

權而無權:此一身兼兩職,實際是掛名副職。

天文重者,男女泛濫。

女命天貴重者,終許見貴。

女人貴人多不是好事。

若見四重貴者,剋子而衣祿豐盈。

天福重者，衣祿自然。

厄在時日重者，反不為厄。

逢三厄者，不唯無厄，而衣祿有餘。

物極必反之理，好到極點，摔得越慘，壞到極慘，反而機遇也大。

命限天權星者，虛實而刑妻、剋子。

命與限重疊在寅宮，謂虛貴，假貴之意，老婆兒子受罪。

四厄星者，主二子，衣祿有餘。

年月日時同在丑宮，此很難逢到。

命有二權星者，庄重正大。

命有三權星者，必主威權。

年月日時有三者落寅宮，除了個權力大之外，父兄子可能都是官，四柱各有代表：

年（父）、月（兄）、日（我）、時（子）。

演禽論根基是：年（祖）、月（父）、日（本身）、時（妻、子）。

有二天破星者，衣祿反穩。

窮則思變，打爛東西就買新的，不破不立，人總要吃飯，於是就會想辦法。

但一個破，不致命，所以激發力不夠，依然窮。

有三破星者，破敗下命。

有四破星者,無衣祿而壽不長。

奸星見重者,反不奸而正大。
　使奸是一個人的事,兩個人做不了奸事,那叫合謀,頂多同流合污,那不叫奸。
　有三奸星者,狡獪下流之人。
　有四奸星者,亦主徒流破敗。
　奸過頭。

文星重者,主富貴。
文星三者,衣祿少而多文學。
四文星者,剋妻而損目。
二福星者,剋妻而先貴。
三福星,有富而無福。
有富而無福:此謂富屋窮人,財多身弱之命。

四福星者,衣祿充裕。
二驛星,反主女貴。
三驛星者,主下賤。
四驛星者,得奴僕力。
得奴僕力:多奴僕,主富人,此時的天驛是跑腿。

二孤星者,有子孫。
一個孤星方言孤,兩個孤星則不是孤,兩個朋,破局。

三孤星者,女剋夫、男剋子。

太過者仍孤。

有一種可能，為從事孤兒院、或在老人院工作，或收養孤兒的人，因為命中那麼多孤兒、孤寡。

四孤星者，妻貪窮。

二刃星者，主慈善。

慈善：

兩刀不惡，此好事成雙之意，惡人之所以惡，乃手中有刀，當對方也持刀時，雙方皆畏懼，

自然惡不起來，成雙乃好事。

三刃星者，乃貴人有權之命。

貴人有權之命：軍人居多，現人是開五金廠者、做刀具。

四刃星者，權貴而壽夭。

凶星太過，權貴之人，但短命。

應是軍官，死在戰場上，或黑道大佬，凶死在刀刃上。

二藝星者，刑妻剋子。

一藝專，二藝雜，雜而不精。

三藝星者，蒙瞳而昏愚。

四藝星者，蹭蹬而無成。

學太雜，東學西學，沒恒心，結果一事無成。

這種人不是大奸大惡之人，若是壞人，不至於去學手藝。

這種人沒智慧，不會想事，不明百藝不如一藝的道理，合該

窮。

二壽星者，性愚魯。
三壽星者，出家而高壽。
四壽星者，離祖而窮善。

貴驛二重多勞碌，破敗逢文必夭亡，權若見孤多刑剋。
貴驛二重：
　兩重驛，女人有轎坐主貴，男人奔波勞碌。
　兩重貴，貴多反不貴，一件事請示來請示去，沒人敢作決定。

年月日時有落巳宮見天文，這個天文主文書，往往是降詔、狀紙、小人打報告。

權若見孤：寅申對沖，年月日時之中，有兩個分居此兩宮，行運見同論。

二重天壽者，年雖高而破敗招非。
少年重奸者，性慳貪而壽亦不永。
奸者必有貪心，短命大概是出奸事發。

藝若逢奸，刑傷破敗。
刃若見厄，疾病貧窮。
卯在年，凶輕，18歲左右必有跌撲，血光之災。
卯在月，28歲左右見血光手術。
卯在日上，38歲見血光，因日支是妻宮，也防妻子血光、

破大財。

卯在時，58歲左右見血光，含兒孫，因此支也是兒女宮。

陽破財（妻子或錢財），陰破骯（破身），陽可能是陽年生人，陰可能是陰年生人。

估計看天文星：

年落巳或之前的寅卯宮：

18歲前專心學習，實務時可斷中小學成績好，考大學有望。

月落在巳宮或之前寅卯宮：

28歲前，取得學位，當代是碩士博士、研究生。

日落在巳宮或之前寅卯宮：

38歲考學有望，當代可能是高職稱。

生時逢二厄，早歲凶亡。

生日生時同在丑宮，表明日時為重。

四柱有三孤，中年破敗。

年月日時，有三者落申宮，中年破敗，破敗事多項。

刃厄同宮，損自己而傷手足。

此句說法有誤，兩者不能同宮，是半三合，傷手足，除了自己，還有可能是兄弟，因為兄

弟如手足，有一在月支方合。

實務時可言，手足曾受傷，或者兄弟輩受傷，方合此命。

貴壽權生年月，必豐祖業，而顯門閭。

破刃孤厄會于一時,難為夫妻子息。

四支分居此四宮。

十二星之理,于斯備矣論,一生之命,孰有疑焉,智者詳審,而細推之,自可究禍福于前知也。

十二星年上運程

年上管長輩,月管兄弟,日管本人,時管小孩

01、子:

 01)年上佔貴不為貴,月上佔貴不受罪,日上佔貴能管事,日上佔貴能當官。

 02)天貴星,子年生人。

 03)本人富貴不一般,事業亨通志不凡,安然自在過晚年。

  0A、如果再有天權星,天福星相助者,更得榮華富貴。

  0B、天貴星如太多反而不好,雖然有貴,但是命中可妻。

   0A)一貴不貴,二貴不累,三貴不美,四貴殘廢。

   0B)所謂:一貴不貴,二貴必貴,三貴剋妻,四貴下賤。

  0C、若逢天厄、天孤星照命者,雖然有貴,命中有坐牢之災。

02、丑:

01）年上佔厄不為厄，月上佔厄兄弟剋，日上佔厄剋長輩，時上佔厄剋小孩。

02）丑年生人，天厄星。

03）此命生來災難多，道路不平受折磨，做事延緩易招災。

0A、如果再有天破或天刃星，災難必重。

0B、若逢天貴、天福星相助者，雖然有病也無大礙。

0C、本人若逢天孤星、天驛星，一生勞碌，不宜離祖業，自力成家之命。

04）一厄不厄，二厄有剋，三厄坐牢，四厄凶殺。

03、寅：

01）年上佔權不為權，月上佔權不一般，日上佔權能當官，時上佔權為大官。

02）寅年生人，天權星。

03）此星生來有權有勢，性格不凡志氣雄，一呼百應有威風。

0A、如果再有天貴、天福、天文星相助者更得人人敬仰。

0B、如果天權星多了也不成。

0A）一權老闆，二權當官，三權不美，四權剋子孫。

0B）所謂：一權老闆，二權當官，三權不美，四權必剋子孫（防妻剋子）。

0C、再有天破星,一生無成,做事費力。

0D、雖然有權,但是財源不聚,反為操心之命也。

04、卯：

01) 年上佔破不為破,月上佔破不好過,日上佔破婚姻破,時上佔破一生破(經常破財)。

02) 卯年生人,天破星。

03) 此命小時家中窮,祖業不多,親朋無靠,多學少成。

0A、如果天福、天貴星相助者,也有貴人幫忙。

0B、如果天破星太多,反為下下等之命。

0A)一破不破,二破事多,三破婚姻破,四破光棍。

0B)所謂:一破平常,二破 ,三破離婚(三破下賤),四破無子孫。

05、辰：

01) 年上佔奸不為奸,月上佔奸□一般,日上佔奸亂紛紛,日上佔奸不論□。

02) 辰年生人,天奸星。

03) 此命奸華多智,好色之徒,對待外人,機關難測;亂來出奸臣。

0A、如果命中有天貴、天福星相助者,財源不斷,乃為上等之命。

0B、如果再有天破,天刃,乃一生下等之命,也有殺

身之災，因為女人出事。

0C、天奸多了反有凶災出現。

　　0A）一奸好色，二奸離婚，三奸勞改，四奸槍斃。

　　0B）所謂：一奸好色，二奸離婚，三奸坐牢，四奸槍斃、短壽之命。

06、巳：

01）年上佔文不為文，月上佔文中學生，日上佔文中專生，時上佔文大學生。

02）蛇年生人，天文星。

03）此星佔到天文星，一般祖上有功名，不出老師，就得出醫生，人才、文章都可以，學識過人，聰明有智，科舉能中。

0A、如果再有天權、天刃星者，定是文武全齊之人。

0B、若再有天藝星出現，手藝方面也可以。

0C、若逢天破、天驛星，文化不行，必是雲遊江湖之命。

0D、文星多了，反而不好。

　　0A）一文有文，二文中專，三文祿缺，四文瞎子。

　　0B）所謂：一文聰明，二文祿缺，三文不美，四目雙目失明。

07、午：

01）年上佔福不為福，月上佔福才有福，日上佔福能管事，

時上有福一生福。

02）天福星，午年生人。

03）此人一生有天福星保佑，有災有難也不怕。

　　0A、如果到臘月初八有殘廢可能見，因為有福星相照不會死人自己，根基穩定，財源豐足。

　　0B、若有天權、天貴星扶持，財源不斷，富貴榮華之人。

　　0C、如果有天破星和天刃星出現，本人必有傷殘之處。

　　0D、如果天福星多了，反而不好。

　　　　0A）一福有福，二福管事，三福不美，四福是和尚。

　　　　0B）所謂：一福有福，二福當官，三福沒福，四福是和尚。

　　　　0C）因為福多了，相反剋長輩，本人一生多災多難。

08、未：

01）年上佔驛不為驛，月上佔驛喜歡動，日上佔驛不守業，時上佔驛離祖基

02）未年生人，天驛星。

03）此星不易在家，喜歡出外，在家心煩，好發脾氣，如果出外心中高興。

　　0A、如果月上佔驛，本人經常外出。

0B、如果日上佔驛，工作不穩。

　　0A）如做生意是老闆，宜出外工作當老闆。

　　0B）本人宜外出，宜離祖業，自立成家之命。

0C、如有天貴星、天福星、天權星相助者，天刃也有文武全才之命，名揚四海。

0D、若逢天破、天厄星照命者，一生奔走江湖，是個流浪漢。

0E、若有兩個驛星，兩個權星，或一個刃星出現，定是個當兵的，也能掛上職務，但是必有文貴出現。

04）一驛好動，二驛不在家，三驛跑江湖，四驛離祖基。

09、申：

01）年上佔孤不為孤，月上佔孤有點孤（哥們不好，不能在一起），日上佔孤兄弟無靠，時上佔孤老年孤獨。

02）申年生人，天孤星。

03）此人孤獨，姊妹不能在一起，好講義氣，不好佔別人的好處，吃點虧心中高興，如果得到好處心中煩。

　　0A、此星沒有知心朋友，宜犯小人，小人不斷，本人總是吃虧。

　　0B、男人若佔此星，宜離祖業。

　　　　0A）月上佔此星，兄弟不合。

　　　　0B）日上佔此星，宜離祖業，孤獨自己，六親疏遠，遠走他鄉。

0C、若女人佔到此星，婚姻不順，防夫剋子。

0D、男女一樣必須晚婚，早婚離婚。

0E、孤星多了，反而不孤。

　　0A）一孤不孤，二孤得子，三孤串絕戶，四孤是光棍。

　　0B）所謂：一孤不孤，二孤得子，三孤離婚，四孤是和尚。

10、酉：

01）年上佔刃不為刃，月上佔刃性好強，日上佔刃必帶傷，時上佔刃，家中出殘廢。

02）酉年生人，天刃星。

03）本人外表老實，實際脾氣不好，好發脾氣。

　　0A、月上佔刃，剛開始就爆，女人佔刃好叼了嘴，男人佔刃好打架。

　　0B、如果不論男女，日上佔刃必帶傷。

　　0C、剛開始就查到刃，傷在上盤，中間查到刃，傷在中盤，最後查到刃，傷在下盤。

　　0D、如果佔到天破、天厄、天孤星也有牢獄之災。

04）一刃不刃，二刃脾氣爆，三刃帶刀，四刃有殺身之禍。

11、戌：

01）年上佔藝不為藝，月上佔藝有手藝，日上佔藝玩手藝，時上佔藝吃手藝。

02）戌年生人，天藝星。

03）如果男人屬狗當老大者，主父定會手藝，如果是女人當老大者，主母定會手藝。

　　0A、月上佔藝者，本人的兄妹之間，必有手藝之人出現。

　　0B、如果本人日上佔者，本人定會手藝。

　　0C、如果日時全有藝星出現，再有破星出現，本人必定是個開車的。

　　　　如再有權星出現，本人定是個工頭、老闆。

　　0D、如果藝星有兩個，權星也出現兩個或有一個刃星，本人是公務部門的人或者是律師。

　　0E、如果以上權、刃、藝都出現了，如發現刃、奸、破、厄星出現，雖說是個正經人，最後也會破敗的，或者開除或者坐牢。

　　0F、如果命中日上佔破星出現，有手藝也不精。

　　0G、如果月日時全佔藝，本命多才多藝，但哪門都不成。

　　0H、藝星多了不好。

　　一藝有藝，二藝藝精，三藝開車，四藝半途而廢。

12、亥：

01）年上佔壽不為壽，月上佔壽高大，日上佔壽七十七，時上佔壽八十八。

02）亥年生人，天壽星。

03）本命雖說佔壽星，但是主管父母長壽。

　　0A、月上佔壽星，家中兄妹多，身體安康。

　　0B、日時佔壽星，人懶，好吃肉。

　　0C、日上佔壽星出現，如果沒有破、厄星出現，一般壽命活到 88 歲。如果有一個破星出現，能活到 77 歲。

　　0D、如果月日都沒有壽星出現，時上最後出現壽星者，一般能活長壽，至 99 歲終。

　　0E、如果雖說時上佔壽，但是也有破星出現，厄星、刃星都出現了，本人壽命活不長，中年有大災，如果不死，也是個短壽之命，一般能活到 58 歲～67 歲終。

　　0F、如果命中最後出現驛星者，死在外國。

04）一壽不壽，二壽壽高，三壽不美，四壽短命。

論出生月

01、正月生人詩曰：

01）端然相兒是前緣，平生快樂福綿綿，貴人接引增吉慶，和合團圓過百年。

相貌端正有威嚴，早年勞碌自安然，貴人指引光明路，

四面八方有錢財。

02）正月生人，利官近貴，大事成小，仔細小心之命，能招四方財源，妻兒和合併無剋破。

02、二月生人詩曰：

01）干生性善自家知，一生衣祿自豐肥，錢足家資多富貴，高人歡喜小人欺。

月犯破星兄弟少，最好行善保平安，初年辛苦多忍耐，晚景好運自然來。

02）二月生人，心性溫和，心無毒害，聰明多智，六親少緣，中限發大富貴半真半假之命。

03、三月生人詩曰：

01）為人心直自寬懷，平生招得四方財，中限榮華時發福，猶如枯木遇春來。

為人心計多並壞，生平也有四方財，中年晚運不算好，不要著急財自來。

02）三月生人，心性寬宏，凡事忍耐，初限平平，中限發福，末限榮華富貴之命。

04、四月生人詩曰：

01）一生命限勝一年，不須嗔恨苦憂煎，更得持齋方便福，

夫妻和合永團圓。

四月生人文化高，歷代斯文向上傲，學習有成有文才，衣祿填榮顯榮光。

02）四月生人，心性不定，名動四方，愛結朋友，不住祖業，自立家風，初限平平，末限大發富貴。

05、五月生人詩曰：

01）出入常常遇橫財，貴人接引笑顏開，田園事業多興旺，富貴榮華次第來。

野馬出外大發財，貴人接引笑顏開，田園產生永福貴，中年勞碌晚福來。

02）五月生人，溫和良善，心性伶俐有權勢，威風行事正直，貴人接引，夫妻中途離別之命。

06、六月生人詩曰：

01）平生衣祿自然昌，為人顯達好文章，優游快樂家豪富，夫妻諧老百年長。

六月生人走江湖，為人到處四方游，遠離兄弟拋家鄉，四海聲名到處揚。

02）六月生人，性巧伶俐，為人遠達，身有藝行不守祖業，初限有財，中限吉利，末限富貴，機謀太重，乃好命也。

07、七月生人詩曰：

01）一世為人不必憂，安然無事掛心頭，家業田園宜自立，方知福祿命中求。

七月生人佔天孤，天孤出現兄弟疏，奔走他鄉受辛苦，親朋好友不能多。

02）七月生人，為人慈善，作事仔細愛好，初限平平，中限末限，富貴榮華之命也。

08、八月生人詩曰：

01）為人端正貌堂堂，心地聰明性善良，作事多能心達理，他年運到福綿長。

為人心情太剛強，惹是生非有禍殃，行善積德多忍性，自然福祿壽命長。

02）八月生人，眼目光輝聰明達理，正直無私，有藝有財，文章近貴之命，若離祖生大貴。

09、九月生人詩曰：

01）買賣生人事事強，營謀動作志軒昂，若能修善多作福，管取衣資積滿箱。

月逢天藝有手藝，手藝精通永富豪，苦學手藝能成功，衣祿自然不發愁。

02）九月生人，性剛招人是非，有威權近貴之命，姻緣相剋，子晚妻遲之命也。

10、十月生人詩曰：

01）十月生人慶吉星，災殃永退不相侵，持齋善念行方便，衣祿豐盈自稱心。

此月生人長壽命，命有福壽滿堂春，福如東海有富貴，壽比南山不老松。

02）十月生人，大海之心，不勤不懶，先難後易，衣祿充身之命也，先女後男，出家亦難為師長徒弟，在家亦難為子息，夫妻命中多招刑剋。

11、冬月生人詩曰：

01）早年獨立自成家，衣祿天然自可夸，骨肉弟兄無倚靠，相交朋友反相知。

生平衣祿有榮華，辦事一般都能成，子月生人早成家，親親兄弟無依靠。

02）冬月生人，有權性急，伶俐近貴，心多計謀，身有暗疾，初限平平，中限末限富貴之命。

12、臘月生人詩曰：

01）初限勤勞受苦辛，自成自立不求人，心直口快難藏毒，

骨肉團圓過幾春。

初限勞累受辛苦，自然往後不求人，好運來遲福祿至，骨肉團圓過百年。

02）臘月生人，百事勞苦，心直口快，亦主暗疾，父母兄弟妻子衣祿自然，得四方之財，半吉之命也。

論出生日

一、太陽星值初一、初七、十三、十九、二十五：
此日生人，太陽星值日，為人衣祿有餘，初限平當，末限大好，十九、二十五歲男享榮華，有父母得力，女人乃旺夫發福之命。

二、太陰星值初二、初八、十四、二十、二十六：
此日生人，太陰星值日，為人秀氣，父母有剋，六親無倚，兄弟難靠，男主清奇，女主聰明，成立之命也。

三、天武星值初三、初九、十五、二十一、二十七：
此日生人，天武星值日，主夫妻和合，不能諧老，子息刑傷，末限榮華富貴之命，招過房，子離祖成家，祖業田園耗散，女人傷夫，子息難招，總有也要別離，過房者不妨。

四、天福星值初四、初十、十六、二十二、二十八：
此日生人，天福星值日，為人多學少成，中限無財惹是招非，姻緣早配，末限富貴大吉利之命也。

五、天皇星值初五、十一、十七、二十三、二十九：
此日生人，天皇星值日，為人伶俐，衣祿有餘，六親無分，兄弟無倚，財利無虧中平之命也。

六、太乙星值初六、十二、十八、二十四、三十：
此日生人，太乙星值日，為人多學多能，清閑高貴文墨之命，初限大貴，中限平穩，末限大旺財祿之命，兄弟無依方可。

日遇吉凶定人偏正論

01、太陽星：

01）值日生人：初一、七、八、十三。
為人福祿，初年不足，末運通達，賴太陽宿。

02）值日生人：十九、二十五。
衣足祿足，身稟天祿，平淡中年，後享清福。

02、太陰星：

01）值日生人：初二、初十、十四。
清秀奇富，父母幼無，男生離祖，女刑丈夫。

02）值日生人：二十、二十六。
離祖成姻，智慧無涯，富貴衣祿，錦上添花。

03、天文星：

01）值日生人：初三、九、十五。
和諧祥敬，兒女相刑，末運豐足，夫婦凋零，男當離祖，

女亦妨夫，修行念佛，可跳中途。

02）值日生人：二十一、二十七。

男離祖命，難靠親情，出外昌盛，妻有沖刑。

04、天母星：

01）值日生人：初四、十六。

多學少成，夫婦和寧，是非難免，中運清平，末運更美，福祿豐盈。

02）值日生人：二十二、二十八。

六親無靠，自卓勤勞，男女婚早，出外最高，貴人敬重，朋友相扶。

05、天帝星：

01）值日生人：初五、十一、十七。

衣食有定，伶俐文書，兄弟和睦，逸樂安居。

02）值日生人：二十三、二十九。

為人和合，妻福子祿，初限平常，晚運受福。

06、太乙星：

01）值日生人：初六、十二、十八。

有享榮華，衣祿足跨，中運平常，晚歲享嘉。

02）值日生人：二十四、三十。

為事有成，父母凋零，巳弟無倚，自通自興，初年不濟，末運稱情。

論出生時

01、子時生人：

01）性急命帶剛強，處事反覆不定多招人是非，父母妻子有力，白手成家之命也。

性急命剛，做事反覆不定，招惹是非，刑剋父母及妻子，自立成家，主功名富貴榮華，末運福壽雙全之命，壽至古稀。

02）十二、十八、三十六、四十五、五十八、八十九歲之壽。

03）子時初生人：

0A、子初果如何，作事進退多，師長僧道吉，一世受奔波。

生子先見郎，子息不過雙，娶妻換頭婦，末後發田庄。

0B、先剋母之命，一生作事七進八退，十成九敗，六親疏淡，衣祿浮沉，末限享福，好收成結果之命。

04）子時中生人：

0A、天祿雖興旺，時值活離宮，前程防小失，作福保亨通。

0B、無剋破：一生作事佔強，有起有倒，有成有敗，末後雖大興旺，須用離祖入贅為吉。

05）子時末生人：

0A、子末先喪父，子孫三個有，好子只一個，老景

三十秋。

0B、先主剋父，六親不得力，子息不順，一生勤苦勞碌，作事有頭無尾，財帛不聚更改之命，晚景好。

02、丑時生人：

01）父母一刑剋，一生敬貴，有勢有力，末限大好，福祿有餘之命也。

父母難為常守，上官進貴，末運大旺，二子送終，主運至二十交四十五歲興旺之運，壽至九十九歲。

02）十八、二十六、三十一、四十六歲有災，其年可持齋作福，七十二歲之壽。

03）丑時初生人：

0A、晚景主大好，三子命中存，兄弟皆得力，衣祿總無虧。

0B、無剋破：一生衣祿有餘，俱主富貴安閑，子孫榮顯，末限好之命。

04）丑時中生人：

0A、丑正先防父，頭子總難招，須要防妻損，爺娘亦虛驚。

聰明伶俐有，福祿益盈盈，財帛田園廣，榮華末運昌。

0B、為人正直，並無惡念，一生妻子得力，父母六親相和，末限大發之命。

05）丑時末生人：

　　0A、丑末先剋母，女命主妨父，先男後有女，晚景貴人助。

　　0B、心地好善，先凶後吉，前主剋母，孤獨自成，男女皆離祖之命也。

03、寅時生人：

01）父母兄弟妻子多剋，離祖方好，初限平平，末限發財。先剋父，難為妻子，有剋犯之命，不宜守祖業，末運富貴，主十六至三十九歲顛沛，四十起家，好命人也，壽高七十歲。

02）二十六、二十九、三十三、三十九、四十九、六十六歲，主得血氣之疾，過此九十六歲之壽。

03）寅時初生人：

　　0A、寅初進田庄，兒女喜成雙，財祿中年旺，晚景自安康。

　　0B、主人先剋父，衣祿有餘，為人聰明發達，自成自立，有虧有盈，心性不定，好勝好閑，末限有福之命。

04）寅時中生人：

　　0A、寅中命吉昌，聰明性氣剛，一生宜出祖，名姓四方揚。

　　寅正少兄弟，三孫世代長，剋妻須保守，晚運益

田庄。

　　0B、若無沖剋：父母雙全，衣祿盈餘，有福有壽，自成家業，先主榮貴，末限安常之命。

04）寅時末生人：

　　0A、寅末命平安，祖業未能看，一生多險厄，無坡上高灘。
　　子息招宜晚，頭妻未有緣，弟兄無倚靠，假子送歸天。

　　0B、先剋母，自成家業，六親無倚，離祖出家之命，一生勤苦勞心，妻子有剋，帶疾方可延壽。

04、卯時生人：

01）父母兄弟妻子無力，初限中限作事無成，末限安穩一生難守祖業，出家入贅，先凶後吉。
　　父母難為常守，職業外出經營，夫妻相剋，先難后易，兄弟少靠，不守祖業，主十六二十，壽圓五十五歲。

02）十八、二十六歲上有災，過此可延九十歲之壽。

03）卯時初生人：

　　0A、生來初卯時，為人最孤淒，衣祿隨時度，見喜又生悲。
　　寸土自成立，堪憐剋正妻，兄弟不得力，子息定招遲。

　　0B、先主剋母，四方衣祿，有助祖業，既成又敗，作

事有頭無尾,家卓自成、自立之命。

04) 卯時中生人:

　　0A、富貴架高梁,衣祿甚風光,一生家業旺,武藝近君王。

　　子息成行別,妻宮定見雙,身星身命主,兄弟列成班。

　　0B、命無剋破:一生得橫財不求自至,武藝立生之命。

05) 卯時末生人:

　　0A、初限甚勞碌,憂勤自立家,知音時運至,枯木又生花。

　　命裡多兄弟,田庄又屬他,子息雖難靠,賢妻甚可誇。

　　0B、先剋父,十九成敗,衣祿進退末限平平,親子難招,祖業雖多,不得承受,獨權自立,在外成家之命也。

05、辰時生人:

01) 父禺兄弟妻子,水金在格,聰明伶俐,初限有財,中限破財,末限依舊光輝。

　　父母兄弟無份,一生聰明伶俐,中年之運大旺至三十九歲無事,壽圓六十六歲。

02) 十九、二十七、三十六、三十九歲小災,過此七十五歲之壽。

03）辰時初生人：

OA、衣祿四方來，兄弟六親乖，平地生荊棘，閑非憂悶懷。
雙親椿早折，妻子淚盈腮，一生多反覆，疑是命中該。

OB、先剋父，若是長子必然難為兄弟，聰明處事，慈心愛人，大事成小，衣祿平常，自成自立之命，子息晚招，離祖出贅方可。

04）辰時中生人：

OA、日日走奔波，財源自有無，六親不得力，口舌事常多。
辰正妻宮厄，兒孫未見和，外子承親母，晚景甚巍峨。

OB、先主剋母，衣祿平平，立心公道剛直，中年富貴，性急如風吹口，易發易解，自成家業，妻生高門，贅婿外居之命。

05）辰時末生人：

OA、魚龍變化身，衣祿自然盈，一朝雷雨作，四海振生名。
辰末頭妻剋，閨房親上親，親兒難得力，外子更相親。

OB、命無剋破：心地公道，財祿穩足，多受快樂，如

魚化龍門飛騰變化，光耀家門之命。

06、巳時生人：

01）聰明伶俐，初限富貴衣祿有餘，自家成立產業，骨肉刑剋之命。

主幼年平平，末運光輝，自成家業，骨肉刑剋，主三十一、三十六，四十七起家，一路光輝，壽至九十九壽終。

02）三十一、三十六、四十九歲有災，過七十四歲之壽。

03）巳時初生人：

0A、此命出尋常，修行燒好香，子母多離別，家業好榮昌。

巳初子孫早，作事須早行，田園進後退，財帛日中霜。

0B、先主剋母，初年富貴，田宅進退，權柄有威有勢。

04）巳時中生人：

0A、立身身自穩，舉意意沖天，膽氣如天大，末限福綿綿。

巳中兒孫望，亦主進田園，剋妻二子立，後代子孫賢。

0B、先主剋父，平日宜開口，談天說地，為人多管閑事，多成少敗，六親無力，志氣超群之命。

05）巳時末生人：

0A、巳末喜文章，成家大吉昌，蟾宮相咫尺，立在貴人鄉。

巳末福無量，妻宮恐見傷，立身多快樂，晚景受安康。

0B、無剋破：衣祿豐足，兄弟俱全，性巧近貴為人，成家快樂之命，若出家大吉。

07、午時生人：

01）為人春風和氣，改換祖業，初限中限吉利，宜持齋作福。

不守祖業，只宜外出之命，該吃齋念佛，主二十二、三十六歲起家，壽至八十五歲終。

02）十三、三十二、三十六、四十九有疾，過七十八歲之壽。

03）午時初生人：

0A、生來正午初，一動百人扶，安車並坐馬，變化貴人模。

六親不得力，兄弟亦多疏，妻房多財寶，富室擁千奴。

0B、無剋破：一生富貴，文武皆通，為人慷慨，出眾超群，六親無力出外成家之命。

04）午時中生人：

0A、生來不自由，衣食周未周，巴巴啾唧過，何處逞風流。

　　　　子孫多富貴，事業出人頭，妻房多見損，財帛積
　　　　如山。
　　0B、先剋父，衣祿辛苦，成敗反覆，先難後吉，末限
　　　　發福之命。
05）午時末生人：
　　0A、父母六親憂，財帛自成愁，前程雖可望，勞祿不
　　　　須求。
　　　　午末身康健，兒孫望後流，妻子心性悅，收成百
　　　　歲休。
　　0B、先主剋母，六親無力，祖業拋離，衣祿辛苦，勤
　　　　儉生涯，末限成家之命。

08、未時生人：

01）父母不全，夫妻刑剋，勞碌成家之命，初限有財，中限
　　驚恐，末限財祿有餘。
　　父母難為，兄弟夫妻有剋犯之命，初限有財，中驚恐，
　　末運富貴，壽至七十歲終。
02）十九、二十九、五十六歲有災，過此七十三歲之壽。
03）未時初生人：
　　0A、末初無剋破，二子命中招，兄弟相完聚，田宅後
　　　　滔滔。
　　0B、無剋破：
　　　　兄弟完全，為人到處風流，作事先難後易，衣祿

足用，不求自至，初年苦辛，晚得添財之命。

04）未時中生人：

0A、未中先剋父，又主損頭妻，兄弟須相忍，外子後相依。

0B、先主剋父，衣祿自然，心中平等，行事周全，有功名富貴之分，六親兄弟難為，前凶後吉之命。

05）未時末生人：

0A、衣祿隨時至，父情好又休，祖財多破敗，成敗喜還憂。

0B、先主剋母，招四方之財，不得他人之力，為人心慈，喜怒浮沉不定，入佛出家之命。

09、申時生人：

01）離祖則吉，父母兄弟不全，夫妻到老向善近貴之命，初限反覆，末限大好。

財來財去，宜難祖業，父母無靠，夫婦合同，皆守到老，外出進貴，主十九、二十二、二十八、四十九悔過遷善，吃齋念佛，壽至六十六歲歸西方去也。

02）十九、二十二、二十六、三十八、四十九歲有災，過此七十七歲之壽。

03）申時初生人：

0A、命雷根基旺，家庭福有餘，早登文武籍，錦繡換麻衣。

0B、無剋破：
> 為人性功聰明，逢凶有救，大事成小，一生穩厚，主損頭妻，子孫成立，田宅眾多之命。

04）申時中生人：

0A、人心好便休，莫信小人流，安心守大分，慈善度春秋。
賢妻多富貴，外子自相投，獨立成家計，祖業換山邱。

0B、先主剋父，六親不和，自成自立，招是惹非，小人不足食祿有餘之命。

05）申時末生人：

0A、衣祿先無足，前程若有餘，為人多性功，作事佔侯宜。
奢華拋祖業，獨立自孤棲，外生隨母老，末限定有餘。

0B、先主剋母，六親兄弟皆不得婚配，晚年妻招一姓，為人多心多意，逢凶化吉之命。

10、酉時生人：

01）為人敦厚，難為父母兄弟，初限反覆，末限大好。
幼年辛苦，父母難為，做伴兄弟東西，無子孫，晚景得力，主十九、二十七、四十六起家，一路通順，享福通達，壽至七十二歲終。

02）二十二、二十八、三十八、四十九歲小災，過此七十七歲之壽。

03）酉時初生人：

OA、年運自光輝，事業錦衣歸，運籌多智慧，文武各相宜。

酉初三子秀，頭子損無疑，妻宮多愛寵，財祿定無虧。

OB、無剋破：

衣祿充足多祖業，性巧聰明，男如龍虎，文武皆通，女人精巧，晚年如意之命。

04）酉時中生人：

OA、衣食頗隨時，猶如報曉雞，能啼催起早，自己未能飛。

酉正假子力，成立有賢妻，田園財業旺，晚子更相宜。

OB、先主剋父，六親兄弟不和，宜與二姓同居，身閑心不閑，操持發福之命。

05）酉時末生人：

OA、酉末有文才，先憂後吉來，六親雖見剋，末限長資財。

酉末遲生子，清高出眾材，妻宮防有失，宜把福田裁。

0B、先主剋母，六親無力，性急不悔，衣祿無虧，辛苦有成有敗，子息難為，晚年孤獨之命也。

11、戌時生人：

01）清俊秀美，一生聰明伶俐，天福祿亦主進退，國中二限，平安吉利，末限父母相助有力，生二子。

父母相犯，福祿有進之命，歡樂一生，末運富貴，主二十六、四十，壽四十九歲，吃齋念佛七十八歲壽終。

02）一十六、二十九、三十六歲有災，過此有八十歲之壽。

03）戌時初生人：

0A、良善行公道，浮財天送來，自成能自立，常近貴人臺。

剋父初年事，中年顯翰林，三子承家業，田園廣種栽。

0B、先主剋父，兄弟不得力，為人良善近貴，後景發福，孝悌忠信之命。

04）戌時中生人：

0A、戌正少田庄，妨妻子又傷，父母先年剋，公門任主張。

0B、先剋母，六親無靠，衣食在于公門，逢凶化吉，心貪快樂，身又勤勞，無傷人之意，有憂人之心，膽如麻子，口似風顛，末限發福之命。

05）戌時末生人：

0A、處眾得謙和，皇恩受祿多，威德人欽敬，謀為誰敢過。

戌正本無剋，離祖奈之何，中年逢好運，平地少風波。

0B、無剋破：為人性巧聰明，六藝亨通，心存慈善，清高近貴，衣祿自然之命。

12、亥時生人：

01）心直口快，招人是非，一生作事，辛勤勞碌，初限祖業難守，末限大好，此晚景之命。

口直心實，祖業難為，兄弟無靠，天路勤勞，財祿大旺之命，主十一、三十九、四十九、五十六、六十八，壽八十八歲終。

02）十九、三十九、五十六歲小災，過此八十九之壽。

03）亥時初生人：

0A、萬種風流好，功名自有成，諸般皆遂意，福壽挽山青。

0B、先主剋父，作事百般如意，一生近貴，能為福壽兩全之命也。

04）亥時中生人：

0A、衣祿自然亨，平生福壽全，一心行善事，凡事坦然平。

0B、三十年無剋破，父母前聲應後聲，為人平等自有

威權,一生不犯災厄,親近貴人,晚景發達之命。
05）亥時末生人：

0A、衣祿初勤苦,夫妻兩相侵,一身無掛礙,二姓子隨行。

晚景康寧福,清淨好修行,田園多稱意,後代出公卿。

0B、先主剋母,衣祿尋常,凡事心存良善,妻宮見兩,有成有敗,晚年大發財福之命。

觀命要訣

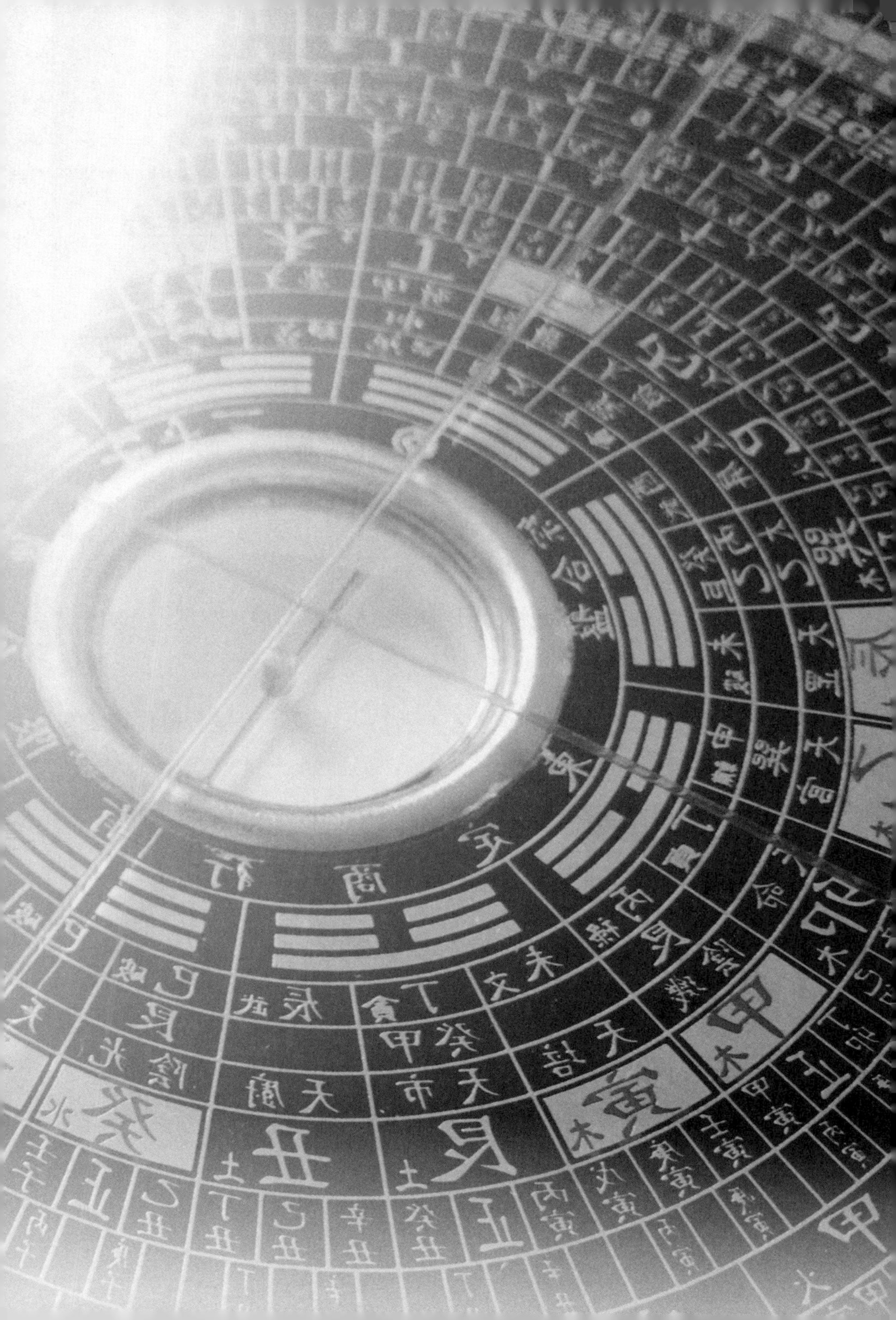

觀命要訣

　　祥夫觀命之法，原以八字為主，八字俱好，無刑沖剋刑破，如根莖深固，不怕風搖，一遇吉限，即發財祿。

　　遇反運，亦不生災侮，年限沖於日地地，方可決停沒。

　　穩即地支無刑沖破剋，天干無剋，干支多合，此人天災人禍皆安然渡過。

　　此八字命法，非此經，但可借意，諸術同論，如六壬、遁甲、六爻、斗數同論。

　　不穩之宮往往是事發之宮，因為人好景時，是不會花錢去算命算卦的。

　　日為己，受運年沖，此時才倒。

　　所以太歲沖日支、運沖剋日干太忌。

　　歲運刑沖他干支，他干支所示人事凶。

　　實務時可言：一生不憂米缸庫存。

　　八字不全牢，逢福運反而殃，名曰「小船不堪重載」。
　　此財多身弱情形。

　　在人事方面大概是中彩票而遭殃。

給個官做，但能力、體力不支，反而累死他。

所以行財官，反而害了他。

身弱無根，多逢煞運，而大數難逃。

如果身弱又行弒運，則凶上加凶。

心此推之，萬無一失。

此為算命大原則，拿到一個八字，先看組合穩不穩？再看強弱、冷熱、燥濕。

天下豪傑英俊，人間壽夭窮通，果有天機，全無巧言令色。

年限自有定局在前，如遇閏月生人，自可加減扒算。

不問男女，地支四字，陽多陰少，主剋父，陰多陽少主剋母。

即陽多剋父，陽多剋母，《玉照定真經》有詳論。

得之于心，應之於手，年上起月，月上起日，日上起時，時上起刻。

男順行，女逆行；逢了凶即凶，逢貴即貴，運掌之間，昭然莫能逃。

年月日時落凶星宮，包括行運。

觀命要訣

論得病《推五命人得病日期》

金命之人墓在丑，己丑日得病大凶；木命之人墓在未，癸未日得病大凶。

水命之人墓在辰，壬辰日得病大凶；火命之人墓在戌，甲戌日得病大凶。

土命之人墓在辰，丙辰日得病大凶；此法玄機通天地，大月從上數至下。

小月從下數至上，先問得病月期數，便知病患患吉凶，妙訣推算無人會。

先天毫釐定生死，初一日起仔細輪，馬立人生災有救，馬倒收拾入幽冥。

馬斜有災即便治，祿正病重命不傷，祿馬倒無陰陽路，祿斜有災請醫冥。

馬立、祿正	馬斜、祿斜	馬倒、祿倒
初一 初二 初三 初四 初五 初六 初七 初八 初九 初十	十一 十二 十三 十四 十五 十六 十七 十八 十九 二十	廿一 廿二 廿三 廿四 廿五 廿六 廿七 廿八 廿九 三十
正月 二月 三月 四月	五月 六月 七月 八月	九月 十月 十一月 十二月

論每月生時小兒煞

　　正七休生巳亥時，二八辰戌不堪推，三九卯酉難存立，四十寅申生悲泣。

　　五十一月防丑未，六十二月子午凄，十二月中時有犯，小兒關煞報君知。

　　論桃花煞（命宮犯此不可出家，即十二長生中的沐浴位）
　　申子辰雞叫亂人倫（「酉」），亥卯未鼠子當頭忌（「子」）。
　　巳酉丑跨馬南方走（「午」），寅午戌兔從卯里出（「卯」）。

論十二時夫妻犯

羊鼠相逢一旦休，從來白馬怕轂牛，蛇逢猛虎如刀截，豬見猿猴似箭投。

玉兔見龍雲裡去，金雞遇犬淚雙流，莫道陰陽無定準，管取夫妻不到頭。

論十二時

論子午卯酉時

子午卯酉四客高，為人聰俊逞英豪，多有兄弟難倚靠，一雙父母不相交。

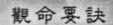

時初時末結伴晚,時正孤單獨自挑,福重祿榮身貴顯,翅沖雲漢福滔滔。

論寅申巳亥時

寅申巳亥四字強,為人聰慧近文章,時正弟兄三四個,時初時末也成雙。

父母無刑多倚靠,榮華貴顯坐高堂,若得父母雙全在,晚景康寧大吉昌。

論辰戌丑未時

辰戌丑未四字時,上妨父母齊親疏,雖有兄弟難倚靠,祖房常被別人租。

時初管取先亡父,將來剋母在冥途,公門事宗為生稀,男為僧道女尼姑。

年月逢識論（其識有十,隨某年上與某月生人所定符劣）

方丈識

一、詩曰:
一)方丈之識性無毒,為人權柄有威權,不犯刑沖多主貴,優壓文才大丈夫。
二)方丈之識心無毒,為人權柄主有財,不犯刑沖多富足,滿腹

　　　　文章大辯才。

三）方丈之識心性靈，為人志大掌權衡，不犯刑沖清且貴，宣揚
　　道典有文名。

二、天賦：管理型人才，擅於組織管理寺院。

三、有此識者，定主文才學問，大丈夫也。

四、子年：二、七、十二月。　丑年：二、六、十一月。
　　寅年：二、九、十月。　　卯年：正、四、十月。
　　辰年：二、五、十二月。　巳年：二、六、十二月。
　　午年：正、四、七月。　　未年：二、五、八月。
　　申年：二、六、十二月。　酉年：正、七、十二月。
　　戌年：六、九、十二月。　亥年：六、九、十二月。

通天識

一、詩曰：
　　一）通天之識壽主高，一生衣祿得堅牢，氣象人尊多近貴，
　　　　四柱犯重是天造。
　　二）通天之識壽彌高，後福無疆先必勞，仰觀俯視非凡品，
　　　　四柱相逢衣錦袍。
　　三）通天之識主壽高，一生衣祿主堅牢，氣象人尊多近貴，
　　　　四柱重犯壽年夭。

二、天賦：

觀命要訣

天份具有神通，較易成就和諸天鬼神來往的能力，這種人可以為信眾作一些祈福禳災的法事。

三、有此識者，對天文、地理交通等見識廣，聰明智慧，壽命高。

四、子年：六、十二月。　　丑年：正、七、十二月。
　　寅年：五、八、十二月。　卯年：三、九、十二月。
　　辰年：二、五、十二月。　巳年：正、四、十月。
　　午年：正、四、七月。　　未年：正、四、十月。
　　申年：二、六、八月。　　酉年：三、六月。
　　戌年：六、九、十二月。　亥年：五、七、八月。

三合識

一、詩曰：

一）三合之識初時災，命限刑沖有禍來，若人犯此多和順，只恐家中不聚財。

二）三合之識最輕財，博施濟眾命安排；此格主人名利旺，應有兒孫列上臺。

三）三合之識有小災，命根刑沖福自來，若犯重者多和順，只恐家中不聚財

二、天賦：

指天地人的人氣很好，屬於天生的公關高手，擅於打好政商人脈，是寺院需要的人材。

三、有此識者，主諸事相合，三教皆同，但多有暗災，通達諸事，

社交佳。

四、子年：正、六、九月。　　丑年：四、七、八、十一月。
　　寅年：五、八、十二月。　　卯年：六、九、十二月。
　　辰年：正、四、十月。　　　巳年：二、八、十一月。
　　午年：正、二、四、十一月。未年：正、四、十月。
　　申年：二、十一、十二月。　酉年：二、六、十一月。
　　戌年：正、四、七月。　　　亥年：二、八、十一月。

菩提識

一、詩曰：
　　一）菩提之識性慈悲，惡又人憎善又欺，遇善不欺惡不怕，
　　　　平生貴相有根基。
　　二）菩提之識性靈機，惡者帖嫌善者期，逢軟不欺惡不怕，
　　　　平生貴相有根基。
　　三）菩提之識心最慈，公平正直有餘思；甚深般若人欽仰，
　　　　惡似探湯善欲齊。

二、天賦：
　　專修型的人才，通常是以專心修行為志向的人，這種人往
　　　　往作為榜樣人物，替寺院招來信眾。

三、有此識者，心契菩提，常好善事。

四、子年：二、五、十二月。　丑年：二、六、十二月。

觀命要訣

寅年：四、五、十月。　　卯年：二、十月。

辰年：二、六、九月。　　巳年：四、七、十月。

午年：五、八、十月。　　未年：六、九、十二月。

申年：五、九、十二月。　酉年：二、六、十二月。

戌年：二、五、十二月。　亥年：二、五、十二月。

福祿識

一、詩曰：

一）福祿之識有大福，錢已使盡糧還來，八字星高多近貴，自然衣祿稱心懷。

二）福祿之識有大財，用之不盡又還來，八字好生多富貴，自然衣祿稱心懷。

三）福祿之識種前生，處處逢緣處處成，天欲人歸真富貴，若能修德易圓明。

二、天賦：擅於經營，這種人可以把寺院的庶務打理的井井有條。

三、有此識者，百福並至，千祥雲集，多富貴，錢財自然來。

四、子年：六、十二月。　　丑年：二、九、十二月。

寅年：四、六、十二月。　卯年：二、五、八月。

辰年：二、八、十二月。　巳年：正、四、七月。

午年：二、五、八月。　　未年：三、五、十二月。

申年：正、七、十月。　　酉年：三、六、十二月。

戌年：六、九、十二月。 亥年：正、四、十一月。

消災識

一、詩曰：
　　一）消災之識命裡該，生來好善少悲哀，五行內有相拯救，
　　　　綿延福康永無災。
　　二）消災之識命裡該，生來多主遇悲哀，五行柱內有相救，
　　　　福祿平安不遇災。
　　三）消災之識免災星，秋水為神骨氣清；處世溫良謙受益，
　　　　雙全福祿總安寧。

二、天賦：擅於誦經禮佛作法會，這類出家者是寺院服務信眾不
　　可或缺的人才。

三、有此識者，消災解厄，逢凶化吉。

四、子年：二、六、十二月。　丑年：正、七、十月。
　　寅年：正、七、十一月。　卯年：二、九、十二月。
　　辰年：正、四、七月。　　巳年：二、四、十一月。
　　午年：四、七、十月。　　未年：二、九、十月。
　　申年：正、四、十月。　　酉年：二、五、十一月。
　　戌年：二、六、十一月。　亥年：正、四、十月。

觀命要訣

善知識

一、詩曰：

一）善知之識眾人欽，衣祿自然豐足榮，到處貴人相喜悅，年逢之運有泰亨。

二）善知之識眾人欽，自然衣祿足豐盈，到處貴人多接引，若逢年月主聰明。

三）善知之識重斯文，品節詳明心氣平，必是根基長且厚，貴人恭敬小人欣。

二、天賦：學問型的人材，通常擅於講經說法。

三、有此識者，明善得理，素有根基，眾人欽佩有人緣。

四、子年：五、八、九、十月。　丑年：七、九、十二月。
寅年：正、七、十二月。　卯年：六、九、十二月。
辰年：正、七、十月。　　巳年：六、十一月。
午年：二、九、十二月。　未年：二、六、十月。
申年：二、五、十月。　　酉年：正、七、十一月。
戌年：六、九、十二月。　亥年：六、九、十二月。

成就識

一、詩曰：

一）成就之識多慷慨，幼年不遂有妨害，好心救人成怨恨，只為自性無能耐。

二）成就之識多慷慨，幼年不遂有小災，好心教人成怨恨，
　　　　只因自性無忍耐。
　　三）成就之識慷慨多，扶危濟困性溫順，百年樹德配元氣，
　　　　厚福時來九敘歌。

二、天賦：精於佛法修行，往往會對佛法的某一部份特別有成就。

三、有此識者，主做事聰明，成就順心，但有時好心對人反惹怒，
　　少年輕年時期多坎坷不順。

四、子年：二、六、九月。　　丑年：二、六、九月。
　　寅年：四、七、十月。　　卯年：五、八、十月。
　　辰年：三、九、十一月。　巳年：正、四、十月。
　　午年：八、十一月。　　　未年：二、九、十月。
　　申年：正、四、十月。　　酉年：三、五、十二月。
　　戌年：二、六、十二月。　亥年：正、四、十月。

佛法識

一、詩曰：
　　一）佛法之識不可輕，生來八字甚分明，好學古今心性巧，
　　　　出語和人始終應。
　　二）佛法之識休看輕，生來智慧有前因，誠心向善修三寶，
　　　　同作龍華會上人。

二、天賦：修行能有成就又有成佛願力的人材，這類出家人也是

作為榜樣人物。

三、有此識者，聰明了道，可以度脫塵海，一心向善，悟性較高。

四、子年：五、八、十一月。　丑年：二、九、十二月。
　　寅年：正、九、十一月。　卯年：二、十一月。
　　辰年：三、九、十二月。　巳年：正、四、十月。
　　午年：三、九、十月。　　未年：六、九、十二月。
　　申年：六、九、十二月。　酉年：正、四、十二月。
　　戌年：二、六、九月。　　亥年：四、七、十月。

起家識

一、詩曰：

　　一）起家之識置田庄，做事安然福祿全，祖業根基宜易改，自成自立好家園。

　　二）起家之識置田庄，做事平安福祿全，祖業根基宜改換，自己創立好家園。

　　三）起家之識非輕易，裕後光前報祖先；革故鼎新流澤遠，自然子孝與孫賢。

二、天賦：

　　開創型的修行者，大都是山門的開山者，如果要到別處開分院時，這種人材是一定要有。

三、有此識者，主創業興家，獨立家園，創立新根基。

四、子年：正、四、十月。　　丑年：二、五、十月。

　　寅年：二、六、十二月。　卯年：正、四、七月。

　　辰年：二、六、十一月。　巳年：二、六、九月。

　　午年：四、七、十月。　　未年：五、八、十二月。

　　申年：六、九、十二月。　酉年：正、七、十月。

　　戌年：二、五、六月。　　亥年：正、四、十月。

三品格與六親、重犯歌

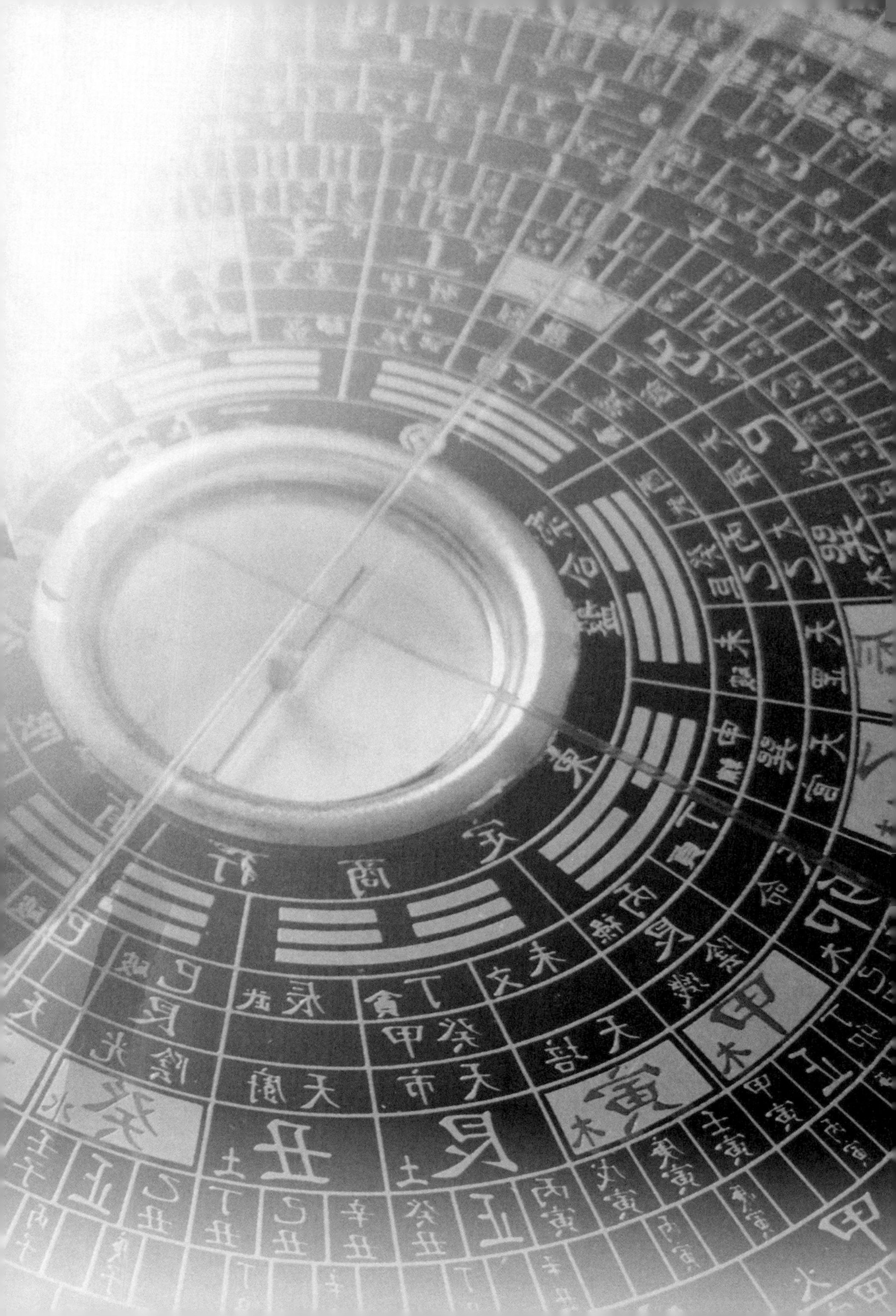
艮
丑
寅
甲

三品格與六親、重犯歌

十二宮三品格與六親

01、天貴、天權、天福、天壽：為上品。
　　01）天文、天驛、天刃、天藝：為中品。
　　02）天厄、天破、天奸、天孤：為下品。

02、貴為官祿，女命為夫；權為權柄，輔助官星；福為財氣；壽關性命。

03、文為學識文章，驛為奔波馬星，刃作刑剋獨立，佔藝技藝得精。

04、破主親財分散，奸為心計桃花，孤主刑剋六親，逢厄困頓劫難。

05、男喜福貴，可解諸厄，此以財官為主。
　　01）女喜福壽權，此為持家壽星。
　　02）男女內外有別，著重點也不同。

06、但凡宮星莫犯重，重貴不貴；重福無福；重藝為人鈍；雙文學不成；雙厄者早歲凶亡，雖長成亦愚頑；重破不為破；重孤可出家；重奸不奸；重刃不刃。

07、四柱三孤，幼可出家，若不出家，必主中敗盡、剋子傷妻。

08、三孤若值一福，或貴或壽或文，僧道必成正果，縱在家亦非凡俗。

09、凡刑剋重耳，驛馬三重，一生勞碌。
　01）厄逢三位，幼或身亡，不亡者反近貴，必有暗疾，祖業改離，慳吝不足，非良善輩。
　02）三奸星者，為人奸詐，機深謀遠，若有吉星來助，反為志誠實之人。
　03）四柱若值三破，為人性躁，祖業難守，六親兄弟無辜，財帛易散，世上虛花。
　04）三權若值者，每事不受人欺，心高志大，富貴有權。
　05）三貴若逢，必然善承祖業，長保富貴。
　06）三福之人，必然大富。
　07）三驛之人，祖業不招，心性不常，遷移更改無定。
　08）三刃之人，為事有方，信行誠實，祖業茂盛。
　09）三藝之人星，為人伶俐，家道豐盈。
　10）三壽若逢，為人好善，廣行方便，長壽之命，若是天貴星來助，乃福壽雙全之人也。

宮星伏吟及三見

01、重貴不貴、重福無福、重藝人鈍、雙文學難成，發揮為吉星遇伏吟，則不吉。

02、雙厄凶亡、重破不破、重孤出家、重奸不奸、重刃不刃，發

揮為凶星伏吟，分情況而論，一般仍為不吉。

03、宮星三見，為真宮星，以宮星之性論之，又曰：

01）貴若逢權，掌刑帶祿。

02）福者逢驛，享福揚名。

03）壽星喜多，聰明壽俊。

04）驛與同孤，一生勞碌。

05）若遇天貴，福祿雙全。

06）破若逢奸，貧賤一世。

07）刃難見厄，疾困傷殘。

08）文若見破，夭折必然。

09）藝若逢奸，刑沖破敗。

10）權刃厄孤，刑傷已定。

11）福壽權貴，爵祿雙全。

12）破刃孤厄，殘疾何疑。

13）男子貴重反賤，壽重反夭，破刃雙孤，難為妻子。

14）女子貴多必淫，驛多必賤。

15）運限沖動日時，有可決其存亡。

0A、若逢好運，即便發福。

0B、若逢夭運，不免生災。

0C、四字不勞，身難享福；人生貴賤，指掌分明。

16）子遇地煞遭風水，丑見天孤父子傷，寅見地煞遭藥箭，卯可天藝淚兩行，辰見天破雲分散，巳遇驛星也要傷，

午逢見破多勞碌，未見白虎必該亡，申遭天狗如口口，
　　　將酉見煞如落井，戌見天網有驚熱，亥遭白虎骨肉離。
17）權若逢驛常帶疾，貴若逢福至亨通，文若逢刃主聰明，
　　　驛若逢孤必勞碌，貴若逢刃主福祿，破若逢奸一世貧，
　　　天文見破夭折漢，天文見孤刑剋重。
18）傷刃同居，不傷自己必傷手足。
　　　0A、貴壽於年月日時，非壽必享爵祿，廣有財帛。
　　　0B、福壽在於日月時，必旺祖業根基。
　　　0C、破刃厄於年月日時，難招頭妻，子息難留。
　　　0D、必須時辰不差，萬無一失，必有準矣。

論五行

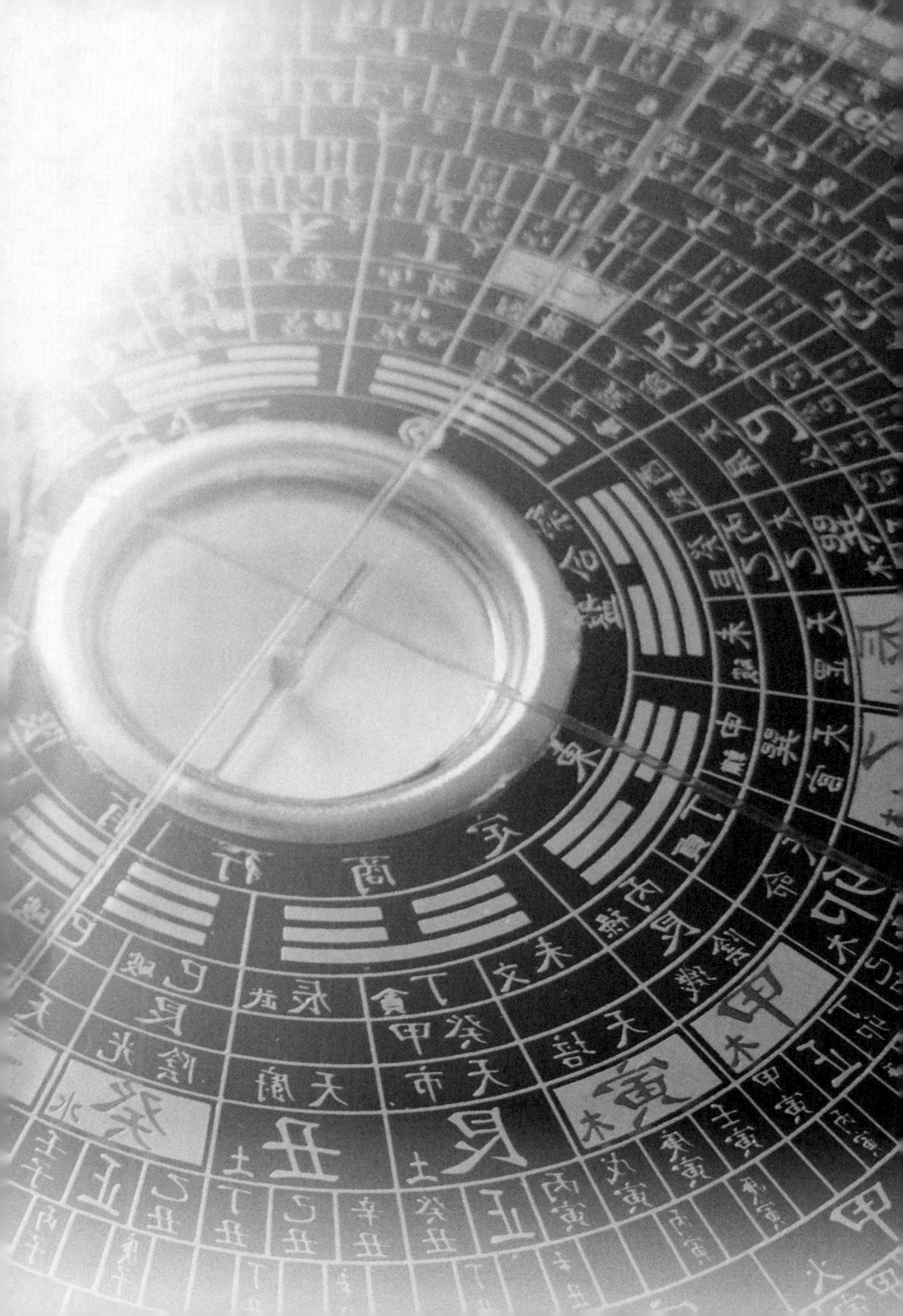

論五行

論五行

一、木主仁，其性直，其情和，其味酸，其色青。

一）比於上角[4]，似於蒼帝[5]。

01、其為人，蒼色，小頭，長面，大肩，背直，身小，手足好。

02、有才，勞心少，力多憂，勞於事，能春夏不能，秋冬感而病生。

03、足厥陰，佗佗然。
01）大角之人，比於左足少陽，少陽之上，遺遺然。
02）左角之人，比於右足少陽，少陽之下，隨隨然。
03）鈦角之人，比於右足少陽，少陽之上，推推然。
04）判角[6]之人，比於左足少陽，少陽之下，枯枯然。

04、個性心理特徵：
有才智，喜歡安靜，由於缺乏鍛鍊，四肢力量較弱，體力不強，好用心機，為多愁善感之人。

---

4 上角：五音之一，屬木，是以木音做為分類的符號。
5 蒼帝：神話中的上天五帝之一，東方色青為蒼帝，所以是形容木形的人皮膚呈現蒼色。
6 判角之人：判角，即大角之下，比于左足少陽。

05、性格特徵：柔美而安重，秋冬感受外邪，容易發生疾病。

06、木行之人大多生於春季。

二）肝與膽互為臟腑表裡，又屬筋骨和四肢。

三）過旺或過衰，較宜患肝、膽、頭、頸、四肢、關節、筋脈、眼、神經等方面的疾病。

01、木盛的人，長得豐姿秀麗，骨骼修長，手足細膩，口尖髮美，面色青白，為人有博愛惻隱之心，慈祥愷悌之意，清高慷慨，質樸無偽。

02、木衰之人，則個子瘦長，頭髮稀少，性格偏狹，嫉妒不仁。

03、木氣死絕之人，則眉眼不正，項長喉結，肌肉乾燥，為人鄙下吝嗇。

二、火主禮，其性急，其情恭，其味苦，其色赤。

一）比於上徵[7]，似於赤帝。

01、其為人，赤色廣[8]（月引），脫面，小頭，好肩背，髀腹小手足，行安地疾心，行搖肩背肉滿。

---
7 徵：五音之一。
8 廣：指掌背部的肌肉寬廣。

論五行

02、有氣輕財少信多慮，見事明好顏，急心不壽暴死，能春夏不能秋冬，秋冬感而病生。

03、手少陰，核核然[9]。

01）質徵之人，比於左手太陽，太陽之上，肌肌然[10]。

02）少徵之人，比於右手太陽，太陽之下，慆慆然[11]。

03）右徵之人，比於右手太陽，太陽之上，鮫鮫然[12]。

04）質判之人，比於左手太陽，太陽之下，支支頤頤然[13]。

04、個性心理特徵：

01）走路步履穩健，思考敏捷，走路肩膀搖擺，背部肌肉豐滿。

02）為人有氣魄，輕財，缺乏信心。

03）善於觀察分析，喜歡漂亮。

04）性情急躁，不能高壽多暴死，秋冬易生病。

05、性格特徵：為人真實。

06、大多生於夏季。

二）心臟與小腸互為臟腑表裡，又屬血脈及整個循環系統。

---

[9]　核核然：真實的意思。
[10]　肌肌然：形容人見識短淺。
[11]　慆（ㄊㄠ）慆然：形容人多疑。
[12]　鮫鮫然：踴躍的意思。
[13]　支支頤頤然：形容怡然自得、無憂愁的意思。

三）過旺或過衰，易患小腸、心臟、肩、血液、經血、臉部、牙齒、腹部、舌部等方面疾病。

01、火盛之人，頭小腳長，上尖下闊，濃眉小耳，精神閃爍，為人謙和恭敬，純樸急躁。

02、火衰之人，則黃瘦尖楞，語言妄誕，詭詐妒毒，做事有始無終。

三、土主信，其性重，其情厚，其味甘，其色黃。

一）比於上宮，似於上古黃帝。

01、其為人，黃色圓面、大頭、美肩背、大腹、美股脛、小手足、多肉、上下相稱行安地，舉足浮。

02、安心，好利人不喜權勢，善附人也，能秋冬不能春夏，春夏感而病生。

03、足太陰，敦敦然[14]。
  01）大宮之人，比於左足陽明，陽明之上，婉婉然[15]。
  02）加宮之人，比於左足陽明，陽明之下，坎坎然[16]。
  03）少宮之人，比於右足陽明，陽明之上，樞樞然[17]。
  04）左宮之人，比於右足陽明，陽明之下，兀兀然[18]。

---

[14] 敦敦然：誠實敦厚的意思。
[15] 婉婉然：平和、柔順的意思。
[16] 坎坎然：喜悅的樣子。
[17] 樞樞然：圓潤婉轉的意思。
[18] 兀兀然：用心的意思。

04、個性心理特徵：步履穩健，人很安靜，喜歡幫助別人，不爭權奪勢，善於團結人。

05、性格特徵：誠懇而忠厚，春夏易生病。

06、大多生於每個季度最後十八天。

二）脾與胃互為臟腑表裡，又屬腸及整個消化系統。

三）過旺或過衰，較宜患脾、胃、肋、背、胸、肺、肚等方面的疾病。

01、土盛之人，圓腰廓鼻，眉清木秀，口才聲重，為人忠孝至誠，度量寬厚，言必行，行必果。

02、土氣太過，則頭腦僵化，愚拙不明，內向好靜。

03、不及之人，面色憂滯，面扁鼻低，為人狠毒乖戾，不講信用，不通情理。

四、金主義，其性剛，其情烈，其味辣，其色白。

一）比於上商，似於白帝。

01、其為人，方面白色、小頭、小肩背、小腹、小手，足如骨發踵外，骨輕。

02、身清廉，急心靜悍，善為吏，能秋冬，不能春夏，春夏感而病生。

03、手太陰，敦敦然。

01）鈦商之人，比於左手陽明，陽明之上，廉廉然[19]。
02）右商之人，比於左手陽明，陽明之下，脫脫然[20]。
03）左商之人，比於右手陽明，陽明之上，監監然[21]。
04）少商之人，比於右手陽明，陽明之下，嚴嚴然[22]。

04、個性心理特徵：

行動輕快，秉性廉潔，性急，能動能靜，動之則猛悍異常，善於吏治，有決斷之才。

05、性格特徵：堅韌不屈，春夏易生病。

06、大多生於秋季。

二）肺與大腸互為臟腑表裡，又屬氣管及整個呼吸系統。

三）過旺或過衰，較宜患大腸、肺、臍、咳痰、肝、皮膚、痔瘡、鼻氣管等方面的疾病。

01、金盛之人，骨肉相稱，面方白淨，眉高眼深，體健神清，為人剛毅果斷，疏財仗義，深知廉恥。

02、太過，則有勇無謀，貪欲不仁。

03、不及，則身材瘦小，為人刻薄內毒，喜淫好殺，吝嗇貪婪。

---

[19] 廉廉然：廉潔的意思。
[20] 脫脫然：瀟灑的意思。
[21] 監監然：明察是非的意思。
[22] 嚴嚴然：嚴肅莊重的樣子。

論五行

五、水主智，其性聰，其情善，其味鹹，其色黑。

一）比於上羽，似於黑帝。

01、其為人，黑色面不平，大頭廉頤[23]，小肩大腹動手足，發行搖身下尻長，背延延然[24]。

02、不敬畏善欺紹人，戮死，能秋冬不能春夏，春夏感而病生。

03、足少陰，汗汗然[25]。

　　01）大羽之人，比於右足太陽，太陽之上，頰頰然[26]。
　　02）少羽之人，比於左足太陽，太陽之下，紆紆然[27]。
　　03）眾之為人，比於右足太陽，太陽之下，潔潔然[28]。
　　04）桎之為人，比於左足太陽，太陽之上，安安然[29]。

04、個性心理特徵：為人不恭敬不畏懼，善於欺詐，常有殺戮致死。

05、性格特徵：做事欠穩妥，春夏易生病。

06、大多生於冬季。

---

23 廉頤：廉，是菱形；頤，是口角後腮之下的部位。
24 延延然：形容很長的樣子。
25 汗汗然：慚愧、惶恐的樣子，也有說不知所措的，此形容水面廣大無際的樣子。
26 頰（ㄐㄧㄚˊ）頰然：得意的意思。
27 紆（ㄩ）紆然：迂曲的意思，這裡形容性情不直爽。
28 潔潔然：安靜的樣子。
29 安安然：形容泰然自若的樣子。

二）腎與膀胱互為臟腑表裡，又屬腦與泌尿系統。

三）過旺或過衰，較宜患腎、膀胱、脛、足、頭、肝、泌尿、陰部、腰部、耳、子宮、疝氣等方面的疾病。

　　01、水旺之人，面黑有彩，語言清和，為人深思熟慮，足智多謀，學識過人。

　　02、太過，則好說是非，飄蕩貪淫。

　　03、不及，則人物短小，性情無常，膽小無略，行事反覆。

十二地支訣

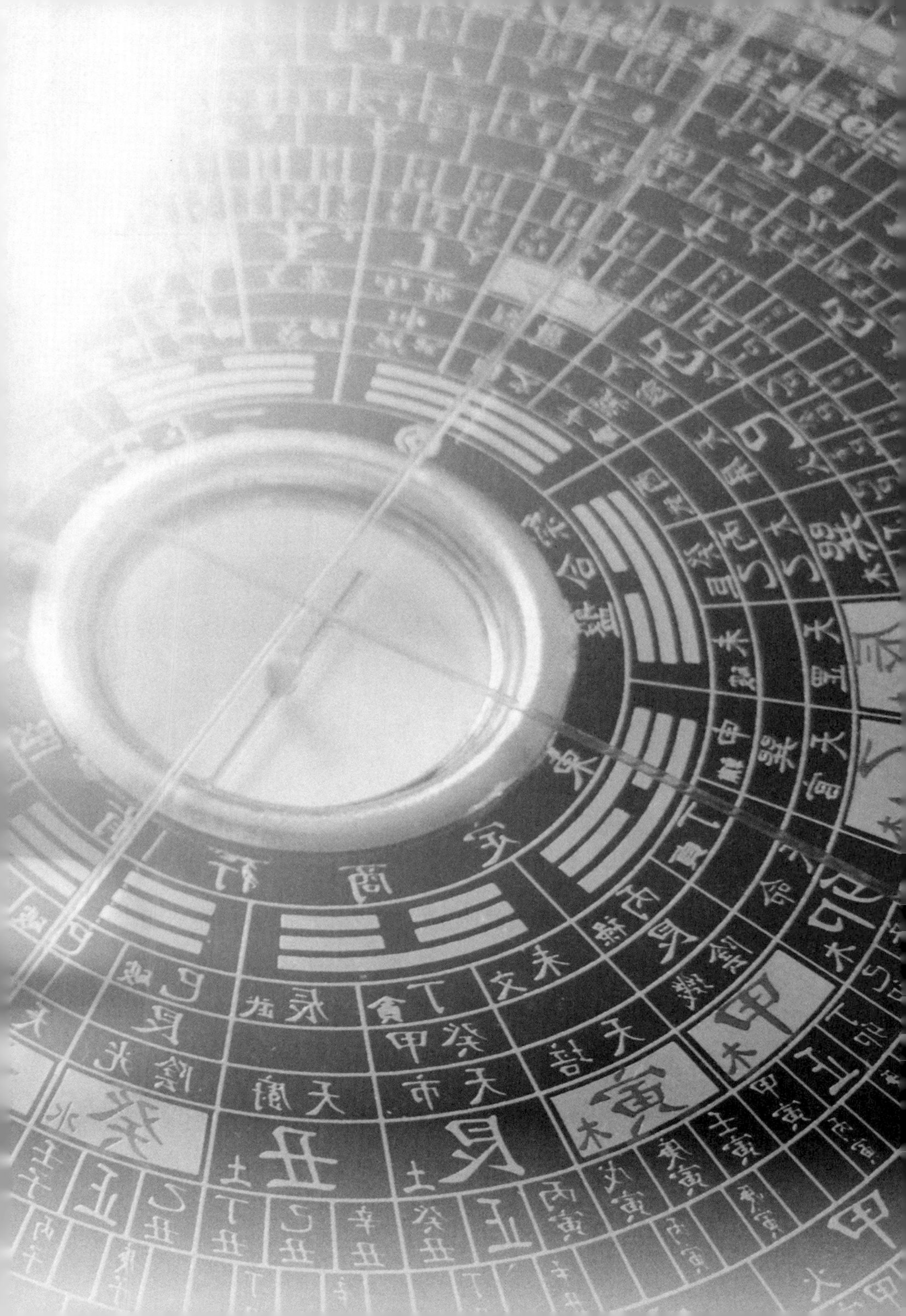

十二地支訣

一、明犯：

一）寅與巳、卯與子、辰與丑、巳與申、午與卯、未與戌、申與亥、酉與午、戌與未、亥與寅、子與酉、丑與辰。

二）基本上是隔兩位明犯，只有辰與未、戌與丑雖然隔兩位卻不明犯。

二、三合：

一）申子辰合水局、亥卯未合木局、寅午戌合火局、巳酉丑合金局。

二）隔三位構成三合的關係。

三、頂：

一）申子辰頂亥卯未、寅午戌頂巳酉丑。

二）前面的三個地支和後面的三個地支都是頂的關係，即：
申亥、申卯、申未、子亥、子卯、子未、辰亥、辰卯、辰未、寅巳、寅酉、寅丑、午巳、午酉、午丑、戌巳、戌酉、戌丑之間是頂的關係。

三）其中申亥、子未、辰卯、寅巳、午丑、戌酉是特例，力量較大，我們稱之為正頂，也就是其他書上講的害。（在掌上是

上下）

四、沖：

一）申子辰沖寅午戌、亥卯未沖巳酉丑。

二）其中申寅、子午、辰戌、亥巳、卯酉、丑未是特例，力量較大，我們稱之為正沖，也就是其他書上講的沖。（在掌上是對角）

五、絆：

一）申子辰絆巳酉丑、亥卯未絆寅午戌。

二）其中申巳、子丑、酉辰、亥寅、卯戌、未午是特例，力量較大，我們稱之為正絆，也就是其他書上講的合。（在掌上是左右）

十二地支相破意象訣

一、子酉相破，丑辰相破，寅亥相破，卯午相破，巳申相破，未戌相破。

一）子破酉：

01、子能破酉，酉亦能破子。

02、子見酉上破敗神，自行無道損名身；人前說得千般話，轉過身來似浮雲。

03、子破酉，水破金專，做事無主，自破自行。

04、酉破子，負心昧為，託人不當，自欺欺人。

二）丑破辰：

01、丑能破辰，辰亦能破丑。

02、丑見辰中破敗多，好事難成亂忙活；一春美景空流過，都在事後把夢說。

03、丑破辰，金沙入海，掩亮無光，疑是疑非。

04、辰破丑，古廟陳壇，老木荒宅，枯緣自處。

三）寅破亥：

01、寅能破亥，亥亦能破寅。

02、寅見亥字破人緣，幹事無功又費錢；爭名奪利沒好處，更有小人作離間。

03、寅破亥，居功自傲，奪人名祿，以媚爭寵。

04、亥破寅，欺瞞狡詐，違心將行，天威加罰。

四）卯破午：

01、卯能破午，午亦能破卯。

02、卯午相破不一般，買賣經營費本錢；金鐘不響車流阻，丟官失印入流年。

03、卯破午，舉棋不定，做事無則，行多不矩。

04、午破卯，真假不實，輕信得失，成中有敗。

五）巳破申：

01、巳能破申，申亦能破巳。

02、巳申相逢破堪憂，利在風波困境囚；是誰做得人情鎖，青門紅案帶暗鉤。

03、申破巳，水奪火勢，假意奉承，暗中使壞。

04、巳破申，火化金鋒，屈曲相求，施恩反辱。

六）未破戌：

01、未能破戌，戌亦能破未。

02、未到戌邊破最愁，人情冷淡亂世秋；口舌常見牢房近，財散身傷罵名留。

03、未破戌，爭競無端，相辱相責，毀壞並失。

04、戌破未，做事無根，真假不實，毀譽敗名。

二、四柱見破，流年引動。

一）加臨太歲月建，主器物損壞，聚者散，成中有敗，病者有死；求財謀事不成，孕育不順，關節不通，囚禁脫離。

二）凶神惡煞在合處，得沖與合謂之解神，吉神吉星逢沖破，即化吉祥為災難，立竿見影。

三、六破金蛟剪口訣：

六破無形莫看輕，破壞根基不善終；破胎破旺傷福慧，破提破祿減繁榮。

破提財官損貴氣，破掉食印敗壽名；破遇絕死成災禍，破遇長生不長生。

只喜祿馬藏庫內，破掉壓服歲月逢；有傷帶破臨梟殺，一卷陰風掩日晴。

破在陽支傷痕顯，破在陰支痣卻明；人身七經兼八脈，有破逢合瘩子靈。

一）破使器物損壞，八字胎地成形最忌破壞，如申字破，即可斷為破胎，申者車也。

二）其他一切完美之象、形、類具畏刺破字，遇之主損壞。

三）好事將成，流年凶煞加臨破地，必有損失。

四）破使分裂，又主劈開，如卯字，最忌臨破，卯為分體字，為花草活木，劈開則死，更似此形，易破忌破也。

十二地支相絕

一、絕：寅酉，卯申，午亥，子巳。
德：天德，月德，歲德，日德。

一）絕與德相通，也相反；德者，損己利人；絕者，損人利己；世間竟有不知德者，積惡為秧，缺德損壽，戒之！

二）絕，山窮水盡，無路可走，走不通的路，沒有出路。
　　01、完全沒有了，窮盡，淨盡，形消跡滅，好似千山

鳥飛絕、寒冬臘月草。

02、死亡，一種事物的消亡，雖然另一種事物存在，但是這個整體的某一部分其完全的沒有了，如人死後雖然肉體還存在，但是靈魂已經脫離了原來寄所，這時候從我們的角度 看魂魄滅絕。

03、主人做事決絕，絕情寡義，包拯刑侄，李靖剮子是也。

04、絕字不可只以凶看，流年神煞為災，有德貴剋制其凶，使其臨絕，反到消災；身有惡疾，若逢鬼絕之歲，卻能久病復原，此絕處逢生之義也。

05、八字中相見，加臨流年太歲引動凶神惡煞，主人做事無情，進退維谷，反復無常，終無結果；好事變壞，善惡滅絕。

01）命柱年、月、日、時相見為本絕論，六親十神，絕處多憂。

02）經曰：「印絕椿萱敗，食絕暮年憂是也。」

二、金絕於寅：

一）寅絕酉上酉絕寅，金木相絕禍災侵；秋入山林伐柴木，斧頭折斷枉勞心。

二）故酉寅相見為金絕，主文書隱匿藏私，破損難補，道路傷災，筋骨寸斷；金小大木，以弱欺強，以卵擊石也。

三）金木各有傷損，主事難成，虛大無實，勞而無功。

三、木絕於申：

一）卯見申支號木絕，車輛災殃肢體缺；千里良駒車輪舊，路途難進受苦劫。

二）故卯申相見為木絕，主車輛道路災殃，財帛遺散，刀槍傷損，血光飛禍；卯為車身，身為車輪，上下相剋也。

三）一切禍由自身，主事無轍，張狂凌虐，自暴自受。

四、水絕於巳：

一）子絕巳位有原因，干頭帶鬼病纏身；男女無情傷情意，祖業要斷根。

二）「子巳」見為水絕，主男女情義斷絕，情感有變，意在分離，因緣孽起；陽水陰火，冷熱相擊，內外不合也。

三）諸難多因牽連，事乖張，吉凶不辯。

五、火絕於亥：

一）午與亥絕最無情，水逆山塌巨石崩；良心不忍興官訟，狀告廟堂一棵松。

二）午亥見為火絕，主口舌文書斗訟，取索爭執，事不順遂，上下欺瞞；陰水陽火，反道而行，無情無義也。

三）苦惱從心內起，主事傷神，竭精盡慮，水淨無魚。

六、絕卦金鉸剪：

絕字無常末看輕，臨胎遇養禍常侵；長生無用衰字看，逢梟並殺

入牢門。

絕年絕運逢絕字，喪吊嚎哭損六親；大字不識財絕印，閉門不出長絕心。

有人絕後說不得，傷官敗財馬星臨；春不絕木冬時水，夏火還陽並秋金。

卦逢絕氣師不算，鬼多參看可通陰；陰陽只隔一界限，誰認識得做天君。

七、凡命有德，遇絕無妨，若無德字，見絕有傷。

　　一）此德字非六壬書中所載之德，實乃天德，月德，歲德，日德。

　　二）且將五德的口訣登載於此，以戒後來者，德神金鉸剪：

天德正丁二月坤，三壬四辛五天尊；六甲七癸八艮位，九丙十乙臘庚尋。

只有冬月德不顯，渾渾噩噩巽宮存；丙甲壬庚寅上起，四位迴圈月德真。

歲德甲丙乙丁求，十干順向向北巡；日德只向支中取，坐向限中是福門。

陰德須從支下遁，轉作干頭問母親；命有德神神護佑，卦少蔭庇禍常侵。

十二地支訣

地支六沖象意訣

一、子午相沖定剋父,過房入繼必無差,空神若是來相剋,無害妻兒損自家。

丑未相沖帶疾多,若然水命主比和,生身父母無刑剋,兄弟相沖主過窩。

寅申相沖命不長,還兼帶疾產中亡,可祈大神來保右,免使父母哭斷腸。

卯酉相沖剋自家,父母生來也有刑,若然三歲無刑剋,七歲嗚呼喪黃泉。

辰戌相沖主過房,若然不死也驚狂,四歲恐怕離父母,身弱帶疾便喪之。

巳亥相沖病難多,必然離祖又離窩,若然父母無刑剋,七歲中間必折磨。

四柱八字逢支沖,吉凶應事記心中。若是原局少一字,歲運逢之也會應。

我今奉獻斷事歌,批命水準上一層。

二、子午沖：

子為帝座午門庭,子寒午炎剋又沖；愛惹是非過生活,工作單位常變更。

日思夜想難清閒,奔波勞碌不安寧；異性緣重常交爭,離家返回好折騰。

想事雖多常變化,失敗損失會發生；病在肌膚和心臟,血液

心腎脈搏輕。

三、丑未沖：

丑為道教未佛教，大吉小吉土相沖；女命夫君情人找，兄弟緣薄少親情。

難得長輩相助力，謀望雖多少收成；沖為凶時事多阻，陰怪之事會發生。

佛道禪法有興趣，善研星象與氣功；脾肺多疾虛又喘，腹疾痢疾消化病。

四、寅申沖：

寅為鬼門申人門，功曹傳送剋又沖；夫妻同床有異心，男女相逢婚外情。

愛管閒事招是非，小人不斷口舌生；吉時可走經商路，凶時鬼邪常作祟。

相信鬼神講迷信，神秘文化興趣濃；口苦舌乾易昏迷，肝膽便秘腦神經。

五、卯酉沖：

卯酉日出日落門，金木相剋又相沖；桃花咸池臨身上，婚外之戀起紛爭。

憂愁多勞不利財，背約失信無真情；職業長久也常變，地域住地常變更。

遇事考慮欠周到，一生難以得安寧；病在肝膽和肺部，治療筋骨免身痛。

十二地支訣

六、辰戌沖：

辰為太陽戌日落,天羅地網兩土沖;吉時此人聲名顯,凶時虛詐無真情。

夫妻感情不融洽,奔波勞碌過一生;男逢少兒多是女,女逢易犯婦科病。

爭強好鬥犯口舌,剋妻傷子命早終;病在膀胱皮膚處,惡寒小腸頭又疼。

七、巳亥沖：

巳亥馬星又文星,地產微明剋又沖;吉時此人才橫溢,凶時壓抑不安全。

愛管閒事話語多,助人為樂獻真情;付出太多回報少,順去逆來常出行。

工作住地常變化,日時逢之女多情;病在肝腎會吐瀉,時刻預防糖尿病。

八、跋：

原局運歲逢支沖,旺衰喜忌要分清;柱位十神臨何親,辯證靈活要變通。

年沖月令離祖發,與長緣薄無親情;月沖年支傷祖業,長輩才產難繼承。

月日相沖傷父母,同胞兄妹冷如冰;妻子有災身體弱,坎坎坷坷過一生。

日時傷妻又剋子,日支被沖喪妻應;親情緣薄走動多,夫妻

常有吵鬧聲。

年月日支沖時支，三沖一支局形成；或是日時支沖年，不利長輩怒氣生。

年月二支沖日支，婚災喪偶定有應；月日二支沖時支，不利子女災患生。

若於干沖無合處，一生漂泊走不停；父母無助難依靠，生離死別災不輕。

原局運歲逢支沖，時刻小心敲警鐘；勸君逢之要謹慎，及時化解保太平。

常用神煞

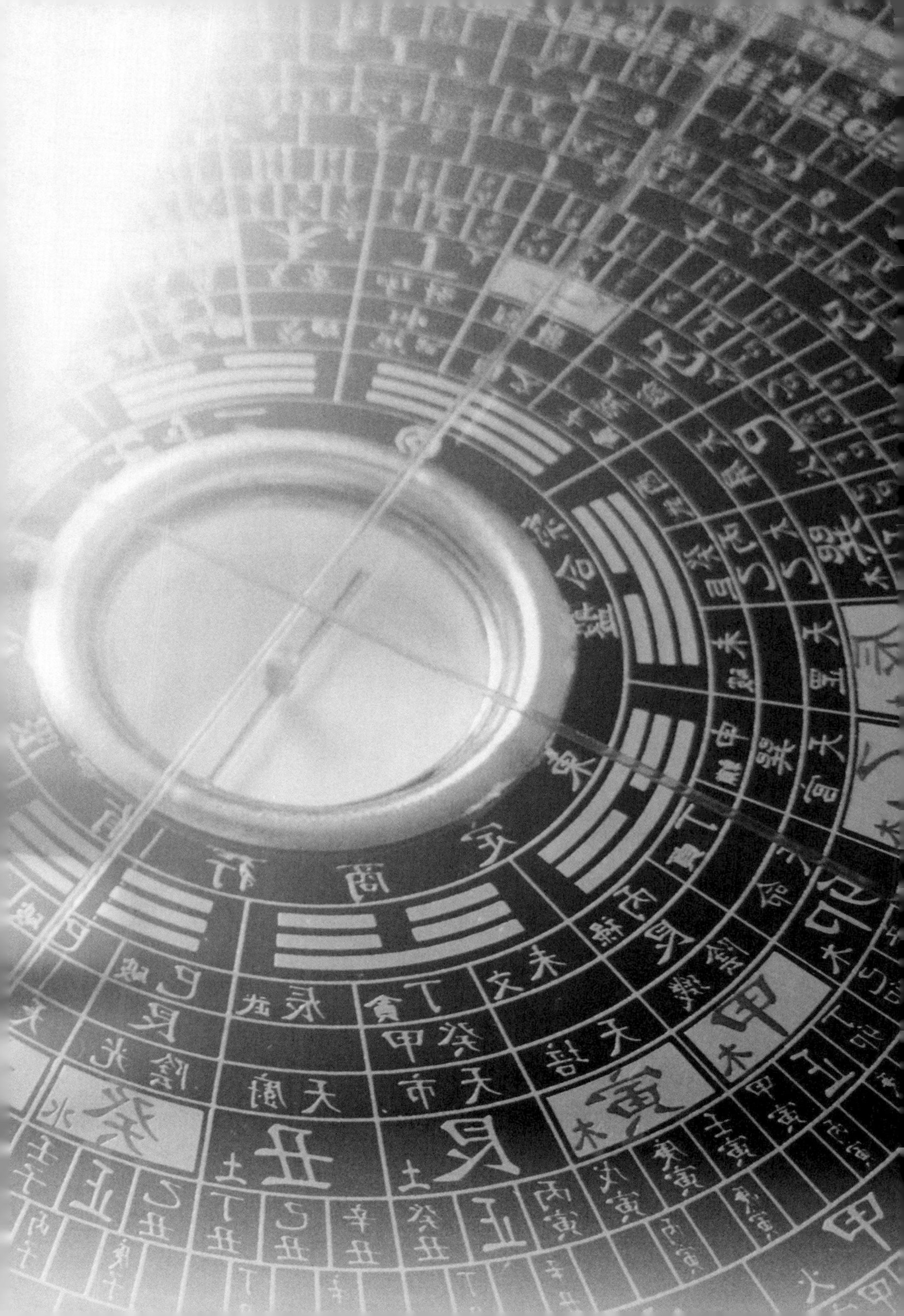
艮
丑
寅
甲
天市
天廚

常用神煞

01 天乙貴人

01、《星平會海》：「甲戊牛羊，乙己鼠猴鄉，丙丁豬雞位，壬癸兔蛇藏，六辛逢馬虎，此是貴人方。」

　01）牛羊是指丑未，鼠猴是指子申，豬雞是指亥酉，兔蛇是指卯巳，馬虎是指午寅。

　02）以年干或日干為主，對應于年月日時地支，凡：
　　甲、戊、庚於見丑、未二支；乙、己干見子、申二支；
　　丙、丁於見亥、酉二支；
　　壬、癸於見巳、卯二支；辛干見午、寅二支，都是天乙貴人。

02、《神煞探原》：「蠡海集曰：
天乙貴人有陽貴，陰貴之分，陽貴起于子，陰貴起于申，陰陽配合可以解凶厄。」

　01）陽貴以子為起首，陰貴以申為起首，按陽順陰逆之順序配於十天干，而取與十干五合之干為天乙所臨之干，如：
　　0A、陽貴由於開始配甲，按序順排，丑配乙，寅配丙⋯。
　　0B、取與甲干五合之「己」，為子貴所臨之干。

0C、取與乙干五合之「庚」，為丑貴所臨之干。

0D、故己的天乙陽貴在於，庚的天乙陽貴在丑。

02）陰貴由申開始配甲，按序逆排，未配乙，午配丙…。

0A、取與甲干五合之「己」，為申貴所臨之干。

0B、取與乙干五合之「庚」，為未貴所臨之干。

0C、故己的天乙陰貴在申，庚的天乙陰貴在未。

03）「辰」為天罡，「戌」為河魁，辰、戌亦為天羅地網之處，故天乙不臨于辰支與戌支。

04）天乙貴人亦稱「五堂貴人」，凡白天生人，應取陽貴，夜晚生人，則取陰貴。

03、《燭神經》：

01）天乙貴人遇生旺，則形貌軒昂，性靈穎悟，理義分明，不喜雜術，純粹大器，身蘊道德，眾人欽愛，死絕則執拗自是，喜遊近貴。

0A、與劫煞並，則貌厚有威，多謀足計。

0B、與官符並，則文翰飄逸，高談雄辯。

0C、與建祿並，則文翰純實，濟惠廣游，君子人也。

02）天乙貴人，命中最吉之神，若人遇之則榮，功名早達，官祿亦易進。

0A、皆乘旺氣，終登大位，大小運行年至此，亦主遷官進財，一切加臨至此，皆為吉兆。

0B、凡貴人所臨之處，大概喜生旺，無衝破，道理順，

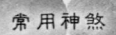

不落空亡為佳。

0C、天乙如坐生旺之地，則福力倍增，一生少病，富者益富，貴者益貴。

0D、天乙貴人最怕刑沖空破或坐於衰病死絕之地，犯之者，福力驟減，徒增勞碌。

02 文昌貴人

01、主天資聰明，又主逢凶化吉。

02、命帶文昌，舉止溫順文雅，好學上進，男命注重內涵，女命頗重儀表，乃才德兼備之人。

01）其人天生具有文學藝術才華，能兼顧道德、人情、義理，談吐不俗，儀表文雅。

0A、命格高者，能成為大文學家、藝術家、學者。

0B、命格低者，也是多才多藝。

02）文昌貴人多取食神之臨官為貴，為食神建祿之稱。

0A、文昌貴人主人聰明，文筆好，記性好，學東西能舉一反三，并主秀氣，外表斯文，給人一種溫文爾雅而謙虛的感覺。

0B、帶文昌貴人的人，氣質雅秀，舉止溫文，好學新知，具上進心，一生近官利貴，不與粗俗之輩亂交。

0C、多主其人學習好，有靈性，是讀書的材料，但必

　　　　須是文昌貴人處于生旺之地，如：
　　　　0A）文昌所坐之支為喜用神，文昌生財，文昌佩正印，文昌逢六合等，均主其人容易取得高學歷。
　　　　0B）假如文昌貴人遇沖破或見空，則主無力。
　　0D、文昌貴人也可以起到逢凶化吉的作用，就算一生中有大難發生，但總能逢凶化吉，安然無事。
　　0E、女命八字文昌貴人不宜多，一個最佳，如果文昌多了，即食神多了，反而不美，有剋夫之嫌。
　03）文昌貴人在生日上出現為最好，在月時上較次好，以不受刑沖剋害最為好。

03、查法：
　01）古書云：「文昌者乃食神之臨官所在也。」
　02）有歌訣云：甲巳乙午文昌位，丙戊申宮丁己雞；庚豬辛鼠壬逢虎，癸人見卯上雲梯。
　　0A、以日干為主，先找到食神的天干，然後找到食神長生十二宮所在的臨官之位即可。
　　　　0A）甲以丙火為食神，食神丙火的臨官之地在巳，故甲干以「巳」為文昌。
　　　　0B）乙以丁火為食神，食神丁火的臨官為午，故乙干以「午火」為文昌。
　　　　0C）丙以戊土為食神，故丙干以「申金」為文昌；其他天干倣此類推。

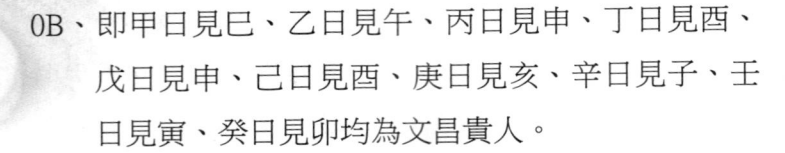

　　　　0B、即甲日見巳、乙日見午、丙日見申、丁日見酉、戊日見申、己日見酉、庚日見亥、辛日見子、壬日見寅、癸日見卯均為文昌貴人。

　03）另一查法：

　　　　0A、如甲丙戊庚壬陽日干出生的人，長生對宮就是文昌。

　　　　　　0A）甲木長生在亥，亥的對宮為巳，巳就是文昌。

　　　　　　0B）丙火長生在寅，寅的對宮是申，申就是文昌。

　　　　　　0C）陽干出生的人喜歡活動，進入社會以後，將會幹一番驚天動地的事業。

　　　　0B、如陰日干：

　　　　　　0A）乙木長生在午，午本身就是文昌。

　　　　　　0B）丁火長生在酉，酉本身就是文昌。

　　　　　　0C）性格喜歡清靜、柔順，事業進展較為緩慢。

　04）真文昌：同「文昌」，但又從「五虎遁」遁出年干，入命比文昌星更有力量。

03 魁罡貴人

01、是制伏眾人之星，為偏于男性的吉星，女性忌逢。

02、生日逢此聰敏智高，才多學廣，但性情剛烈，心高氣傲，急燥好勝，行事獨斷，有掌權立威等特質。

　01）喜臨旺運，遇刑、沖、破、害則敗。

02）如女性逢之無制，主性格暴烈，凌夫傷身。
03）假如日柱為魁罡格，被月柱或時柱刑沖克制，必是小人，刑責不已，窮必徹骨；運臨財旺官旺處，主防奇禍。
04）月令見財官印綬，日主一位，即以財官印食取用，雖微破財，財官印食得位即無大害。
　　0A、庚辰、庚戌的魁罡不喜歡與正官在一起。
　　0B、戊戌、壬辰的魁罡討厭與正財、偏財在一起。
　　0C、這些星重複時，會使魁罡不好的一面發揮作用，很容易遭到災難。
　　0D、假如八字中正財、偏財或正官、偏官多時，命主一生辛勞，有時會為窮乏所苦，常常遇到麻煩。

03、查法：
01）詩曰：「壬辰庚戌與庚辰，戊戌魁罡四座神；不見財官刑煞并，身行旺地貴無偏。」
　　古書將庚辰、庚戌、壬辰、壬戌定為魁罡。
02）三命通會：「辰為天罡，戌為河魁，乃陰陽絕滅之地，故名。
　　辰是水庫屬天罡，戌是火庫屬地魁，辰戌相見，為天沖地擊。」
　　也就是：「庚辰、庚戌、壬辰、壬戌」這四對日柱干支出生的人，為帶魁罡貴人。

04 天德貴人、月德貴人

01、《星平會海》:「正丁二坤中,三壬四辛同,五乾六甲上,七癸八艮同,九丙十歸乙,子巽丑庚中。」

01)德者,生之能也,就是利物救人、改過遷善,天德能扶印,施恩佈德或廣舉善行。

0A、即正月生者見丁,二月生者見申,三月生者見壬,四月生者見辛,五月生者見亥,六月生者見甲,七月生者見癸,八月生者見寅,九月生者見丙,十月生者見乙,冬月生者見巳,臘月生者見庚,凡四柱年月日時上見者,為有天德貴人。

0B、後天八卦方位中,乾、坤、巽、艮四方分別居於亥、申、巳、寅之地。

故以月支為主,對應于年月日時天干及年、日、時地支,凡:

正月見丁干,二月見申支,三月見壬干,四月見辛干,五月見亥支,六月見甲干,七月見癸干,八月見寅支,九月見丙干,十月見乙干,冬月見巳支,十二月見庚干,都是天德貴人。

02)《三命通會》:「天德者,五行福德之辰,若人遇之,主登臺輔之位。」

0A、《子平賦》:「印綬得同天德,官刑不至,至老無災。」

0B、天德貴人具有天地德秀之氣，為一逢凶化吉之神，主福壽，指的是生月三合之氣，如果 不遭其它各柱干支沖剋刑等所破壞，則常在絕處中逢生，在失意中突遇貴人，可謂吉者，好上加吉、凶者逢凶化吉的一顆吉星。

03）天德是又稱「天道」或「天惠」，乃天有好生之德，常賜恩於弱極者之謂，亦即祖先積德、作善事，餘蔭遺留給子孫的，其功能可化解各種凶煞，逢凶化吉。

0A、入命主其人心性善良，忠孝賢能。

0B、大運流年逢天德，福至心靈，如有神助，發財，女人生產平安。

0C、天德不臨於戊己土，以天地乃木火金水之父母，故天父賜恩，必由地母五條件承領，佈施其德於萬物。

0D、命帶天德貴人，為人仁慈、敏慧、慈善、溫順、修養高，一生有貴人相助，無險無慮。

0E、天德與七殺同柱，開創、發展事業，解決事業上之危機，化解官符。

0F、天德與財星同柱，發財、較容易得貴人之財，或因貴人之助而得財。

0G、天德與正印同柱，最吉，無所不利，與宗教結緣，施行善事。

常用神煞

02、《星平會海》：「寅午戌月在丙，申子辰月在壬，亥卯未月在甲，巳酉丑月在庚。」

01）月亮稱為太陰，屬於陰性，陰為無德，以陽干為德，所以乙丁辛癸之陰干是不用的，而只用甲丙庚壬的四干。

0A、以月支為主，對應于年月日時天干。

凡寅、午、戌月見丙干；申、子、辰月見壬干；亥、卯、未月見甲干；

巳、酉、丑月見庚干，都是月德貴人。

0B、即寅午戌月生者見丙，申子辰月生者見壬，亥卯未月生者見甲，巳酉丑月生者見庚。

凡柱中年月日時干上見者，為有月德貴人。

02）月德貴人以生日為主，生時次之，為解救之神，遇危難之時，均可倖免於難。

0A、有此貴人，吉命增吉，凶命減凶；吉命福力加倍，命中雖有梟、殺、傷、劫，也可以逢凶化吉，但最忌逢刑沖，遇之則無能為力了。

0B、女命有月德貴人在命局，將有嫁賢貴之夫緣。

03）月德乃祖先母系之陰德，其功能與天德貴人相同，是安祥巨福，福壽兩全之星。

0A、利物、掩凶是其特性，天德是陽德，其功效明顯，月德乃太陰之德，其功效隱密，功能與天德略同，而稍遜。

0B、月德入命,主福分深厚,長壽,不犯官刑,常指親朋好友比較會幫助。
為人多仁慈敏慧,能逢凶化吉,去災招祥,若帶月德,需本身勤勉自助,才能在緊要關頭獲得天助。

0C、月德乃五行三合局自見旺干,是一顆自求多福之吉星,也就是所謂「天助自助者」之意,其性如同天德貴人,一生無險無虞。

03、女命逢天、月二德,嫁貴夫、生聰秀貴子,利產無凶。

01)二德以天德為重,月德次之,臨財官印綬,福力倍增,臨於日干尤吉,縱然臨於殺、傷、梟、劫之格,凶災也會減半。

02)鬼谷子云:「一德扶持,眾凶解釋;男逢平步青雲,女值福壽俱全。」

03)子平賦云:「印綬得同天德,官刑不至,至老無災。」
　　0A、凡八字中有天、月二德,其人愷悌慈祥,待人至誠仁厚。
　　0B、帶天、月德,明敏果決而仁厚,食傷帶天月德,聰明秀慧而仁厚。

04)天、月二德得吉神助者更吉,最怕自遭沖尅,沖尅則必然無力。

05)若在正官、正財、偏財、食神、印綬等天干或地支時,

可獲得社會上崇高的評價、金錢和地位、名譽等,度過愉快的一生。

06)天、月二德臨日遇將星,名登科府,或承祖蔭顯達榮華。

07)天、月德若同會,力量集中,濟世利人、社會咸欽,萬福雲集。

08)天、月德和天乙貴人同時在命局出現,這就成為三奇集中,更可以得到吉慶,非富即貴;不富者,一生安穩,窮時自然有貴人相助。

09)天、月二德均不臨土,一因土乃萬物主母,無條件孳育萬物,其雖表面無德,而實內涵至德,此亦如古聖所云:「無德之德,是謂大德。」

05 學堂、詞館

01、《三命通會》謂:

01)學堂者,如人讀書之在學堂。

02)詞館者,如今官翰林,謂之詞館,取其學業精專,文章出類。

03)命帶學堂、詞館之人多學多才,聰明巧智,文章冠世,一生富貴。

02、學堂者,如人讀書在學堂,故稱文星,主學業功名之事,凡此星入命,主人聰明,可得考職功名,文才出眾,登科及第,

功名顯達。

    01）《三車一覽》云：「學堂無氣，惟利師儒，可為教師。」此言學堂要乘旺也。

    02）《祝勝經》云：「甲辰丙寅，學堂不真；或止富蔭，官職卑貧；讀書修學，空有虛名。」此言學堂怕落空也。

    03）《理愚歌》云：「學堂如更朝驛馬，位極勛高壓天下。」此言學堂要有馬也。

03、詞館者，如古代翰林院，命中帶之，主人學業專精，文章出眾，可為教授、學者。

    01）《蘭臺妙選》云：「胸中豪邁，貴人居詞館之中。」

    02）宜并祿馬，喜生旺、忌休囚。

04、《理愚歌》云：

    01）生來祿馬真學堂，若同詞館主文章，遇沖不遇誰人會，不遇剋破福祿昌。

    02）文星聚處人中瑞，聲華獨冠英雄輩；降生不遇真學堂，才學豈能為拔萃。

    03）凡命帶學堂、詞館者，最忌犯空亡及沖破，干支納音不要見剋，方為得用，否則命主有志難申。

05、學堂、詞館的查法有多種說法：

    01）常用一種是以祿命法來論，即：

        學堂、詞館皆以年柱干支納音取之，其納音與年柱納音相同，學堂為年柱納音之長生，詞館為納音之臨官，

如：

0A、金命見辛巳，金長生在巳，辛巳納音又屬金即為學堂。

0B、如金命壬申，金臨官在申；壬申納音又屬金則為詞館。

02）具體查法口訣：

0A、學堂之查法口訣：

金命見巳，辛巳為正；木命見亥，己亥為正；水命見申，甲申為正；土命見申，戊申為正；火命見寅，丙寅為正。

0B、詞館之查法口訣：

甲干見庚寅，乙干見辛卯；丙干見乙巳，丁干見戊午；戊干見丁巳，己干見庚午；

庚干見壬申，辛干見癸酉；壬干見癸亥，癸干見壬戌。

03）另一種查法則出自于子平術。

0A、徐子平云：「

學堂者，天地陰陽清秀之氣，五行長生之神，乃甲見亥，乙見午等例，或月時一位見者即是，不必兼全，更帶天乙貴人，如丁日酉時或酉月之類，讀書人遇之，主聰明智巧，高科文翰，更引得地無剋壓之神，及逢德秀，冠世儒業，與命中財帛

　　　　　印食相為表裡。」
　　0B、亦即，學堂、詞館乃以日干，求長生、臨官，更兼天乙、祿馬、德秀之神，為日干之財官印食者，皆賢而富貴。學堂、詞館為用神，歲運逢之，利考學，主登科及第。

06 將星

01、《神峰通考》：「寅午戌見午，申子辰見子，巳酉丑見酉，亥卯未見卯，此為將星。」
　　即以日支、年支起，年支為主：寅午戌見午，亥卯未見卯，巳酉丑見酉，申子辰見子。
02、多數人認為將星是吉神，經云：「將星文武兩相宜，祿重權高足可知。」
　　01）《三命通會》：「將星常欲吉星相扶；貴殺加臨，乃為吉慶。」
　　02）《命理新論》：「凡命帶將星，如無破壞，主在官界顯達，四柱配合得宜，可以掌握權柄，以將星坐正官為佳。」
　　　　0A、如果將星坐七殺或羊刃，則主掌握生死的大權。
　　　　0B、如果將星坐正財，即主掌握財政上的大權。
　　03）主人有領導能力，有可能把持權柄，文武皆宜，如果八字五行配合本吉，更帶將星，或許可能會增一點吉。

04）流年大運逢將星，須防失敗及傷感之事。

　　0A、命中將星在卯，到出生地的東方去，恐有失敗及傷感之事。

　　0B、將星在酉，到出生地的西方去，恐有失敗及傷感之事。

　　0C、將星在子，到出生地的北方去，恐有失敗及傷感之事。

　　0D、將星在午，到出生地的南方去，恐有失敗及傷感之事。

　　0E、若將星所坐之支為忌，更為不吉。

03、將星與所忌之支同宮，則亦足增凶惡氣焰，如：
命忌劫財，劫財帶將星，四柱逢之，其害倍增。

07 華蓋

01、神峰通考：「寅午戌生見戌，亥卯未生見未，申子辰生見辰，巳酉丑生見丑，此為華蓋。」

01）以年支或日支為主，對應于其餘各支，取三合局最後一字的辰、戌、丑，未四庫支。

02）凡寅、午、戌支見戌；亥、卯、未支見未；申，子、辰支見辰；巳、酉、丑支見丑，都是華蓋。

02、主智慧高超，言行奇特，術業專精，雖不免孤獨，但是不同

凡俗。

 01）華蓋又為藝術星，遇之主人氣度不凡，聰明好學，喜美術書法，繪畫，音樂，見解超群，才華非凡。

 02）吉者高官貴人，高僧明道，技藝出眾，名播四海。

 03）否則多為一般僧道，浪跡江湖，周遊四方之士，或為孤寡之人。

03、其性情傾向於哲學，宗教。

 01）如果女命帶華蓋又帶桃花又帶貴人，則必為名歌星或名影星。

 02）如華蓋在時支，可能是過房之子或入贅孤寡之命。

04、《三命通會》：「人命得華蓋，多主孤寡，縱貴亦不免孤獨作僧道。」

05、《理愚歌》：

 01）將星若同亡神臨，為國梁棟臣，言吉助之貴；更夾貴墓庫，純粹而不雜者，出將人相之格也。

 02）華蓋雖吉亦有傷，或為妃子或孤孀，填房入贅鄉關口，鐵鉗頂笠披緇黃（意謂出家為和尚或道士）。

 03）華蓋星辰兄弟寡，天上孤高之宿也，生來若在時與胎（落在時支或胎元乙中），便是過房庶出者。

常用神煞

08 天羅地網

01、《淵海子平》:「辰為天羅,戌為地網,又為魁罡所佔,天乙不臨之地。」

02、《三會通會》:「戌亥為天羅,辰巳為地網。」
　　01)以四柱地支見者或歲運並臨者為是,如:
　　　　0A、辰年或巳年生人,再見戌支或亥支,就叫命犯「天羅地網」。
　　　　0B、辰見巳,巳見辰為地網;戌見亥,亥見戌為天羅。
　　02)十二地支中,古人以子丑寅卯辰巳為陽,以午未申酉戌亥為陰,陽生於子、丑,而終於辰、巳;陰生於午、未,而終於戌、亥,故《三命通會》說戌亥為六陰之終,辰巳為六陽之終。

03、《淵海子平》:「男人忌之于天羅,女人忌之于地網,多生霆滯,加惡煞至死亡。」

04、《理愚歌》:「生時地結(地網)與天盤(天羅),怎使親聞得久安。」

05、壺中子:「龍蛇(辰巳)混雜,偏不利於辰生;獵犬(亥戌)侵淩,但獨嫌於亥字。
　　龍為辰,蛇為巳,辰人得巳,巳人得辰,皆曰龍蛇混雜,男命則不妨,惟女命破婚害子,薄命抱疾。
　　豬為亥,犬為戌,戌人得亥,亥人得戌,皆曰豬犬侵淩,女

命則不妨，惟男命則迍滯齟齬，妨祖剋妻。

龍蛇混雜，當防婦女憂危，豬犬侵淩，每慮丈夫厄難，是男怕天羅，女怕地網。」

09 三煞

01、源自於三合局與五行沖剋的道理，主病災、牢獄等。

02、三煞是由劫煞、災煞、歲煞三者組成的。

01）三煞位，也就是和每年之三合五行局相沖的方位。

0A、寅午戌年在丑為「歲煞」，在亥為「劫煞」，在子為「災煞」，因此三煞合而稱之，因為三煞合于一方，「丑、亥、子」恰好在北方。

0B、寅午戌合火局，火旺於南方，北方（亥子丑）乃其沖，為三煞（亥為劫煞，子為災煞，丑為歲煞，亦稱墓庫煞）。

0C、申子辰合水局，水旺於北方，南方（巳午未）乃其沖，為三煞（巳為劫煞，午為災煞，未為歲煞）。

0D、巳酉丑合金局，金旺於西方，東方（寅卯辰）乃其沖，為三煞（寅為劫煞，卯為災煞，辰為歲煞）。

0E、亥卯未合木局，木旺於東方，西方（申酉戌）乃其沖，為三煞（申為劫煞，酉為災煞，戌為歲煞）。

0F、即申子辰見巳午未、亥卯未見申酉戌、巳酉丑見

寅卯辰、寅午戌見亥子丑。

02）犯三煞，主有劫盜傷殺之凶，如該方修造，應驗災病厄之事。

　　0A、三煞在南，應驗在家女性，健康易出問題，可以申子辰三會水局之高把杯水化之。

　　0B、如三煞在南方如修造：

　　　0A）一要三會局以勝之，如南方巳得令之月。

　　　0B）二要三煞休囚之月。

　　　0C）三要本命祿神貴人或日月以煞解之。

　　　0D）小修則取月日之納音，剋三煞之納音，再得一二吉星方可。

　　0C、太歲之方可坐不可向，三煞之方可向不可坐。

10 災煞

01、災煞是極凶之星，所居之位與將星對沖，而且又是劫煞的下面一字，故稱凶星。

02、《神白經》：「類水逢星照，虛空怕日炳，庚辛夏燭戰，木不引雞眠，四柱交加見，福少禍道線。」

　01）以年支三合局為主，對應于其餘月日時支，凡沖三合局之將星者，則為災煞，如：

　　0A、寅午戌將星在午，則子為災煞。

　　0B、巳酉丑將星在酉，則卯為災煞。

0C、申子辰將星在於,則午為災煞。

0D、亥卯未將星在卯,則酉為災煞。

年支	子	丑	寅	卯	辰	巳	午	未	申	酉	戌	亥
災煞	午	卯	子	酉	午	卯	子	酉	午	卯	子	酉

02)《三命通會》:「災煞者,其性勇猛,常居劫煞之前,衝破將星,謂之災煞。」

0A、災煞一名「白虎煞」,主血光之災,但此處所稱的白虎,非星盤中使用的白虎。

0B、《三命通會》:「災煞主血光橫死。

在水火,防焚溺;在金木,防杖刃;在土,墜落瘟疫,剋身大凶。

若有福神相助,多是武權,亦如劫煞之類,要見官星印綬生旺處為佳。」

0C、《神白經》:「災煞畏乎剋,生處卻為祥。」

0A)災煞最忌與七殺同柱來攻身,犯之者主刀光、血災、惡疾或橫死。

0B)如果災煞有制,又得其它吉神扶持,則主武職顯貴,在動盪爭竟中獲得地位權勢。

03)又主災病傷殘牢獄之事,命臨此星的人,千萬要多加小心,要多做于民眾有益之事,時時注意遵紀守法,以免受牢獄之苦。

常用神煞

11 天地煞

01、天地煞歌訣:「春兔夏馬天地轉,秋雞冬鼠便為殃;行人在路須一死,造屋未成先架喪。」

　　01)出生月份在寅、卯、辰月之春季生人:

　　　　0A、見乙卯日生人為天轉(天干為乙木,屬于旺通天干)。

　　　　0B、見辛卯日為地轉(辛卯納音為松柏木,屬於旺連納音)。

　　02)出生月份在巳、午、未月之夏季生人:

　　　　0A、見丙午日為天轉(天干為丙火,屬于旺通天干)。

　　　　0B、見戊午日為地轉(戊午納音天上火,屬於旺連納音)。

　　03)出生月份在申、酉、戌月之秋季生人:

　　　　0A、見辛酉為天轉(天干為辛金,屬于旺通天干)。

　　　　0B、見癸酉為地轉(癸酉納音為劍鋒金,屬於旺連納音)。

　　04)出生月份在亥、子、丑月之冬季生人:

　　　　0A、見壬子為天轉(天干為壬水,屬于旺通天干)。

　　　　0B、見丙子為地轉(丙子納音潤下水,屬於旺連納音)。

02、天地煞,是因物極反轉而來,旺同天干者稱之為天轉,旺連納音者稱之為地轉。

01）命帶天地煞的人多半事業有成，但往往身體不佳，尤其是行運至不好的大運時，容易遭遇意外之禍端。

02）八字中犯有天地煞的人，多數做官有風險，最適合生意買賣，倘若八字組合的不好即使做生意買賣，也會有一次大的失敗。

12 孤辰寡宿

01、《三命通會》：「亥子丑北方三位，進前一辰見寅為孤，退後一辰見戌為寡；又過角為孤，退角為寡。其餘三方，皆依此推。」

01）以年支為主，對應于其餘四柱各支。

0A、凡亥、子、丑生人，見丑前一位之「寅」是為孤辰，見亥後一位之「戌」是為寡宿。

即屬豬、鼠、牛的人八字地支中，見寅為犯孤、見戌為犯寡，即亥子丑見寅、戌。

0B、凡寅、卯、辰生人，見辰前一位之「巳」是為孤辰，見寅後一位之「丑」是為寡宿。

即屬虎、兔、龍的人八字地支中，見巳為犯孤、見丑為犯寡，即寅卯辰見巳、丑。

0C、凡巳、午、未生人，見未前一位之「申」是為孤辰，見巳後一位之「辰」是為寡宿。

即屬蛇、馬、羊的人八字地支中，見申為犯孤、

常用神煞

見辰為犯寡，即巳午未見申、辰。

0D、凡申、酉、戌生人，見戌前一位之「亥」是為孤辰，見申後一位之「未」是為寡宿。

即屬猴、雞、狗的人八字地支中，見亥為犯孤、見未為犯寡，即申酉戌見亥、未。

02）如子、午、卯、酉為四正方，寅申巳亥及辰戌丑未均在四維之地，而丑、寅之間，辰、巳之間，未、申之間，戌、亥之間則為四角，依四方一氣之順序，過角叫「孤辰」，退角

02、凡人命犯孤寡，主形孤肉露，面無和氣，不利六親。

01）與驛馬並，放蕩他鄉。

02）男命生於妻絕之中，而逢孤辰，平生難於婚配。

03）女命生於絕夫之位，而遇寡宿，屢嫁不能偕老。

04）男孤定為他鄉客，女寡定是異省婦。

05）孤寡如有貴神相扶，不至為害，但婚姻不順尤為突出。

03、古有「男怕孤辰，女怕寡宿」之說。

01）如果男的命中或者大運中犯了孤辰，就是會莫明其妙地喜歡單獨行動、獨自生活。

02）如果女的命中帶有或者大運犯了寡宿，就會無緣無故地趕走她身邊的追求者或男朋友，而且會性格孤僻，讓人難以理解，並整日無精打彩。

03）犯孤辰寡宿的人於愛情婚姻不利，始終是難以找到另自

己滿意的意中人，特別是八字中這二星全時，就意味著將孤老一生，好獨來獨往，嚴重者會出家為僧為尼。

04）《三命通會》：「老而無夫曰寡，幼而無父曰孤，此其義也。

辰，謂星辰；宿，謂星宿，指其神也；人命犯此星辰，則孤寡如是。」

05）《三車一覽》：「

　　0A、亥子丑屬北方水位，水用金為母，金絕於寅，是母絕也，用火為妻，火墓在戌，是妻墓也（意指母死絕為孤，妻入墓為寡）。

　　0B、申酉戌屬西方金位，金用火為夫，火絕在亥，用木為妻，木墓在未（意指夫妻死絕入墓為孤寡）。

　　0C、巳午未南方火位，火用木為母，木絕在申，用水為夫，水墓在辰。

　　0D、寅卯辰屬東方木位，木用水為母，水絕在巳，用金為夫，金墓在丑，是取母絕為孤辰，夫墓妻墓為寡宿，其義尤切。」

13 元辰

01、元辰又名「大耗」或「毛頭星」。

　　01）指離斷而不連接之意，一無吉處，是在當生太歲所沖之地支的前一位或後一位，在沖前後，猶如身處暴風圈

常用神煞

中，所以為禍必烈；若逢合或逢沖，制化其烈勢，則也可解凶。

02）《三命通會》：「三辰者，別而不舍之名，陽前陰後，則有所屈，屈則於事無所伸；陰前陽後，則直而不遂，於事暴而不治，難與同事，故謂之元辰。」

02、《三命通會》：「陽男陰女，在沖前一位支辰；陰男陽女，在沖後一位支辰。」

01）查元辰之法有男女之分，以年支為主，對應于其餘月、日、時支：

0A、陽男陰女取沖年支者之前一位地支為元辰，陰男陽女取沖年支之後一位地支為元辰。

0B、凡屬陽男陰女生人與年支相沖的前一地支為元辰，其元辰如下：

子見未，丑見申，寅見酉，卯見戌，辰見亥，巳見於，午見丑，未見寅，申見卯，酉見辰，戌見卯，亥見午。

0C、凡屬陰男陽女生人以年支相沖的後一位地支為元辰，其元辰如下：子見巳，丑見午，寅見未，卯見申，辰見酉，巳見戌，午見亥，未見子，申見丑，酉見寅，戌見卯，亥見辰。

年支	子	丑	寅	卯	辰	巳	午	未	申	酉	戌	亥
陽男陰女	未	申	酉	戌	亥	子	丑	寅	卯	辰	巳	午
陰男陽女	巳	午	未	申	酉	戌	亥	子	丑	寅	卯	辰

02）元辰有正、副之分：

　　0A、正元辰取天剋地沖年支干支之前一組干支或後一組干支。

　　0B、其餘僅以地支相沖之前後一位地支而取之元辰，均屬副元辰，其力減半。

03、《三命通會》：「（元辰）所以為凶者，當氣沖之地，左鼓則風殺在右，右鼓則風殺在左，故陰陽男女，取 沖前後不同。

若歲運臨之，如物當風，動搖顛倒，不得寧息，不有內疾，必有外難。

雖富貴崇高，勢力炎盛，大運逢之，十年可畏，立朝定當寬逐，居家必罹凶咎，縱有吉神扶持，不免禍福倚伏。

尤忌先吉後凶，發旺之後，欲出未出之際，禍不可逃。

人命遇之，主形貌陋樸，面有顴骨，鼻低口大，眼生成角，腦凸臂高，手腳強硬，聲音沉濁。

生旺則落魄大度，不別是非，不分善良，顛倒儱突。

死絕則寒酸薄劣，形貌猥下，語言渾濁，不識羞辱，破財坎坷，食飲好情，甘習下流。

與官符（亡神）並，多招無辜之撓，帶劫煞則不循細行（言行不謹之意），動招危辱，窮賤 無恥。

婦人得之，聲雄性獨，姦淫私通，奴賤鬼魅為憑，不遵禮法，一生多剋，雖生子拗而不孝。」

常用神煞

14 桃花

01、以日支、年支起：

寅午戌兔從茅裡出，申子辰雞叫亂人倫；亥卯未鼠子當頭坐，巳酉丑躍馬南方走。

年日支	亥卯未	巳酉丑	寅午戌	申子辰
桃花	子	午	卯	酉

01）桃花是一顆與酒色財氣有關聯的星神，如格局配合得不恰當：

　　0A、則沉溺酒色，性好淫逸，或疏懶嗜賭，常染癆疾。

　　0B、犯桃花運多數是思想意識薄弱，身不由己，往往造成雙方家庭妻離子散，有的甚至家破人亡，最後形成不可收拾的局面。

02）如果命局配合得好，桃花與貴人星同柱，又為日干之喜用，反成吉祥之物。

　　0A、主人形貌清靈端秀，言語爽朗動聽，一生人緣甚佳。

　　0B、桃花並主聰明，倜儻風流，異性緣佳。

　　0C、即使婦女帶桃花，也主善持家待客，有助夫之能，不可一概視之為凶物。

03）桃花主要影響一個人的情感，性慾，魅力和戀愛，婚姻生活，附帶還有隱秘，陰暗，酒水之類的影響，另

外還指人交際,得人緣等等。

04）命帶桃花,其人性巧,有同情心,愛風流,多才藝,命中犯「桃花煞」之人不可出家,但可在家修行。

02、桃花又分內外:

01）在「日、時」兩支者,叫「牆外桃花」,年、月支上叫「牆內桃花」。

0A、月柱出現桃花為好桃花,圍牆內桃花,人不能採,遇之主夫妻恩愛,家庭和睦。

0A）不宜逢沖,若逢沖逢破則凶,因子午卯酉為之門戶,牆被沖破,易成淫亂之人。

0B）如命局清奇或與官貴合併同柱,男女均主貴,女命如不幸淪落風塵,也多能在短期內遇貴還良。

0B、時柱或日柱出現的桃花,叫牆外桃花,說明異性緣好,若夫妻出現不和睦的信息,則表示會有第三者。

0A）牆外桃花,延枝戶外,不安于室,任人攀折,反主下賤。

0B）其人浪漫,多有姿色,隨時遇情人,如遇此應注重道德規範,莫出風頭,否則引火自焚。

0C）時支桃花:

1A、時干不宜再見傷官,因傷官本身已傷害官星(夫星)。

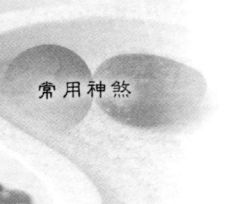

B、如再坐桃花,將導致多夫,及婚姻不美滿的情形。

D）日坐桃花：

A、說明戀人長的好看漂亮,夫妻生活有情調。

B、若為凶,則表示夫妻之間會有第三者。

C、如女命,則丈夫風流好色。

C、而在子午卯酉日生人,時上再見子午卯酉都稱做牆外桃花。

A）八字中子午卯酉全,桃花遍野,稱為「遍野桃花」。

B）子午逢卯酉,必定隨人走：

是說子午日生人,歲運再見卯或酉,女性有隨人私奔的傾向。

2）桃花所處生旺之地：

A、如果八字出現桃花而且處於生旺之地,則主其人相貌俊美。

A）如果是男人,則慷慨好交遊,喜美色。

B）如果是女人,則風情萬種,漂亮誘人。

B、桃花最忌見水,見之則性濫滔淫,美貌如花,如申子辰人逢癸酉或亥子丑水。

C、凡生辰八字中女命帶桃花與它支相合,必主外貌尊重,內意風流,心好酒色。

0A）女命八字官殺混雜，桃花坐于水旺之地，又為傷官或七殺時，叫「滾浪桃花」，至為淫賤。

0B）官帶桃花，是指日柱和時柱佔桃花，又帶官星的，這種遇到桃花運，不但沒有危險，反而因感情致富。

0C）桃花坐正偏財（偏財為父，或父親不正），本人有桃花外，有可能是老婆長得漂亮，也有可能是老婆會與人私通。

0D）如果八字原局傷官，偏財多的人，就顯得太多情。

    1A、再見原局金水，多見桃花，必更增多情多欲之性，因為金水傷官即屬多情重義，如再見地支亥子丑或申子辰全更增其力量。

    1B、桃花與傷官同柱，因色致病，或因色失財。

0E）財星桃花：

    1A、桃花坐財星，表示自己的婚戀對象長的漂亮，自己會有桃花；若財星過弱、過旺，則可能因情色破財，愛人與比人私通。

    1B、偏財為父親，偏財桃花表示，父親比較

常用神煞

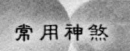

風流。

0F）桃花坐比肩、劫財，為「桃花劫」，顯示會因色破財，受人欺騙敲詐，或因經常出入聲色場所，而消耗不少金錢，或者自己成為「橫刀奪愛」的主角；女人則有可能是受騙失身，或為達某種目的而對某些男人以身相許。

0G）桃花坐七殺，為「桃花殺」。

    1A、經云：「酒色猖狂，只為桃花帶殺。」

    1B、命局桃花帶七殺，因色情而亡。

0H）女命八字正官坐桃花，可能是老公長得帥，有好的事業工作，更有可能是老公在外金屋藏嬌。

0I）命局桃花、羊刃同柱，且為命局忌神，再行忌運，必因色身亡，男女同。

0J）地支為桃花，天干遇比肩、劫財星，且比肩、劫財為忌神又特別旺，為「桃花劫」，說明因情色傷身，因情色破財。

0K）桃花與貴人、天月德同柱者，必為富貴之命，將會得到個賢惠的妻子。

0D、桃花簪主：又名「倒插桃花」，主父不正、性急，必事易露，忌與日主相剋。

03）催旺桃花運：

    0A、要想如果知道桃花最旺的時間和地點，以及生旺

桃花的人和物，首先要找到咸池星所處的地支。

0B、如生於子鼠年的人，咸池星在酉，這表示此人在酉年、酉月、酉日，桃花最旺，會有桃花出現。

0A）同時在其家中的西方位，即正西方，是最能旺桃花的，如果好好佈置，就能起到催旺桃花的作用。

0B）屬酉雞的人，也可以成為其理想的戀愛對象。

0C）佩戴雞的飾物，可以起到催旺桃花運的作用。

15 咸池

01、咸池是與酒色有關的神煞，又稱「桃花煞」，主人沉湎酒色、遊蕩貪歡。

01）如格局配合得不恰當，則命帶桃花勢必耽溺酒色，性好淫佚，或疏懶嗜賭，常染癆疾。

02）如果命局配合得好，桃花與貴人星同柱，又為日主之喜用，那麼桃花反成吉祥之物了，主人形貌清靈端秀，言語爽朗動聽，一生人緣甚佳，即便婦女帶之，亦主善持家待客，有助夫之能，不可一概視之為凶物。

02、桃花是取日落的意思，指萬物在天色暗下來時會休息，入於咸池，故五行沐浴之地曰咸池，故咸池又名桃花，主要影響一個人的情感、性慾、魅力和戀愛、婚姻生活，附帶還有隱秘、陰暗、酒水之類的影響。

01）命帶桃花的人，個性乖巧，有同情心，比較風流，多才多藝，能藝術，有很好的異性緣，一般來說，都長得比較漂亮，這是優點。

02）命帶桃花的人性慾強，貞操觀念軟弱又是缺點。

03、桃花咸池的查詢：

01）《星平會海》：「寅午戌兔從卯裡出，申子辰雞見亂人倫，亥卯未鼠子當頭忌，巳酉丑躍馬南方走。」

0A、桃花劫又名「咸池」或「敗神」。

0B、其法以年支或日支為主，數應于其餘各支，取三合局為首的四長生下面一字為桃花。

0A）寅，午、戌生人，見卯為花。

0B）申、子、辰生人，見酉為花。

0C）亥，卯、未生人，見子為花。

0D）巳、酉、丑生人，見午為花。

0E）以年支或日支查四柱其他地支，見者就是。

02）咸池以三合五行的沐浴之支位，又與五合五行納音相同，如：

0A、亥卯未木局、沐浴在子，必須取丙子納音又屬水（澗下水）方是，其他的甲子、戊子、庚子則非。

0B、又天干五行與三合局五行亦是，故壬子亦是。

04、《三命通會》：「

桃花煞主奸邪淫鄙，如生旺，則美容儀，耽酒色，疏財好歡，

破散家業,惟務貪淫。

如死絕,落魄不檢,言行狡詐,遊蕩流連,忘恩失信,私濫姦淫,靡所不為。

與元辰並,更臨生旺者,多得匪人為妻。

與貴人建祿並,多因油鹽酒貨得生,或因婦人暗昧之財起家,平生有水厄癆瘵之疾,累遭遺失暗昧之災。

此神入命,有破無成,非為吉兆,婦人尤忌之。」

05、沐浴咸池:

01)《氣象篇》:「日主坐咸池,江湖花酒。」

02)「沐浴」是孩子氣、容易衝動、迷惑、敏感的象徵。

0A、這種人較「花」,但外表往往裝出一付正人君子的樣子,口才不錯,說出來的話好像充滿仁義道德,是介於正邪之間的人物。

0B、四柱中有財、官、貴人、天德,反而相貌清奇,人格高尚,是富貴中人。

0C、沐浴咸池喜空亡,則能改邪歸正,或轉向藝術方面去發展。

16 紅豔

01、主人風流多情、好色,女命犯之尤為不宜,貞操觀念淡薄,容易有外遇,或婚前失貞等事發生。

常用神煞

02、《星平會海》云:「

多情多欲少人知,六丙逢寅辛見酉;癸臨申上丁見未,眉開眼笑樂嬉嬉。

甲乙見午庚見戌,世間只是眾人妻;戊己怕辰壬怕子,祿馬相逢作路妓。

任是富家官宦女,花前月下也偷期。」

01)紅艷煞主要針對女性而言,其性質與桃花相似。

　　0A、以年干或日干為主,對應于年月日時地支。

　　0B、凡甲、乙干生人見午,丙干生人見寅,丁干生人見未,戊、己干生人見辰,庚干生人見戌,辛干生人見酉,壬干生人見子,癸干生人見申,都是紅豔。

02)命帶紅艷煞的女人通常相貌美麗,浪漫多情,異性緣旺,即使身旁已有交往物件,仍會吸引其他異性追求,而且面對追求者示愛,很容易動情而接受對方,因此容易發生婚外戀,或婚前同居等事。

03)如果女命八字地支有日干的祿,又帶驛馬,為人放蕩多情,有淪娼妓之可能,就是生長在富貴家中的婦女,亦有這種現象。

　　0A、如日坐紅艷,即甲午、乙申、丙寅、丁未、戊辰、庚戌、辛酉、壬子、癸申日出生,色慾會更重。

　　0B、如女命紅艷與正官或正印同柱,其人雖然多情,

　　　　但能控制自己不會作出背叛感情的事。

　　0C、如女命紅艷與七殺同柱，則容易感情不穩，易有外遇，不利婚姻。

　　0D、假如紅艷逢沖，則要預防病災、血光。

　　0E、假如紅艷逢合，則一生桃花不斷，須防酒色情欲之災。

03、查法：

　　01）以八字日干起，四柱地支見即是：
　　　　癸臨申上丁見未，甲乙午申庚見戌，戊己怕辰壬怕子，六丙逢寅辛遇雞。

　　02）如日干為己，四柱地支中有辰，即為紅艷煞。

　　03）即甲見午、乙見申、丙見寅、丁見未、戊見辰、己見辰、庚見戌、辛見酉、壬見子、癸見申。

　　04）桃花乃由三合局取出，又屬五行沐浴之地，所以其形清秀，其性開朗，其情溫柔，故而較易受人所注目所喜愛，其人緣多屬被動。

　　05）紅豔之取法雜亂無章，毫無規則，故其形必較粗俗，其性其情亦不穩定，其人緣則多屬主動。

17 驛馬

01、以日支、年支起：申子辰馬在寅，寅午戌馬在申，巳酉丑馬在亥，亥卯未馬在巳。

常用神煞

02、驛馬主奔波、走動、外出、旅行、出差、搬家、轉職等與移動有關的事象，命有有驛馬，一生多動。

01）八字中有多個驛馬，則主心意不定，見異思遷，一生不安，東奔西走，飄泊無定，萬分辛勞。

02）詩云：「八字驛馬紛交馳，身榮勞碌在東西，倘有身閒心不定，動則風流靜則悲。」

03）大運或流年碰上了驛馬，為「驛馬運」，主該運或該年事業、環境有所變動，或外出時間較長，比如有出差、旅行、調整或變換工作等事。

0A、八字中驛馬受沖，比如申為驛馬，又有寅字，寅申相沖，一生動得最為厲害。

0B、小孩八字有驛馬逢沖，可能有小兒多動症，經云：「馬後加鞭，朝乎北而暮乎南。」

04）女命不喜八字有驛馬，更不喜驛馬逢沖，如果有了二個或二個以上的驛馬，或者驛馬逢沖，乃不吉之兆，一生奔勞，社交活動多，在外奔波多，心意不定，並有可能紅杏出牆。

0A、詩云：「驛馬多逢無禮刑，臨官帝旺更惱人，柱中再有咸池遇，此等佳人不要尋。」

0B、女命八字中有驛馬，有子卯相刑，又有日干的祿或帝旺，加上八字帶咸池，則為淫娼之婦。

05）驛馬所在天干為庚辛金，或驛馬所在干支納音為金，為

馬頭帶劍，主名震邊疆，此格多是當兵出生，不然也是背井離鄉之命。

18 喪門、弔客

01、代表著喪事，主要作用于大運與流年，如果遇之，再加上八字組合不好，命主往往會有災禍發生。

01）喪門又名「地雌」、「地喪」、「地獪」；弔客與「天狗」同位。

此二星皆為凶星，不只命中有不吉，大運或流年逢之最凶，多主親人亡故，哭泣孝服，傷病等事出現，需要多加小心。

02）假如再有羊刃來助殺氣，稱為「橫關」。

03）古語曰：「橫關一殺少人知，月祿凶神又及時；縱有吉星重疊至，不遭刑戮也傾危。」

02、查法：

01）喪門、弔客主要以年支對照大運、流年來查，命前兩位為喪門，命後兩位為弔客。

02）如八字年支為「子」：

0A、從子往前數兩位對應著地支「寅」，則大運或流年見到「寅」為喪門。

0B、從子往後數兩位對應著地支「戌」，如大運或流年見到「戌」為弔客。

年支	子	丑	寅	卯	辰	巳	午	未	申	酉	戌	亥
喪門	寅	卯	辰	巳	午	未	申	酉	戌	亥	子	丑
弔客	戌	亥	子	丑	寅	卯	辰	巳	午	未	申	酉

19 狼藉

01、命中有之，一生節儉，衣物傢俱不多添，恐沿街撿破舊物品。

02、大運流年逢之，省吃儉用，怡然自得。

20 德秀

01、《三命通會》：「

寅午戌月，丙丁為德，戊癸為秀。

申子辰月，壬癸戊己為德，丙辛甲己為秀。

巳酉丑月，庚辛為德，乙庚為秀。

亥卯未月，甲乙為德，丁壬為秀。」

01）生月為主，對應于年月日時天干。

0A、凡寅、午、戌月生人，天干見「戊癸」合局又再見「丙丁」其中之一者，叫做德秀。

0B、凡申、子、辰月生人：

0A）天干見「丙辛」合局再見「壬癸」其中之一者，叫德秀。

0B）或天干見「甲己」合局，又再見「戊己」，其中之一者，也叫德秀。

0C、凡巳、酉、丑月生人，天干見「乙庚」合局又再見「庚辛」其中之一者，也叫德秀。

0D、凡亥、卯、未月生人，天干見「丁壬」合局又再見「甲乙」其中之一者，亦為德秀。

0A）要己丑日主，生臨地支巳酉丑全者，為福德。

0B）要天干三個乙字，地支巳酉丑全者，為秀氣。

02）《三命通會》：「夫德者，本月生旺之德，秀者，合天地中和之氣，五行變化而成者也。

德者，陰陽解凶之神；秀者，天地清秀之氣，四時當旺之神。

02、德秀又名「福德秀氣」，它是以生月地支三合所屬五行為主，取天干五合所化之五行及天干所透之十干五行，與生月地支三合所屬五行相同者為德秀貴。

03、《三命通會》：「凡人命中得此德秀，無破沖剋壓者，賦性聰明，溫厚和氣。

若遇學堂，更帶財官，主貴。

沖剋減力。」

04、六秀：

01）指丙午日、丁未日、戊子日、戊午日、己丑日、己未日。

02）六秀坐命，生性聰敏。

常用神煞

21 羊（陽）刃

01、《星平會海》：「甲祿到寅，卯為羊刃；乙祿到卯，辰為羊刃；丙戊祿在巳，午為羊刃；

丁己祿在午，來為羊刃；庚祿居中，酉為羊刃；辛祿到酉，戌為羊刃；

壬祿到亥，子為羊刃；癸祿到子，丑為羊刃，祿前一位為刃。」

01）以日干為主，對應從年月日時地支。

凡甲干見卯，乙干見辰，丙、戊干見午，丁、己干見未，庚干見酉，辛干見戌，壬干見子，癸干見丑，都是羊刃。

02）因萬物之理，皆惡極盛，祿過刃生，功成當退，不退則過越其分，如羊在刃，必受傷害。

陳素庵認為，五陰刃當為：乙刃在寅，丁已刃在巳，辛刃在申，癸刃在子。

03）《三車一覽》：「羊，言剛也；刃者，取宰割之義。

祿過則刃生，功成當退不退，則過越其分。

如羊之在刃，言有傷也，故羊刃常居祿前一辰。

04）《三命通會》：「當其極處，其所剛烈，暴戾不和，所以祿前下辰為羊刃。」

05）羊刃，亦作「陽刃」，是五行過旺之氣，通常被認為是凶星，為災難及意外事件最多者。

0A、刃，即刀，故亦常與手術、殺傷有關。

0A）羊刃在年支、月支者，大多不靠祖業，若有祖業也會敗光。

0B）在日支，大多病弱，離婚率最多。

0B、表示情緒容易激動，易樹敵，生涯充滿驚濤駭浪。

0C、尤其以從事機械、技術之研究，成功的人很多，雖然常碰到災禍，但若成功時，所締造的都是豐功偉業。

0D、羊刃是剛強、勇敢的象徵，因此帶羊刃者多屬武職，陽日干生者比陰日干生者更顯露這種特性。

02、《三命通會》：

01）羊刃帶祿，更有官印相資，尤作吉論。

02）如專羊刃，主眼露性急，凶暴害物，親近惡黨。

0A、生旺稍可，死絕尤甚。

0B、在五行敗者，違之多患瘰鬁或瘡癬、金刀之災。

0A）不論貴賤，多冗雜勞迫，少得安逸。

0B）羊刃為剛強凶猛之物，身弱逢之，不可認為凶厄。

0C）身強遇羊刃，就容易發生嚴重問題。

03、《星平會海》：「多情多欲少人知，六丙逢寅辛見雞；癸臨申上丁見來，眉開眼笑樂嘻嘻。

甲乙見午庚見戌，世間只是眾人妻；戊己怕辰壬怕子，祿馬相逢作路妓。

常用神煞

任為世家官宦女，花前月下也偷期。」

04、關於羊刃，歷來有不少爭議：

01）有主張五陽干有刃，五陰干無刃的。

02）有主張五陰干的刃不在祿前一位，而在祿後一位的。

03）由於羊刃乃取「盛極為刃」之義，應比照十天干生死歷程，陽順陰逆的法則而取，與節令餘氣無關，依此而論，則不論陽干或陰干，其「祿前一辰」實即帝旺之前，而羊刃就是「劫財之旺氣」，故陰干的羊刃，應從臨官前面一位之「帝旺」選取，即乙刃在寅，丁、己刃在巳，辛刃在申，癸刃在亥。

05、《三命通會》：「羊刃帶祿，更有官印相資，尤作吉論。
如專羊刃，主眼露性急，凶暴害物，親近惡黨，生旺稍可，死絕尤甚。
在五行敗者，逢之多患療瘡或瘴癘金刀之災，不論貴賤，多冗雜勞迫，少得安逸。」

06、古歌云：「時逢羊刃喜偏官，若見財官禍百端；歲運相沖並相合，勃然災禍又臨門。
羊刃重逢合有傷，主人心性氣高強；刑沖太重多凶厄，有制方為保吉昌。
羊刃之辰怕見官，刑神破害禍千端；大嫌財旺居三合，斷指傷殘體不完。」

304

07、《命理新論》:「羊刃為一剛強凶猛之物,身弱逢之,不可認為凶厄,因為羊刃有沖祿幫身的功效。

如身強遇羊刃,就要發生嚴重的問題。

年支有羊刃,主破祖先遺業,或有以怨報德的趨勢。

月支有羊刃,主性情乖張,不與人同。

日支羊刃,主妻多疾厄。

時支有羊刃,主剋妻害子或晚年易招災禍。

如命中帶刃,七殺兼旺,更有印綬通關,是為殺印相生,羊刃助威,無不顯貴。

故命局中有刃無殺,歲運逢殺旺的時候自然轉禍為福。

如命局中有刃有印無殺,歲運逢殺旺的時候,也可成福,然身旺,最怕行羊刃運。

殺無刃不顯,刃無殺不威,殺刃兩全,複行劫煞羊刃運,主建功立業,彪炳千古,多為成仁取義的大將軍。」

08、真陽刃:

01)是從日干以遁干法,如甲、己日從寅上起丙,至卯上為丁。

　　0A、甲日陽刃在卯,丁卯即為真陽刃,其餘的乙卯、己卯、辛卯、癸卯均為偏陽刃。

　　0B、「真陽刃」在力量比其他的「偏陽刃」強大,好像射擊的靶心一樣。

02)陽刃在時,如甲日丁卯時,更是名符其實的真陽刃,大

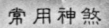

多是傷刃、剋子、破財。

若大運、流年再遇到陽刃，災禍就會降臨。

22 絕房

01、「埋兒殺」又稱絕房煞，主凶，不利子息，人命逢之恐無子承歡，或子不肖，孤獨終老。

02、取法：
　　01）以年支為主，其他地支見者為是。
　　02）子午卯酉見丑；寅申巳亥見申；辰戌丑未見卯。
　　03）即子午卯酉年出生，八字其他地支中見丑，即為埋兒殺，其他以此類推。

03、女命八字，以時支見之最凶，即：
　　01）子午卯酉年出生之女命，時支為丑。
　　02）寅申巳亥年出生之女命，時支為申。
　　03）辰戌丑未年出生之女命，時支為卯。
　　04）以上均犯埋兒殺，假如無吉神解救，恐一生無子。
　　05）天德月德可以化解絕房煞。

23 劫煞

01、《星平會海》：「寅午戌亥上不須說，亥卯未申上勿道情，申子辰巳上化灰塵，巳酉丑寅上休開口。」

01）以年支或日支為主，對應于其餘地支。
02）劫煞乃在五行十二生死歷程的「絕」處，如：
　　0A、寅午戌火局絕於亥，故其劫煞在亥。
　　0B、亥卯未木局絕于申，故其劫煞在申。
　　0C、申子辰水局絕於巳，故其劫煞在巳。
　　0D、巳酉丑金局絕於寅，故其劫煞在寅。

02、《三命通會》：「
劫者，奪也！自外奪之謂劫。
劫煞言則聰慧敏捷，才智過人」

03、古傳劫煞之吉凶類別有十六種：
瓊珠劫煞、冠裳劫煞、紀網劫煞、旌旗劫煞、冕旒劫煞、監梅劫煞、庫賞劫煞、
鬥爭劫煞、提孩劫煞、貪玩劫煞、破宅劫煞、風流劫煞、管弦劫煞、天牢劫煞、刀槍劫煞、煙霞劫煞。

04、古歌云：「
劫煞為災不可當，徒然奔走名利場；須防祖業消亡盡，妻子如何得久長。
劫神包裡遇官星，主執兵權助聖明；不怒而威人仰慕，須合華夏得安榮。」

24 骨破碎（骨髓破）

01、破月，又稱「冰消瓦解」。

01）破月就是某一屬相在某個月，人如果在該屬相年生於該月就叫破月，破月有的地方稱犯月，也有的地方稱敗月。

02）歌訣曰：「正月蛇洞中休，二月老鼠餓昏頭；三月老牛遍地走，四月猴子滿山溜；

五月兔六月狗，七豬八馬九羊頭；十月老虎滿山吼，十一公雞架上棲；十二老龍海底遊。」

03）破月歌訣：

0A、男：

正蛇二鼠三牛走，四猴五兔六月狗，七豬八馬九月羊，十月虎兒被人傷，十一月金雞聲聲啼，十二月龍兒被人欺。即蛇破1月，鼠破2月，牛破3月。

0B、女：

0A）正月破：兔、羊、豬。

0B）三月破：虎、馬、狗。

0C）四月破：牛、蛇、雞。

0D）六月破：鼠、龍、猴。

0C、在這些月份之中，但逢十五、三十生算不破。（因正月十五月圓，三十無月）

0D、《象吉通書》之骨髓破：

年支	子	丑	寅	卯	辰	巳	午	未	申	酉	戌	亥
男生月	二月	三月	十月	五月	臘月	正月	八月	九月	四月	冬月	六月	七月
女生月	六月	四月	三月	正月	六月	四月	三月	正月	六月	四月	三月	正月

04）破月有男女之分，月份也不一樣：

0A、男的十二個月每月都有一生肖破。

0B、女的一年中只有四個月會破（也就是一個年中有三個生肖破）。

02、民間尚有「破骨」之說。

破骨乃是指孕婦懷孕那個月碰上「破月」，即嬰兒出生那個月減去九個月，就是懷孕首個月遇到破月就是「破骨命」。

25 鐵掃帚

01、掃帚星，又稱「掃把星」，又分為：「天掃星」、「地掃星」、「鐵掃帚星」三種。

01）命中犯之，主婚姻不順，家宅不安，口舌難安，家財破敗，勞祿貧苦，孤苦伶仃，甚至刑剋六親。

02）如命帶天乙貴人、天月德貴人，則稍妨。

02、天掃星，又名「三妻煞」，專論男命。

01）以男命年干查日時，見之即是，民間有所謂以日干查者，必誤！

02）天掃星歌：

甲逢癸未乙壬午，丙人辛巳丁庚辰；戊愁己卯加時日，己怕戊寅最可嘆。

庚人丁丑辛丙子，壬逢乙亥定遭屯；癸怕甲戌為天掃，時日逢之損六親。

03）即甲年生人日見癸、未；乙年生人日時見壬、午；丙年生人日見辛、巳；

丁年生人日見庚、辰；戊年生人日時見己、卯；己年生人日時見戊、寅；

庚年生人日見丁、丑；辛年生人日時見丙、子；壬年生人日時見乙、亥；

癸年生人日時見甲、戌。

04）主婚姻不順，家宅不安，家財破敗，勞碌貧困。

03、「地掃星」是慧孛流年星，乃不祥之星，一般民眾都以之為忌。

01）地掃星，又名「三眼井水煞」，專論女命。

02）以女命年柱納音取月令，見之即是，民間有所謂以日主五行見出生月取之者，必誤！

03）地掃星歌：

金人逢午未申鄉，土木辰巳卯月藏；水逢酉戌與亥月，火見子丑寅兒郎。

地掃之星語不祥，多是離夫嫁遠鄉；不是貴人門下客，

也須叫喚兩夫郎。

擔傘尋夫無定位，也需重喚兩姑丈。

04）即金命見午（五）、未（六）、申（七）月。

土木命見卯（二）、辰（三）、巳（四）月。

水命見酉（八）、戌（九）、亥（十）月。

火命見子（冬）、丑（臘）、寅（正）月。

05）女人被稱為「掃帚星」，即表示「會帶來幸的倒楣女人」。

06）《星平會海》：「以女命帶『地掃星』，若不是遠嫁他鄉，就是夫死再嫁。」

07）女命逢之，命凶不吉，大損家財，惹事生非，家宅不寧，剋夫再嫁。

04、鐵掃帚星，又稱「鐵掃帚」，男女查法有別。

01）男命鐵掃帚歌：

申子辰年正月同，巳酉丑年六月中；寅午戌年見四月，亥卯未年二月逢。

02）女命鐵掃帚歌：

鐵掃帚命要知蹤，女命犯之萬事凶；申子辰年十二月，巳酉丑年九月同。

七月寅虎戌狗死，八月亥豬卯兔死；女人若值此月生，踏進郎門一掃空。

03）綜合犯鐵掃帚星男女屬相：

常用神煞

年支	子	丑	寅	卯	辰	巳	午	未	申	酉	戌	亥
男生月	正月	六月	四月	二月	正月	六月	四月	二月	正月	六月	四月	二月
女生月	臘月	九月	七月	八月	臘月	九月	七月	八月	臘月	九月	七月	八月

　　　　0A、神子達滿，男、女，一無為，兩子八女。
　　　　0B、寅午戌男四女七，巳酉丑男六女九。
　04）係以生月取，當與五行的衰旺有關，古時侯以女命從夫論貴賤，大都取官星生旺之月為貴，而女命本身若太旺，則剋夫越權，太弱則無福消受（生病早夭，或生貧賤之家）。
　　　　0A、申子辰，男正女臘尋；巳酉丑，男六女歸九；寅午戌，男四女歸七；亥卯未，男二女八退。
　　　　0B、註曰：男破女家，女破男家，即白衣同；男掃女家，女掃男家。
　05）書云：「
　　　命帶鐵掃少聚財，賺有不聚難安排；得失相兼失容易，祭去鐵掃財自來。
　　　鐵掃欲求不追隨，掃鬼交纏難安為；祭去掃鬼平安順，家財興盛發如雷。
　　　女帶鐵掃事非輕，有心發展運未臨；樂少煩多難如意，有食有穿生操心。
　　　若欲錢銀勿飛走，祭開掃鬼福祿臻；鐵掃不除財破失，誦經十本看誠心。

男帶鐵掃輕一半，女帶鐵掃重如山。」

02、根據盲人口傳：

01）鐵掃帚也有吉凶之說：

0A、生在上午的人，命犯鐵掃帚是把家財向外面掃，越掃越窮，才是真正的不吉。

0B、生在下午及晚上的人，命犯鐵掃帚，是把外財向家裏掃，越掃越富。

0C、對於女命來說，犯了鐵掃帚是夫家所忌諱的。

02）秘傳的破法：

0A、宜祭開掃鬼，符咒制化，誦經十本解災。

0B、當女方出嫁之時，在娘家湊足「五穀」，讓陪同出嫁的送客隨身帶到夫家大門口拋在地上，新郎遞給新娘一把新掃帚，讓新娘把「五穀」掃進院內，然後用紅布包起來，放在夫家的櫃子裏，以示旺家。

26 八敗

01、八敗：

01）即財敗、官敗、劫敗、破敗、印敗、食敗、傷敗和賊敗。

02）此八敗具體又可以分為：

五鬼八敗、鐵掃八敗、破家八敗、四廢八敗、狼藉八敗、羊刃、孤辰八敗、寡宿八敗、退財八敗、天牢八敗、

常用神煞

火光八敗、沐浴八敗、損子八敗、天罡八敗、血財八敗、瘟氣八敗等。

03）「八敗命」又稱「喪門星」，是命學「神煞」之一。

02、共有兩種查法：

01）琴鶴堂巾箱秘傳八敗歌之一：

0A、三六九臘八敗稱，敗盡六親財與名；三月陽春豬羊狗，六月仲夏蛇鼠龍。九月牛猴金雞病，臘月老虎馬兔空。

0B、未戌亥生辰月嗔，子辰巳命未宮真；丑酉申生嫌戌月，卯寅午命丑為塵。

0A）此八敗為八字合婚神煞四敗之一，即：

1A、未戌亥年生者，三月犯八敗。

1B、子辰巳年生者，六月犯八敗。

1C、丑申酉年生者，九月犯八敗。

1D、寅卯午年生者，臘月犯八敗。

0B）口訣：

正月冬蛇洞中休，二月老鼠餓昏頭，三月老牛遍地走，四月猴子滿山溜，

五月兔來六月狗，七豬八馬九羊收，十月病虎滿山吼，十一曉雞架上愁，

臘月老龍海底游。

0C）男女生月，犯之每多啾唧。

1A、啾唧：
    1A）一則妨配偶煩躁不甯。
    1B）二則妨配偶婚後小病不斷，身體易出現亞健康狀態。
1B、禳除八敗之厄：
    1A）一則八字合婚夫妻皆犯八敗，反主招八方財。
    1B）二則請合婚符籙化解。
02）琴鶴堂巾箱秘傳八敗歌之二：
    豬羊狗忌卯辰，蛇鼠龍忌午未；牛猴雞忌酉戌，虎馬兔忌子丑。
    0A、此八敗用法為：以年月查時，見之者即是。
    0B、以年見時為假八敗，以年月見時為真八敗。
    0C、命中逢之，主人辛苦，有財無庫，家無餘資。
03、男性逢之，一事無成；女性逢之，夫家冷退，女子尤甚。

27 亡神

01、《星平會海》：「寅午戌巳上動紙筆，巳酉丑逢申須斂手，申子辰亥上勿堪論，亥卯未逢寅切須忌。」
    01）亡神一名「官符」或「七煞」，然這裡所稱的官符非指星盤中的官符，七煞亦非指六神中的七殺。
    02）是以年支或日支為主，對應於其它地支，取三合局所屬

常用神煞

五行的「臨官」為亡神,如:
0A、寅午戌火局臨官於巳,故其亡神為巳。
0B、巳酉丑金局臨官于申,故其亡神為申。
0C、申子辰水局臨官於亥,故其亡神為亥。
0D、亥卯未木局臨官於寅,故其亡神為寅。
0E、若為命局中所喜用的地支,並與吉神同柱,則必沉穩練達、謀略深算、嚴謹有威、好勝心強。
0F、如果恰為命局所忌的地支,又與其它凶煞同柱,則必虛詐鄙吝、破祖敗家、刑妻剋子,並常招口舌官非。

02、《三命通會》:「亡者,失也,自內失之之謂,劫在五行絕處,亡在五行臨宮。
亡神吉則峻厲有威,謀略算計,見事如神,事不露機,兵行詭計,始終爭勝,言事折辯,壯年進用,即生旺與吉煞並也。凶則偏燥性窄,虛詐狂妄,浮蕩是非,酒色風流,官符獄訟,兵刑責難,即死絕與惡煞並也。
若貴人建祿並,專弄筆硯,撰飾文詞,因公起家,干涉官利,或為胥徒,並火剋身,則語吃無氣,多腰足疾。」

03、古傳亡神的吉凶類別有十五種:
貴驛亡神、圭玉亡神、軒冕亡神、鼎鼐亡神、規矩亡神、父母亡神、羅綺亡神、兒女亡神、停力亡神、擄掠亡神、溝壑亡神、鼓樂亡神、噴血亡神、花柳亡神、枷鎖亡神。

04、古歌云:「亡神七煞禍非輕,用盡機關一不成;剋子刑妻無

祖業，仕人猶恐有虛名。

命宮若也值亡神，須是長生遇貴人；時日更兼天地合，匪躬蹇蹇作王臣。

皆嘗七煞是亡神，莫道亡神禍患輕；身命若還居此地，貧窮蹇滯過平生。

凶星惡曜如臨到，大限渾如履薄冰；三合更須明審察，煞來夾拱必難行。」

28 進神

01、查法為：甲子、甲午、己卯、己酉四日生者即是。

01）命帶進神者，主性剛果斷、發跡亨快、為學日益、志氣精進、事皆如意省力，配偶漂亮，為文字穎銳之人也。

02）進神若與咸池桃花同柱，男英俊女佳人，且異性緣佳。

03）《琴鶴堂命理金匱》：「男帶進神，時時身上不缺錢銀，在家也安好，出外交朋友。

女帶進神，織作堪勤，在家衣食足，出外會認親。若有刑沖來剋破，必定無貴是閒人。」

04）《理愚歌》：「進神四坐兼奇特，貴殺相扶為力。」

02、四進神日，以陽進神為上，陰進神次之。

01）甲子、甲午稱為陽進神。

甲子日生於冬季，甲午日生於夏季，又為「天赦日」，一生逢凶化吉，遇難成祥。

常用神煞

0A、甲子日,天德貴人日,坐正印、沐浴,訣曰:「
白玉仙子捧印來,一舉成名天門開;貴人不向西方去,烽火空負曠世才。
甲子開元儂先來,水生木旺有文才;怕午畏卯喜寅亥,進神裸露兩半開。」

0B、甲午日,龍馬賓士日,坐死、傷官、財地、進貴日,訣曰:「
陰陽相泄死氣臨,秋降夏生是平民;紅豔映出風流事,旺印匯祿救蒼生。
龍馬交弛好福氣,嬌妻美女喜北地;八月桂花香千里,春風麗日相依依。」

02) 己卯、己酉稱為陰進神,又為九醜日。

0A、《九醜歌》:「 壬戊兩雙居子午,乙辛卯酉亦重逢;更將己上兔雞位,九醜令人不善終。」

0B、九醜日,日坐桃花,重情欲,感情多有爭端,為人多情,易因此而影響聲譽醜事,故名九醜日。

0A)女命,慎防產厄。

0B)九醜日與八專日,同稱為淫欲妨礙煞。

0C、己卯日,武跨將壇日,臨衰,坐七殺將星,訣曰:
「坐殺臨病自身衰,巳午幫助決無差;只畏金雞來搗亂,喜盼羊兒進命宅。
將士佩弓跨戰馬,暮雨風月渡年華;文星福祿若

有情,北國回首似到家。」

　　0D、己酉日,鳳飛綠洲日,臨長生,坐支食神,訣曰:
　　「　長生文昌見學堂,琴棋書畫顯門房;干上火燒
　　遇合貴,避開兔兒辦事通。
　　一輪滿月出蒼海,金鳳展翅飛天外;秦山昆侖雪
　　皚皚,龍鳳呈祥玉珠來。」

03)陽主進,陰主退。
　　0A、甲子、甲午進神,外貌較開朗,做事也比較積極
　　進行。
　　0B、己卯、己酉陰進神,外貌較沈抑寡言,做事以退
　　為進,步步為營。

03、交神:
　01)丙子、丙午、辛卯、辛酉皆為陰差陽錯。
　02)「交」有「差錯、交接、過渡期等意思,好像被束縛羈
　　　絆的感覺,做事不諧不順,動輒遭忌。

04、伏神:
　01)戊寅、戊申、癸巳、癸亥亦為陰差陽錯。
　02)「伏」即「停止、躲藏、隱藏,古人稱:「值伏神,則
　　　所作留滯」。

05、退神:
　01)丁丑、丁未、壬辰、壬戌,陰差陽錯,逆氣也。
　02)古人說:「值退神,則官資降黜。」

常用神煞

29 金輿（應為「輿」之誤）

01、《紫虛局》：「祿前二辰號金輿（輿），遇此人之福最殊，偏主聰明多富貴，一身清泰亦無魔。」

　01）以年干或日干為主，對應于年月日時地支，取年干或日干之祿前二位地支為金輿。

　　0A、歌訣曰：「甲龍乙蛇丙午羊，丁己猴哥庚犬方；辛豬壬牛癸逢虎，凡人遇此福多昌。」

　　0B、五陽干見衰地即是金輿星，五陰干見沐浴即是金輿星。

　　0C、凡甲干見辰，乙干見巳，丙干或戊干見未，丁干或己干見申，庚干見戌，辛干見亥，壬干見丑，癸干見寅，都是金輿。

　02）《八字金書》：「驛馬前後居二位，此名金輿在其中，生於此處並行運，到老為官轉自通。」

　　0A、主張金輿應取自驛馬前二位地支，與前法相異，然兩訣均可列為參考。

　　0B、此法寅、午、戌生人，驛馬在申，則取申前二位的地支「戌」為金輿、餘類推。

　03）《三命通會》：「輿者，宜也，金者，貴之義。譬之君子，居官得祿，須坐車以戴之，故金輿與常居祿前二辰。」

　　0A、金輿好像達官仕紳所乘坐的華麗交通工具，它乃

代表富貴之徵，如以現代生活情形而論，則人命帶金輿，常能擁有或搭乘較為豪華便捷的交通工具，出入便利，生活愜意。

0B、與金輿星相沖的即是國印。

30 胞胎

01、胞胎日，又名「受氣」、「胎元財官」，為容易出名，最宜於影歌星、藝術家等職業。

02、《三命通會》：「甲申、乙酉、丙子、丁亥、戊寅、辛卯、壬午、癸未，十日生人切不可遽言身弱遇鬼，但有依託，便為貴命。」

03、生於正印之月令最佳，經云：「胞胎逢印綬，祿享千鍾。」
01）月、時之干，有正印亦吉。
02）身旺、財旺、官旺，是大富大貴之人。

31 血刃、血支

01、血支：
01）查法：
0A、以丑宮起正月，順數生月為是。
0B、即子年戌，丑年酉，寅年申，卯年未，辰年午，巳年巳，午年辰，未年卯，申年寅，酉年丑，戌

年子，亥年亥。

02）凡針灸、穿耳孔、意外事件受傷、開刀手術等見血之厄。

03）血支入命，一生謹防血光、意外事生。

02、血刃：

01）查法：

0A、正月起丑二月未，三寅四申五卯位；六酉七辰八戌上，九巳十亥皆為忌。

十一午上十二子，此是血刃君須記。

0B、即寅月丑，卯月未，辰月寅，巳月申，午月卯，未月酉，申月辰，酉月戌，戌月巳，亥月亥，子月午，丑月子。

02）忌針灸、穿耳孔、納畜、牧養、造畜欄。

03）血刃入命，一生謹防血光、意外事生。

32 飛刃

年干	甲	乙	丙	丁	戊	己	庚	辛	壬	癸	戌	亥
飛刃	酉	戌	子	丑	子	丑	卯	辰	午	未	子	酉

01、如甲以卯為羊刃，遇酉則為飛刃；乙以辰為羊刃，遇申則為飛刃。

02、《紫微太乙局》：

01）羊刃對宮名飛刃，有人犯著血光來，日上剋妻時克子，破皮痔漏不寧災。

02）小人主杖刑。

33 華蓋

01、查法：

01）以年支或日支不主，凡四柱中所見者為有華蓋星。

02）即寅午戌見戌，亥卯未見未，申子辰見辰，巳酉丑見丑。

02、華蓋，主性情恬淡，資質聰穎，但難免孤獨，易傾向哲學、宗教。

01）華蓋是大帝頭上的一顆星神，有護帝顯威之職，故血氣方剛，氣傲皇天，性孤少情，目中無人，六親不靠，自主沉浮。

02）華蓋又為藝術星，遇之主人心胸非凡，聰明好學，喜美術書法、繪畫、音樂，見解超群，才華非凡。

0A、吉者高官貴人，高僧明道，技藝出眾，名播四海。

0B、否則多為一般僧道，浪跡江湖，周遊四方之士，或為孤寡之人。

03）假如女命帶華蓋又帶桃花又帶貴人，則必為名歌星或名影星。

0A、如華蓋在時支，可能是過房之子或入贅孤寡之命。

0B、凡人逢華蓋星死絕空破，或者四柱組合不好，最

常用神煞

好拜一個和尚或道人為師，皈依空門或道門，幼兒好養，少病平安，否則在二十四歲以前，不是凶災連連，便是災殃不中斷，還易得奇病，如能過二十四歲，有的終生不順，一世孤寒。

0C、如有四柱帶華蓋，皈依前不孝父母，不愛學習，好惹事生非，有的是監獄常客，有的久病不起。

0A）皈依拜師後，各方面都成為新人，有的考上大學，成為有用之材。

0B）另一些不善勸的，結果因傷致殘，有的命入黃泉。

03、《三命通會》：「華蓋者，喻如寶蓋，天有此星其形如蓋，多主孤寡，縱貴亦不免孤獨作僧道。」

01）有官有印者，遇之為翰苑之尊。

02）華蓋逢空，宜為僧道。

03）女人命犯華蓋，則與僧道同流，故曰情通僧道。

04、《命理新論》曰：「01）人命帶華蓋，必為聰明勤學，清靜寡欲，但不免較為孤僻。

02）假如華蓋逢印綬而臨旺相，在官場一定有相當的地位。

03）假如華蓋與空亡，或遭破壞，則不免為僧道或孤或寡，否則必過房入贅，或挾一技而走江湖。

05、《壺中子》：「華蓋為藝術星。」

06、《燭神經》:「華蓋為蔭庇清神,主人曠達神清,性情恬淡寡欲,一生不利財物,惟與夾貴並則為福,清貴特達。」

07、《三車一覽》:「華蓋重重,勤心學藝,乃聰明之士。」

08、古歌云:「生逢華蓋,主文章藝術。通明賦雲:華蓋臨身,定為方外之人,留心於蓮社蘭臺,容膝于蒲圃竹偈。」

34 祿神

01、《淵海子平》:「甲祿在寅,乙祿在卯,丙戌祿在巳,丁己祿在午,庚祿在申,辛祿在酉,壬祿在亥,癸祿在子。」
　01)以日干為木,對應于年月日時地支。
　02)凡甲日見寅,乙日見卯,丙日或戊日見巳,丁日或己日見午,庚日見申,辛日見酉,壬日見亥,癸日見子,都是日主的祿神,所謂祿神,實乃日干臨官之地。

02、《三命通會》:「建祿者,主人肌厚氣實,體格不清,一生安逸,足財利,生旺則然。
死絕則氣濁神漫,吝嗇猥鄙。
與元辰並,因挎蒲(投機)得財,後因此敗。
與官符並,因官門得財,或多爭訟。
與劫煞並,好賺技小商,不義橫財。
與天中(空亡)並,多遺失破財。
與祿鬼(七殺)倒食(偏印)並,多因睰貸牙儈,得財至死

常用神煞

不通,惟財是念。」

03、《洞玄經》:「凡命帶祿,最怕犯沖,謂之破祿。
如甲以寅為祿,見申。
乙以卯為祿,見酉,則氣散不聚,貴人停職剝官,眾人衣祿不足。」

04、《源髓歌》:「祿馬(此處的馬是指正財)更有多般說,自衰至死兼敗絕,若無吉神加助時,定知破祖多浮劣。」

05、古訣云:「資財聚散祿居空,胎裡生時怕遇逢,貧賤為奴多乞食,飄零自身各西東。」

06、《命理新論》:「祿的喜忌,尚須視命局身主衰旺怎樣?
如身旺的祿,則宜見剋洩;身弱的祿,則忌見剋洩。
祿在年支,叫做「歲祿」或「背祿」。
祿在月支,叫做「建祿」。
祿在日支,叫做「專祿」。
祿在時支,叫做「歸祿」,一律均怕入空亡或犯沖。
如果取以為用不幸入空亡或犯沖,又不得吉神解厄,勢必貧賤為奴多乞食,飄零身自各東西,即使不為奴為乞,也必是虛名虛譽,不足取也。」
01)祿神就是日主的比肩,且居於臨官之地。
02)日主弱,最喜祿神來幫身。
　　0A、若祿神不逢刑沖破害,則一生安穩福泰,親朋有

情多助。

0B、如逢刑沖，叫做破祿，必難承祖業，背井離鄉奔走遠方營謀。

03）倘日主強，過祿神更增日主旺勢，導致五行氣勢偏激，則反主刑傷破耗，妨妻妨父了。

07、拱祿：

01）拱祿有五日五時：

0A、癸亥日癸丑時，癸丑日癸亥時，拱子祿。

0B、丁巳日丁未時，己未日己巳時，拱午祿。

0C、戊辰日戊午時，拱巳祿。

02）《三命通會》：「凡拱格，需日時同干，貴與月令通氣。執行身旺及貴祿旺地方大好，印綬傷官食神財運大吉。忌行沖破害或羊刃七殺傷了日時，拱不住貴氣，大忌填實空亡。

譬如器皿，虛則能容物，實則無用，所以只宜虛拱。

完則能盛，破則無用，所以怕見空亡，歲運同。」

03）古訣云：「日時雙拱祿中庭，金匱藏珠格最清；至貴至高君子命，必須月令看支提。

提綱有用提綱重，月令無神用此奇；所拱之位怕填實，又怕傷官在月支。

羊刃重重來破格，如無此破貴無疑。」

常用神煞

35 金神

01、金神只有三組干支：

甲日生於乙丑、己巳、癸酉三個時辰者為是，己日生者亦是。

01)《三命通會》：「金神者，破敗之神，即的煞，只有三時，乃癸酉、己巳、乙丑。

此格六甲日力主，見此三時，作金神論。

甲子甲辰二日為最，月令通金氣成火局，方可取用。」

02) 金神格乃以申日為主，對應于時柱而求得的一種貴神，凡申日生人，見乙丑時或己巳時或癸酉時，便叫金神。

03) 也有主張只要日柱和其它任何一柱干支帶有兩組以上，即可認定為金神格，這是屬於特殊格局的看法。

04) 金神之義是取「巳酉丑」屬金而名，又為「殺」（破碎）之位。

0A、子午卯酉「的」在巳，辰戌丑未「的」在丑，寅申巳亥「的」在酉。

0B、「的殺」是破之星、加上金的剛性，成為「具有強烈破壞力」的星宿。

0A) 人命帶之性多威猛強烈，膽大、好勝、常使人敬而遠之。

0B) 剛金要得火煉，因此有「金神入火鄉，發如猛虎」之說。

0C) 酉金神命格的人，其命中或歲運逢著「丙、

丁、巳、午時」，能有大發展。

　　0C、金神格以生於秋天，命局中有火，且又是甲子日或甲辰日生者為最典型。

02、金神最需火土鍛煉或培育，而忌金水來破格。

　　01）命帶金神，頭角崢嶸，五官富有曲線，儀表出眾，目光如炬，性格剛烈。

　　　　缺火鍛煉，則恃才傲物，一意孤行，具有高度破壞性。

　　02）《相心賦》：「金神貴格，火地奇哉；（金神遇火），有剛斷明敏之才，無刻利欺瞞之意。」

　　03）《妖祥賦》：「金神喜七煞，而忌刑沖。」

　　04）《秘訣》：「金神喜火旺之鄉，若行北方則凶。」

　　05）《獨步》：「申日金神，偏宜火地；己日金神，何勞火制？
六甲生春，時犯金神，水鄉不發，火重名真。
甲乙丑月（甲乙日生於丑月），時帶金神，月干見煞，雙目不明。金神遇火，威鎮邊疆。」

　　06）《定真篇》：「金神運到水鄉，身屍分拆。」

　　07）《三命通會》：「金神歲運見火必福，見水必禍，柱中有火，不行火鄉亦難發。
喜見財，行財運亦發，六己日見此三時，亦作金神論，運行金水鄉，即禍立至，財運乃美，火鄉更妙，古詩曰：『癸酉己巳並乙丑，二位金神時怕有；火鄉煞刃貴相逢，如在水鄉隨刑酷。

常用神煞

癸酉巳巳並乙丑,時上逢之是福神;傲物恃才宜制伏,交逢煞刃貴人真。』」

36 飛天

01、命中有之,一生添購傢俱衣物多破損。

02、大運流年逢之,破損更難免。

37 破碎

01、破碎起法主要兩種:

01)一種是月煞:

《星平會海》:「子午卯酉煞在巳,寅申巳亥煞在酉,辰戌丑未煞在丑。」

0A、以年支為主,對應于其餘月日時支。

0A)凡子、午、卯、酉生人,「的煞」在巳。

0B)凡寅、申、巳、亥生人,「的煞」在酉。

0C)凡辰、戌、丑、未生人,「的煞」在丑。

0B、《三命通會》:「的煞乃先天數之四沖也,夫:子午之數各九,卯酉各六,總為三十,自子順行,即三十而見巳,是謂四仲(子午卯酉)之正煞。寅申各七,巳亥各四,總二十有二,自子順行,即二十二而見酉,是謂四季(寅申巳亥)正煞。

辰戌各五,丑未各八,總二十有六,自子順行,即二十六數而見丑,是謂四季(辰戌丑未)之正煞,是起於數者然也。」

0C、「的煞」亦名「破碎煞」或「白衣煞」。

0A)是由易學先天太奇數推算而來,所謂太玄數即:

子、午數九;丑、未數八;寅、申數七;卯、酉數六;辰、戌數五;巳、亥數四。

0B)如子、午之數各為九,卯、酉之數各為六,合計為三十,於是自「子」順行至三為「巳」,故子午卯酉之的煞在巳,餘做類推。

02)一種是日煞,即孟在酉,仲在巳,季在丑。

03)另有流年大運犯破碎和命帶破碎兩種類型,主要對財運不通,事業難成等方面。

04)大運流年遇破碎煞:

0A、損事業財運,可能導致事業難成、少成多敗,招財聚財能力差。

0B、健康不利,主外有凶禍,內有病疾。

0C、影響婚姻感情,孤獨多是非,家庭不睦。

02、破碎又稱「紅砂」、「暗金的煞」、「吟呻」、「白衣」或「太白凶星」。

俗諺:「起屋犯紅砂,百日火燒家;嫁娶犯紅砂,一女嫁三

家。

得病犯紅砂，必定見閻王；出行見紅砂，出門不還家。」

03、太白凶星：

01）乃將軍之象，合吉星入主權貴。

02）會凶星，主孤夭、貧賤、凶死、殘疾徒配，命運貧而苦，生活不佳。

04、破碎就是不完整，另又有破壞之意。

01）如佔物，為不完整，譬如佔地界，表示這塊地不是方正的，而是角邊。

02）如佔財，表示錢耗費。

03）如佔家宅，為家人散離，分家之象。

04）如佔凶禍，有傷口、破碎、流血之象。

38 重婚煞、再嫁煞

重婚再嫁煞歌：「男子四月女順五，重婚再嫁寒徹骨。」

01、子即子年，即男命子年起四月，丑年起五月；女命子年則起五月，丑年起六月，倣此類推順行。

02、查法以農曆生年見生月，逢之即是。

生肖	子	丑	寅	卯	辰	巳	午	未	申	酉	戌	亥
男月犯重婚煞	四月	五月	六月	七月	八月	九月	十月	冬月	臘月	正月	二月	三月
女月犯再嫁煞	五月	六月	七月	八月	九月	十月	冬月	臘月	正月	二月	三月	四月

39 平頭殺

01、丙、丁、壬、辰字，若見三位以上，主婚姻不順；且帶空亡者，定為僧道之命。

02、取字形平頭之意，《玉照定真經》有云：

01）丙戊丁甲，時連戌亥，道士僧人。

即丙戊丁甲年日生人，時為戌亥，或臨空亡，亦主僧道之命。

02）壬多艮坎，道士須尊。

0A、艮為丑，坎為子，子丑為宮觀寺廟。

0B、壬為水，天一生水，天干見壬癸水兩位以上，定主僧道九流之命。

03）丑中立癸，甲見而釋教之人。

四柱見甲、癸、丑、寅者，主為僧道之命。

04）甲乙同來寅卯，定出長髮師姑。

四柱見甲、乙、寅、卯者，主為道士之命。

常用神煞

40　懸針煞

01、甲、辛、卯、午、申字，如命主身弱無氣，又不臨天月德貴人，非軍人即犯人，又主易患眼疾。

02、取字形懸針之意，《玉照定真經》有云：
　　01）反戰無功，定出軍人做賊。
　　　　即年柱納音被月日時三合局所剋，或時支所剋，定出軍人做賊。
　　02）刑沖破害戊辛多，定出軍人。
　　　　戊為戈，生於年日；辛為刃，生於月時，故多軍人之命。

03、《蘭台妙選》：「甲辛帶煞而傷體，刺面懸針；刑刃逢凶而剋身，分屍劍鋒。」
　　01）甲辛為懸針，巳酉為配字，或更日剋年主者，為刺面懸針格。
　　02）三刑上帶陽刃，遇亡劫刑剋年命者，為分屍劍鋒格。

41　倒戈煞

01、又名「杖刑鋒刃煞」，取字形倒戈之意。

02、戊、庚、戌字，若帶羊刃，定犯徒流惡死。

42 曲腳煞

01、又名「闕字煞」，取字形曲腳之意：

02、乙、己、丑、巳字，犯多者恐有兔唇、穿耳洞、肢體不全等；格局成格者，善於舞蹈。
　　01）如命主身弱無氣，又不臨天月德貴人，或四柱有己巳多者，恐幼年無奶吃，或寄宿他人家為養子。
　　02）如己巳、乙巳、丁巳日柱，定主克頭妻。
　　03）如地支巳酉丑三合全，天干帶己字，主唇齒不全之疾，一生招人譏諷議論。

03、《玉照定真經》云：
　　01）申巳雙加遇刑，則臂肢有患，即年支為申，日或時支為巳，主臂肢傷殘。
　　02）辛加卯上，定生唇缺之人，即辛卯日或時生，易為兔唇之命。

43 聾啞煞

01、取字形中間噎堵之意。

02、丙、壬、寅、酉字，若犯多者，及胎元受害，日時相刑害，必患聾啞。

03、如酉日戌時生者，主聾啞，及頭害惡瘡。

04、以上六大取象神煞歌曰：

平頭必是為僧道,破字終須失眼明;殺看懸針須刺面,徒流多見杖刑並。

饑貧不幸逢空闕,相貌兼知不十成;惟是相遭聾啞字,空亡無氣定來精。

若還曲腳多多帶,父子須教兩姓生。

44 飲酒煞

01、取水從酉為酒之意

02、壬癸年日生,四柱見酉字;或酉年日生,見壬癸字。
　　01)吉,則主好飲酒。
　　02)凶,則破家或醉死。

45 披頭煞

01、取乙為長髮之意。

02、乙字為披頭,若見三位以上,為巫師、巫婆、歌星、妓女之命。

03、若八字成格,或再見天乙貴人或天德貴人,為高官之命。

46 仇讎晦氣煞

丙、戊、寅、卯字,四柱三位以上者,主招謗怨,多與人爭。

47 類應煞

丙辛二干見巳，丁壬二干見午申，名曰「類應」，主平生歇滅。

48 反傷煞

01、乙辛二干見未，庚壬二干見戌，名曰「反傷」，主富貴中夭壽，小人刑戮之災。

02、《經》云：「乙辛逢未是天牢，四位同宮禍患遭；庚壬遇戌須徒配，災咎來時不可逃。」

    01）乙、己、癸三干全，非四肢眼目破傷，則中年後犯刑。

    02）甲、乙、庚三干全，主失明，或少年斑瘡損眼。

    03）乙、癸、丑三字全，主富貴少壽，《經》云：「乙癸同牛，寸陰難保。」

    04）丁、辛、巳三字全，主傷父母，《經》云：「丁辛二干，父母多傷。」

49 十惡大敗

01、十惡大敗有三種說法：

    01）《元白經》：

        0A、十惡都來十個辰，逐年有煞用區分。

        0B、如庚戌年見甲辰日，辛亥年見己巳日，壬寅年見

丙申日，癸巳年見丁亥日，甲辰年見戊戌日，乙未年見己丑日，甲戌年見庚辰日，乙亥年見辛巳日，丙寅年見壬申日，丁巳年見癸亥日，竟以午干支沖日干支，無祿為忌，餘悉無妨。

0C、以上所列的十惡，均屬年柱與日支干支天剋地沖，故曰大敗，但需四柱不見日主之祿時才能成立。

02）《玄黃經》：

0A、甲己年：戊辰月戊戌日、壬申月癸亥日、乙亥月丙申日，丙子月丁亥日。

0B、乙庚年：辛巳月壬申日、甲戌月乙巳日。

0C、丙辛年：壬辰月辛巳日、戊戌月庚辰日，己亥月甲辰日。

0D、戊癸年：己未月己丑日。

0E、丁壬年：無。

03）查法：

0A、四柱日干支逢之即是。

0B、甲辰乙巳與壬申，丙申丁亥及庚辰，戊戌癸亥加辛巳，己丑都來十位神。

0C、六甲旬中有十個日值祿入空亡。

0A）甲祿在寅，乙祿在卯，甲辰旬中寅卯空，故甲辰，乙巳為無祿日。

0B）庚祿在申，辛祿在酉，甲戌旬中申酉空，故

　　　　庚辰,辛巳為無祿日。

　　　0C)丙戌祿在巳,甲午旬中巳空,故丙申,戊戌為無祿日。

　　　0D)丁己祿在午,甲申旬中午空,故丁亥,己丑為無祿日。

　　　0E)壬祿在亥,甲子旬中亥空,故壬申為無祿日。

　　　0F)癸祿在子,甲寅旬中子空,故癸亥為無祿日。

　　　0G)此十日為無祿日,又曰十日大敗日。

　　0D、日常出行,辦事,喜慶之事忌此日。

　　0E、與天月二德並者不忌。

02、《三命通會》:「十惡者,譬如律法中人,犯十惡重罪,在所不赦。大敗者,譬兵法中,與敵交戰,大敗無一生還,喻極凶也。命中犯者,當以日上見之為是,其餘不論。況犯者未必為凶,若內有吉神相扶,貴氣相輔,當為吉論。」

03、生於十惡大敗日的人,正值其祖墳風水及宅運,氣數將盡,或已走過,當然不能得其福蔭。

50 流霞

01、《星平會海》:「甲雞乙犬丙羊加,丁是猴鄉戊見蛇,己馬庚龍辛逐兔、壬豬癸虎是流霞。」

　　01)以年干或日干為主,對應于年月日時地支。

02）凡甲見酉，乙見戌，丙見未，丁見申，戊見巳，己見午，庚見辰，辛見卯，壬見亥，癸見寅，都是流霞煞。

02、古詩曰：「流霞男主他鄉死，女主產後亡。」

01）霞是指傍晚天邊之紅雲，俗稱晚霞，顧名思義，流霞就是指飄浮不定的晚霞，隱喻一個人生活之不安定，所以說「男主他鄉死」。

02）霞既屬紅色，也可隱喻血液，因此流霞亦含射婦女經期異常或胎產不順之意，故說「女主產後亡」。

51 孤鸞

01、孤鸞訣源出三處：

01）古詩訣：「木火蛇無婿，金豬豈有郎，土猴常獨臥，水虎定居孀。」

02）《星平會海》：「木火蛇無婿，金豬水虎傷，赤黃馬獨臥，黑鼠土猴孀。」

03）《三命通會》：「木火逢蛇大不祥，金豬何必強猖狂，土猴水虎夫何在，時對孤鸞舞一場。」

02、孤鸞乃是針對日柱和時柱之對應關係，其法以日、時兩柱為主，取乙巳、丁巳、辛亥、戊申、壬寅、戊午、壬子等七組干支為孤鸞。

01）凡日、時兩柱同時出現以上七組干支中之任何二組，便

　　　　叫「命犯孤鸞」。
　　02）孤鸞共有八組：
　　　　乙巳、丁巳、辛亥、戊申、壬寅、戊午、壬子、丙午。
　　03）孤鸞的全稱是「孤鸞寡鵠煞」，另稱「呻吟煞」。
03、孤鸞就是自坐食傷或羊刃。
　　01）女命食神太強，也具有類似傷官的特性，能剋夫星正官。
　　　　男命羊刃過旺，更有傷妻的跡象，所以便取自坐食傷羊刃的干支為孤鸞。
　　01）《玉振賦》：「孤鸞最利於七殺，桃花喜帶乎官星。」
　　02）古訣：「孤鸞日犯本無見，一見官星得子奇，運遇旺鄉名姊妹，臨風惆悵綠樓時。」
　　03）《三命通會》：「（孤鸞）主男剋妻，女剋夫，八字空亡，非寡鵠決是孤鸞。寒衾少怨，命值孤鸞，獨枕早孀，日臨寡鵠。守寒房而清潔，金豬水虎相逢；對空帳而孤眠，土猴火蛇相遇。」

52 六厄

01、查法：
　　01）以年支為主，對應于其餘月日時各支，取三合局所屬五行的「死」地為六厄。
　　02）《三命通會》：「申子辰水局，水死在卯；寅午戌火局，

火死在酉；亥卯未木局，木死在午；

巳酉丑金局，金死在子，所以為厄。」

03）如申子辰水局，水死在卯，故卯為六厄，是以凡申、子、辰生人，其六厄均在卯，餘倣類推。

02、六厄必在驛馬之前一位地支，及劫煞的後面二支。

01）《三命通會》：「死而不生，謂之厄，厄者，遭乎難者也，常局馬前一辰，劫後二辰。

六厄若有救護，有扶持，逢生旺，兼貴氣相助，則吉，究竟一生蹇滯。」

02）《壺中子》：「六厄為剝官之煞，李廣不封侯是也。」

03、六厄乃三合五行之死地。

01）凡命帶六厄者，必常精神萎靡，總嫌人事不濟，前途深藏危機，一生艱險四伏，但是仍儒配合格局之喜忌才能確定。

02）如六厄恰為命局中所喜用的地支，又與貴神同柱，那就無法為禍了。

53 天醫

01、查法：

01）以月支查其它地支，見者為是。

02）正月生見丑，二月生見寅，三月生見卯，四月生見辰，

五月生見巳，六月生見午，七月生見未，八月生見申，九月生見酉，十月生見戌，十一月生見亥，十二月生見子。

02、天醫是掌管疾病之事的星神。

01）四柱逢天醫，如不旺，又無貴人吉神相扶，不是常患疾病就是身弱無力。

02）若生旺又有貴人相生助，不僅身體健壯，而且尤其適合醫務工作及心理學、哲學等。

03）《理通鑒》：「天醫拱照，可作良醫。」

54 天赦

01、查法：

01）春季的戊寅日，夏季的甲午日，秋季的戊申日，冬季的甲子日，惟五月甲午日及十一月甲子日者，不屬天赦，因值月建故也。

02）春戊寅，夏甲午，秋戊申，冬甲子。
即寅卯辰月生戊寅日，巳午未月生甲午日，申酉戌月生戊申日，亥子丑月生甲子日。

02、天赦是顆逢凶化吉之星，能解人災禍，尤其對犯法之人，有寬大處理之可能。

01）凶煞，克制我之凶星。

02）凶煞入命，不是體弱多病，就是百事不順，也會對自己或他人會造成損害和痛苦。

03）有凶就有吉，凶煞也有積極的一面。

　　0A、有的凶煞是權柄之星。

　　0B、凡是貴命須逢煞，即得君王橫升拔；大富大貴憑煞權，煞宜居後主宜先。

　　　　單逢亡劫天元秀，定亂安邦作大賢；凡是有權須帶煞，權星須用煞相扶。

55 勾絞

01、查法：

01）以年支為主，查四柱其餘地支。

　　0A、陽男陰女：命前三辰為勾，命後三辰為絞。

　　0B、陰男陽女：命前三辰為絞，命後三辰為勾。

02）如庚午年生男，命前三辰為酉為勾，命後三辰為卯為絞。

02、勾者，牽連之義，絞者，羈絆之名，二煞如亡劫當堂對沖。

01）勾絞之義為「牽連、羈絆」，不能發揮、受阻礙。

02）一名「爪牙殺」，亦即地支相距90度之刑，普通人逢之，非橫災禍。

03）古訣：「爪牙殺去命三辰，大忌金神羊刃臨；夾殺剋身無福救，必遭蛇虎傷其身。」

04）凡命遇之，身若剋煞，多心路技巧，主掌刑法之任，或為將帥，專行誅戮。
　　0A、命帶勾絞，並帶金神、白虎者，主被暴徒、蛇、虎、牛、馬、狗等獸所傷。
　　0B、勾絞入命者，大多心思靈敏，主掌刑法之任，或為將帥，掌生殺大權；若剋身，主死於非命。
　　0C、兩位全者重，一位輕，有官殺者重，無者輕。
　　0D、命中無七殺者災輕，有七殺者災重。
05）勾或絞臨日與歲運逢之，主傷身破財等災事；行年這時，亦口舌刑獄等事。

56 陰陽差錯

01、查法：
　　01）日柱見者為是。
　　02）即丙子、丁丑、戊寅、辛卯、壬辰、癸巳、丙午、丁未、戊申、辛酉、壬戌、癸亥。

02、其煞不論男女，月日時兩重或三重犯之極重，日上犯之主不得外家之力，縱有妻財亦成虛花久後仍與妻家為仇，不相往來。
　　01）女子逢之，公姑寡合、妯娌不足、夫家冷退。
　　02）男子逢子，主退妻家，也與妻家是非寡合。
　　03）訣曰：

陰陽差錯因孝娶，外祖兩重或入贅；不然決要剋其妻，或者殘房來作婿。

陰陽差錯不風騷，花燭迎郎不自由；不是寒房因孝娶，殘房入宿兩家仇。

57 四廢

01、查法：
  01）凡四柱日干支生於該季為是。
  02）春：庚申、辛酉。
    夏：壬子、癸亥。
    秋：甲寅、乙卯。
    冬：丙午、丁巳。

02、命遇四廢，主身弱多病，做事無成，有始無終。
  如不遇生扶，又受剋害，凶煞制者，主傷殘，官司口舌，甚至牢獄之災，或為僧道之人。

58 六虛

01、六虛，簡稱「孤」，又名「孤虛」、「孤虛神」或「謾語神」。
02、查法為：
  01）以年日柱取空亡，沖空亡者即是，亦即空亡對宮為孤虛。

02）如甲子旬中生，以戌亥字為空亡，即以戌亥對宮辰巳為孤虛，餘例類推。

六甲旬首	孤		虛	
	陽	陰	陽	陰
甲子	戌	亥	辰	巳
甲戌	申	酉	寅	卯
甲申	午	未	子	丑
甲午	辰	巳	戌	亥
甲辰	寅	卯	申	酉
甲寅	子	丑	午	未

03、命帶六虛者，主言詞狡猾，好奢華，緣飾文辭，作事故多虛聲，平生妨尅尊親，漂流他國。

01）月坐六虛者，主兄弟衰絕。

02）《五行精紀・卷三十》：「言詞狡猾，誕時合值六虛。」

03）《壺中子》：「六虛住處，曰謾語神，凡人得之，必好撰飾語詞，重併遇者，必狡猾。」

04）《壺中子》：「月坐孤虛，棣萼凋悴，孤乃孤神，虛乃六虛，命中得之，兄弟衰絕。」

05）《三命鈐》：「六虛者，取空亡對沖之辰，謂如甲子旬中辰巳是也，主平生妨尅尊親，漂流他國。」

06）《李九萬》：「六虛主好奢華，緣飾文辭，作事故多虛聲。」

59 流年吉星詩訣

紅鸞如命宮，一歲喜重重，君子加官職，庶人營運通。
天喜來臨命，流年主有財，百般作事吉，欣喜笑顏開。
天德命中逢，經營事事通，男女婚姻吉，喜氣兩三重。
天解臨命位，祿祿最高強，能解諸凶煞，四時降吉祥。
月德入命宮，見災也不凶，逢危當有救，遇險反事通。
太陽值流年，禎祥百福全，財祿從天降，經營獲利源。
流年值太陰，何愁禍患侵，自然多事吉，名利一番新。
陽德星辰吉，能解百事凶，春夏平平過，財喜旺秋冬。
飛財人命強，事事最相當，名利經營者，逢之大吉昌。
驛馬喜匆匆，逢之命運通，若求名與利，任意走西東。
文星大吉旺，營謀萬事強，四時皆吉利，男女盡禎祥。
催官吉事多，值此吉高利，轉遷皆遂意，步步是亨通。

60 流年凶星詩訣

血刃值流年，其年禍患連，若無官事拖，必主孝服牽。
勾絞不堪災，遭官要破財，百般閒事擾，口舌更連來。
白虎更難當，妻現定損傷，破財膿血悔，六畜亦遭殃。
天哭鬧啾啾，須放孝服猶，官災並火盜，謹慎慢行舟。
披頭不敢當，值日見血光，若無災與孝，口舌兩三場。
惡煞是喪門，降災不可脫，破財及亡喪，孝服怎離身。
弔客主生災，流年定破財，官司並口舌，疾病主悲哀。

飛廉殺最凶，災禍兩三重，瘡疾連綿起，膿血滿身紅，免災並口舌，閒事惱心懷。

病符疾病凶，膿血及瘡疤，若還無喜孝，口舌悶心胸。

死符忌死亡，百事見乖張，不然防小口，閒非反禍殃。

大耗歲君逢，不利是經營，錢財多耗散，產業化清風。

以此二為例，餘可類推也。

批命例

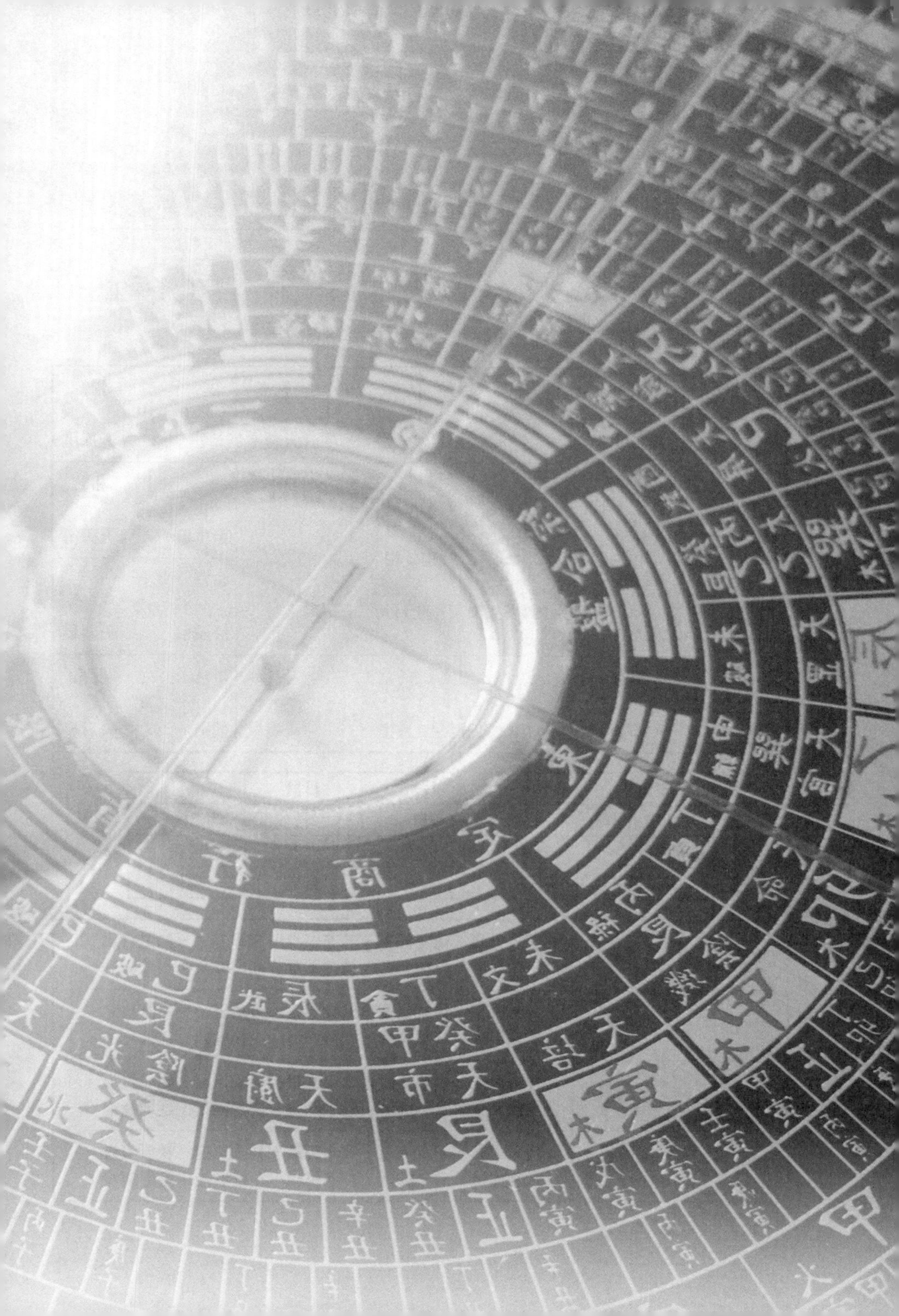

批命例

一、乾造，新曆民國 72 年 11 月 6 日凌晨 1 時（農曆癸亥年十月初二日丑時）建生。

巳 疾厄 仙道　　天文星	午 遷移 佛道　　天福星	未 官祿 鬼道　　天驛星	申 福德 人道　　天孤星
辰 配偶 修羅道　　天奸星	壽權厄貴 性別：男 農曆：癸亥年十月初二日丑時		酉 相貌 畜生道　　天刃星
卯 奴僕 畜生道　　天破星	~~	~~	戌 命宮 修羅道　　天藝星
寅 男女 人道　　天權星	丑 田宅 鬼道　　天厄星	子 兄弟 佛道　　天貴星	亥 年宮 仙道　　天壽星

命宮	年宮	月宮	日宮	時宮
戌	亥	寅	丑	子
天藝	天壽	天權	天厄	天貴
修羅道	仙道	人道	鬼道	佛道

年宮	亥	天壽星	年入天壽，漂零孤單，若非獨身，風霜盡染，仙道有緣。 口舌損財，莫恨初苦，後運榮華，福壽雙全，浪際天涯。
月宮	寅	天權星	月入天權，豐衣足食，修身善德，可稱君子，立身揚名。 千金資產，榮華無窮，宏揚四海，貴格如此，以德立命。
日宮	丑	天厄星	日入天厄，疾厄常隨，登舟必慎，難免水厄，明珠沉海。 失意興歎，若不傷妻，剋子無疑，帶疾延年，逆境行運。
時宮	子	天貴星	時入天貴，子女成名，剛柔相濟，其樂無窮，秋鼠入倉。 衣食豐足，少年雖困，苦盡甘來，莫進酒色，損財傷身。

一）戌宮安命歌：天藝星。

天藝生人心性靈，自東作西有多能；為人清雅機謀巧，到處人憐只為勤。

01、多雄多智，秀氣有奇巧，但逢諸事，一目就知，只是多學少成，為人不俗。

02、詩曰：戌宮天藝性巧靈，時逢學業必然成；若無吉曜來相助，到底還教藝不精。

03、解曰：

　01）戌宮，天藝星，心性平和，藝道有名。

　02）戌宮之人：

　　0A、舉動靈敏，工作熱烈，精神勇敢，對於事務，一經計劃就緒，即以全力實施擴展，絕不躊躇顧慮。

　　0B、缺乏忍耐性，為其所短，故須擅自控制，毋使躁進，遂能納入正軌，底於成功，大凡賦性好動之人，偶受刺激，如非心灰意懶，則將變本加厲，縱結局未必盡敗，亦屬得不償失，應以冷靜之頭腦，作縝密之思考為要。

　　0C、如逢歲運不佳，生理方面，可能影響頭部，如眩暈、中風、思想錯亂、牙筋疼痛等疾。

二）佛門十識論今生根基，出生：1983年十月初二日丑時01:00～01:59 屬豬具以下善根：

01、消災識：

批命例

01）詩曰：消災之識命裡該，生來好善少悲哀，五行內有相拯救，綿延福康永無災。

02）天賦：擅於誦經禮佛作法會，這類出家者是寺院服務信眾不可或缺的人才。

03）消災解厄，逢凶化吉。

02、成就識

01）詩曰：成就之識多慷慨，幼年不遂有小災，好心教人成怨恨，只因自性無忍耐。

02）天賦：精於佛法修行，往往會對佛法的某一部份特別有成就。

03）主做事聰明，成就順心，但有時好心對人反惹怒，少年輕年時期，多坎坷不順。

03、佛法識：

01）詩曰：佛法之識不可輕，生來八字甚分明，好學古今心性巧，出語和人始終應。

02）天賦：修行能有成就又有成佛願力的人材，這類出家人也是作為榜樣人物。

03）聰明了道，可以度脫塵海，一心向善，悟性較高。

04、起家識：

01）詩曰：起家之識置田庄，做事平安福祿全，祖業根基宜改換，自己創立好家園。

02）天賦：

開創型的修行者,大都是山門的開山者,如果要到別處開分院時,這種人材是一定要有的。

03）主創業興家,獨立家園,創立新根基。

二、乾造,新曆民國 68 年 5 月 30 日上午 11 時 10 分（農曆己未年五月初五日午時）建生。

時宮 巳 官祿 仙道 天文星	福德 午 佛道 天福星	年宮 未 相貌 鬼道 天驛星	命宮 申 人道 天孤星
遷移 辰 修羅道 天奸星	驛破壽文 性別：男 農曆：己未年五月初五日午時		財帛 酉 畜生道 天刃星
月宮 卯 疾厄 畜生道 天破星			兄弟 戌 修羅道 天藝星
配偶 寅 人道 天權星	奴僕 丑 鬼道 天厄星	男女 子 佛道 天貴星	日宮 亥 田宅 仙道 天壽星

命宮	年宮	月宮	日宮	時宮
申	未	卯	亥	巳
天孤	天驛	天破	天壽	天文
人道	鬼道	畜牲道	仙道	仙道

年宮	未	天驛星	年入天驛,食少事煩,在家困憂,出處得利,心中有苦。世事浮雲,月落琴床,婚災亦臨,周遊天下,以商為本。
月宮	卯	天破星	月入天破,事煩心亂,親朋無靠,多學少成,官厄相隨。疾病長生,中年之運,破家敗名,爬山涉水,孤苦伶仃。
日宮	亥	天壽星	日入天壽,閑寂之人,天上得罪,人間謫下,每事公平。寬以待人,官非口舌,在所難免,兄耶弟耶,爭則必失。
時宮	巳	天文星	時入天文,斯文之人,出入聚財,衣食富足,博學多識。人人誇好,平生所忌,火上有厄,若非官祿,妻兒雙剋。

批命例

一）申宮安命歌：天孤星。

人犯天孤六親疏，女犯天孤剋丈夫；若逢天壽終須吉，權福相鄰上命人。

01、孤單，男女寡居獨宿，剋陷刑傷，子息難為，晚婚即吉，不宜早配，只好修身養德，作善人。

02、詩曰：命在申宮是天孤，縱不伶仃亦孤苦；最怕壯年偏傷子，女人犯之必刑夫。

03、解曰：

01）申宮，天孤星，不宜早婚，女命妨夫。

02）申宮之人：

0A、具有雙重性格，心理難得平衡，故有時充滿自信樂觀，有時則疑慮失望。

0B、其可取者，心靈方面極為機警，如討論謀一問題，每能提出新穎之意見，不同凡響，言論姿態，表露尤佳，故其所發揮之吸引力，足以構成其社會地位。

0C、若論事業前途，則應有始有終，不可半途而廢。

0D、如逢歲運不佳，生理方面，宜防肺胸兩部發生咳嗽、哮喘、氣呃及呼吸器官疾病。

二）佛門十識論今生根基，出生：1979 年五月初五日午時 11:00 ～ 11:59 屬羊具以下善根：

01、方丈識：
- 01）詩曰：方丈之識心無毒，為人權柄主有財，不犯刑沖多富足，滿腹文章大辯才。
- 02）天賦：管理型人才，擅於組織管理寺院。
- 03）定主文才學問，大丈夫也。

02、福祿識：
- 01）詩曰：福祿之識有大福，錢已使盡糧還來，八字星高多近貴，自然衣祿稱心懷。
- 02）天賦：擅於經營，這種人可以把寺院的庶務打理的井井有條。
- 03）百福並至，千祥雲集，多富貴，錢財自然來。

04、起家識：
- 01）詩曰：起家之識置田庄，做事安然福祿全，祖業根基宜易改，自成自立好家園。
- 02）天賦：
  開創型的修行者，大都是山門的開山者，如果要到別處開分院時，這種人材是一定要有。
- 03）主創業興家，獨立家園，創立新根基。

批命例

三、坤造，新曆民國71年11月22日下午7時10分（農曆壬戌年十月初八日戌時）瑞生。

兄弟 巳 仙道　　　天文星	日宮　　　田宅 　　午 佛道　　　天福星	男女 未 鬼道　　　天驛星	時宮　　　奴僕 　　申 人道　　　天孤星
財帛 辰 修羅道　　　天奸星	藝厄福孤 性別：女 農曆：壬戌年十月初八日戌時		配偶 酉 畜生道　　　天刃星
命宮 卯 畜生道　　　天破星			年宮　　　疾厄 　　戌 修羅道　　　天藝星
相貌 寅 人道　　　天權星	月宮　　　福德 　　丑 鬼道　　　天厄星	官祿 子 佛道　　　天貴星	遷移 亥 仙道　　　天壽星

命宮	年宮	月宮	日宮	時宮
卯	戌	丑	午	申
天破	天藝	天厄	天福	天孤
畜道	修羅	鬼道	佛道	人道

年宮	戌	天藝星	年入天藝，智謀過人，心巧手技，衣食豐足，安度歲月。 技藝生財，不調之歡，亦有可能，早子難養，財源茂盛。
月宮	丑	天厄星	月入天厄，凶多吉少，性多固執，親人無靠，事業如雲。 自立生涯，若無身厄。妻兄不合，帶疾延年，可免災禍。
日宮	午	天福星	日入天福，榮祿昌盛，才藝非凡，鄉里留名，商賈為業。 手弄千金，門庭若市，妻坐福宮，福無雙至，樂極生悲。
時宮	申	天孤星	時入天孤，骨肉情疏，一身孤單，六親無助，手段雖好。 難以如願，恩人為仇，勞而無功，傷偶剋子，晚景淒涼。

一）卯宮安命歌：天破星。

命在卯宮逢天破，堆金積玉亦多磨，夜眠計算圖家富，鈔袋誰知無半文。

01、財帛聚散，祖業稀，作業浮沉不實，若得權威，不可橫作。

02、詩曰：命在卯宮逢天破，浮雲富貴亦多磨；哪得人家花常好，落落寡歡奈若何。

03、解曰：

    01）卯宮，天赦星，慷慨疏財，得權時需謙虛為上。

    02）卯宮之人：

        0A、少時體質較弱，壯年可轉強健，當血氣方剛時，由於神經過於敏銳，最易動怒，每因小事釀成爭端，經歷不少挫折，固自成年後，性格一變為嚴謹，剋己自律，以個人力量從事奮鬥。

        0B、其觀察力特強，於人於事，能作深度之透視，善惡分明，如見肝肺，因而轉易吸引人之同情。

        0C、於人生之瞭解，自然界之探索，也有其嘎嘎獨造之處，卯宮之特點，即在於此。

        0D、如逢歲運不佳，生理方面，可能影響陰部，發生腎石，痔瘡，脫肛，血毒等症。

二）佛門十識論今生根基，出生：1982 年十月初八日戌時 19:00 ～ 19:59 屬狗具以下善根：

批命例

01、通天識：

01）詩曰：通天之識主壽高，一生衣祿主堅牢，氣像人尊多近貴，四柱重犯壽年矢。

02）天賦：

天份具有神通，較易成就和諸天鬼神來往的能力，這種人可以為信眾作一些祈福禳災的法事。

03）對天文、地理交通等見識廣，聰明智慧，壽命高。

02、消災識：

01）詩曰：消災之識命裡該，生來多主遇悲哀，五行柱內有相救，福祿平安不遇災。

02）天賦：擅於誦經禮佛作法會，這類出家者是寺院服務信眾不可或缺的人才。

03）消災解厄，逢凶化吉。

03、三合識：

01）詩曰：三合之識有小災，命根刑沖福自來，若犯重者多和順，只恐家中不聚財。

02）天賦：

三合指天地人的人氣很好，屬於天生的公關高手，擅於打好政商人脈，是寺院需要的人材。

03）主諸事相合，三教皆同，但多有暗災，通達諸事，社交佳。

四、坤造，新曆民國79年4月14日上午4時10分（農曆庚午年三月十九日寅時）瑞生。

	福德	年宮	相貌	命宮		時宮	財帛
巳		午		未		申	
仙道	天文星	佛道	天福星	鬼道	天驛星	人道	天孤星
月宮	官祿					兄弟	
辰		福奸藝孤			酉		
修羅道	天奸星					畜生道	天刃星
	遷移	性別：女				日宮	田宅
卯		農曆：庚午年三月十九日寅時			戌		
畜生道	天破星					修羅道	天藝星
	疾厄		配偶		奴僕		男女
寅		丑		子		亥	
人道	天權星	鬼道	天厄星	佛道	天貴星	仙道	天壽星

命宮	年宮	月宮	日宮	時宮
未	午	辰	戌	申
天驛	天福	天奸	天藝	天孤
鬼道	佛道	修羅	修羅	人道

年宮	午	天福星	年入天福，早年富貴，人人稱讚，貴人來助，每事如意。有德有信，出入官門，聰明多財，貪財太過，反有損傷。
月宮	辰	天奸星	月入天奸，中年有厄，智謀過人，剛愎自用，雖無敗殺。千金自散，若無官厄，堂上有憂，不學無術，身遭困苦。
日宮	戌	天藝星	日入天藝，性巧才博，文武雙全，必有功名，神通之才。經國濟世，東西出入，警惕風波，自身富貴，家內多厄。
時宮	申	天孤星	時入天孤，骨肉情疏，一身孤單，六親無助，手段雖好。難以如願，恩人為仇，勞而無功，傷偶剋子，晚景淒涼。

批命例

一）未宮安命歌：天驛星：

命在未宮逢天驛，移居離祖過城營，生來那得一時靜，走遍天涯始得寧。

離祖，奔走他方，一生勞碌，心如女性，作事心不定，六親冷淡。

三）詩曰：命在未宮逢天驛，離鄉別井走四方；浪跡天涯與海角，半生難得一時閒。

四）解曰：

01、未宮，天驛星，一生勞碌，離祖始安。

02、未宮之人：

01）一舉一動，于謙讓之中每露忸怩之態，似行畏怯，然其性格則敏感而易發怒。

02）貌為柔順，內心則極堅強，不肯輕易接納他人意見。

03）其人辦事嚴謹，工作謹慎，均為最佳之表現，並有很好的領悟力與觀察力。

04）喜歡沉思，相像力非常活躍，但容易耽於聲色之好，宜多注意。

05）如逢歲運不佳，生理方面，可能患胃病，逆呃，消化不良等疾。

二）佛門十識論今生根基，出生：1990年三月十九日寅時03:00
～03:59屬馬具以下善根：

佛法識：

01、詩曰：

01）佛法之識不可輕，生來八字甚分明，好學古今心性巧，
出語和人始終應。

02）佛法之識休看輕，生來智慧有前因，誠心向善修三寶，
同作龍華會上人。

02、天賦：修行能有成就又有成佛願力的人材，這類出家人也是作為榜樣人物。

03、聰明了道，可以度脫塵海，一心向善，悟性較高。

批命例

五、乾造，新曆民國 76 年 8 月 25 日下午 9 時（農曆丁卯年七月初二日亥時）建生。

命宮 巳 仙道　　　天文星	財帛 午 佛道　　　天福星	兄弟 未 鬼道　　　天驛星	日宮 申 人道　　　天孤星 田宅
相貌 辰 修羅道　　天奸星	破刃孤刃 性別：男 農曆：丁卯年七月初二日亥時		月宮　時宮 酉 畜生道　　天刃星 男女
年宮 卯 畜生道　　天破星 福德			戌 修羅道　　天藝星 奴僕
官祿 寅 人道　　　天權星	遷移 丑 鬼道　　　天厄星	疾厄 子 佛道　　　天貴星	配偶 亥 仙道　　　天壽星

命宮	年宮	月宮	日宮	時宮
巳	卯	酉	申	酉
天文	天破	天刃	天孤	天刃
仙道	畜牲道	畜道	人道	畜牲道

年宮	卯	天破星	年入天破，運氣不通，父緣不深，祖業難承，雖有事業。勝敗不平，桃花侵命，酒色成凶，東奔西走，虛度飄零。
月宮	酉	天刃星	月入天刃，身有病痛，若無重患，落傷難免，匠工生涯。可免此厄，守舊安靜，始得安身，權貴相加，必有重任。
日宮	申	天孤星	日入天孤，為人孤獨，夫妻難合，極易反目，春林孤鳥。春蘭秋菊，自有其時，財智聰明，莫恨初困，末運逢貴。
時宮	酉	天刃星	時入天刃，為人剛直，爭強好勝，不受人欺，踏遍青山。四海留名，行善積德，厄運自消，必有功名，後歲崢嶸。

一）巳宮安命歌：天文星。

01、時值天文秀氣星,聰明智慧性靈根;男合女順負清靜,滿腹文章錦繡程。

02、聰明伶俐,志氣軒昂,作事多美,科名顯達,必登顯明地位,女命主招好夫。

03、巳宮,天文星,文章振發,女命有好夫。

04、巳宮之人：

01）態度沉靜,思慮瑣屑,喜吹毛求疵,雖至親至密者,亦多懼與接近,生活孤寂,其為缺點,目不待言,但尤不失狷介之操。

02）影響最大者,厥為注視小節而忽視大端,輕重適當,殊於前途有礙。

03）好在立命此宮之人,心細於髮,手段精明,處事有條不紊。

04）經商做賈,盡能積少成大,前途無量,平時因深思過慮,致易沾輕微腦病。

05）如逢歲運不佳,則影響腹部,身患腸胃、便秘、洩瀉、痢疾等症。

二）佛門十識論今生根基,出生：1987 年七月初二日亥時 21:00 ～ 22:59 屬兔具以下善根：

起家識：

批命例

01、詩曰：起家之識置田庄，做事安然福祿全，祖業根基宜易改，自成自立好家園。

02、天賦：
開創型的修行者，大都是山門的開山者，如果要到別處開分院時，這種人材是一定要有。

03、主創業興家，獨立家園，創立新根基。

六、乾造，新曆民國 75 年元月 15 日上午 9 時（乙丑年十二月初六日巳時）建生。

仙道	巳	相貌 天文星	佛道	命宮 午	天福星	鬼道	財帛 未	天驛星	人道	兄弟 申	天孤星
修羅道	時宮 辰	福德 天奸星		厄權刃奸 性別：男 農曆：乙丑年十二月初六日巳時					畜生道	日宮 酉	田宅 天刃星
畜生道	卯	官祿 天破星							修羅道	戌	男女 天藝星
人道	月宮 寅	遷移 天權星	鬼道	年宮 丑	疾厄 天厄星	佛道	配偶 子	天貴星	仙道	奴僕 亥	天壽星

命宮	年宮	月宮	日宮	時宮
午	丑	寅	酉	辰
天福	天厄	天權	天刃	天奸
佛道	鬼道	人道	畜牲道	修羅道

年宮	丑	天厄星	年入天厄，初年有災，傷兄剋弟，勞心傷財，祖業難守。 凡事阻礙，帶疾延壽，口舌成災，若無此厄，早別塵埃。
月宮	寅	天權星	月入天權，豐衣足食，修身善德，可稱君子，立身揚名。 千金資產，榮華無窮，宏揚四海，貴格如此，以德立命。
日宮	酉	天刃星	日入天刃，飛鳥傷翼，蒙人之害，風波頻起，出入酒間。 傷財剋妻，祖基不利，離鄉趨吉，若無身厄，手足有疾。
時宮	辰	天奸星	時入天奸，狡猾機謀，口辯有餘，智慧出眾，在家有利。 出門操勞，進出官門，難免蹊蹺，從業商賈，豐衣足食。

批命例

一）午宮安命歌：天福星。

命在午宮得天福，根基滋潤性靈藥，寬宏厚重心明朗，財帛豐盈家運興。

01、清雅，謀為出眾，根基堅固，官田廣廈，食祿齊美，富貴榮華之命也。

02、詩曰：命在午宮得天福，勝比黃金儲滿屋；寬宏厚重心明朗，家庭興隆衣食足。

03、解曰：

01）午宮，天福星，榮華吉命。

02）午宮之人：

0A、天生具有高貴的，有野心和熱望的特質，並且有堅強的意志，而且經常不顧險阻，打通一切阻礙的勇氣。

0B、有時傲氣很盛，而為企圖速化，出人頭地，則又不願小屈以求大伸。

0C、平時待人和藹可親，也無非籠絡手段，取悅他人，便利其本身之發展，假使戒除驕態，自有成功之一日。

0D、如逢歲運不佳，生理方面，可能影響腰部，發生脊骨疼痛，風濕，黃疸等症。

二）佛門十識論今生根基，出生：1985 年十二月六日巳時 09:00 ～ 09:59 屬牛具以下善根：

01、通天識：

01）詩曰：通天之識壽主高，一生衣祿得堅牢，氣象人尊多近貴，四柱犯重是天造。

02）天賦：

天份具有神通，較易成就和諸天鬼神來往的能力，這種人可以為信眾作一些祈福禳災的法事。

03）對天文、地理交通等見識廣，聰明智慧，壽命高。

02、菩提識：

01）詩曰：菩提之識性慈悲，惡又人憎善又欺，遇善不欺惡不怕，平生貴相有根基。

02）天賦：

專修型的人才，通常是以專心修行為志向的人，這種人往往作為榜樣人物，替寺院招來信眾。

03）心契菩提，常好善事。

03、福祿識：

01）詩曰：福祿之識有大福，錢已使盡糧還來，八字星高多近貴，自然衣祿稱心懷。

02）天賦：擅於經營，這種人可以把寺院的庶務打理的井井有條。

03）百福並至，千祥雲集，多富貴，錢財自然來。

04、善知識：

01）詩曰：善知之識眾人欽，衣祿自然豐足榮，到處貴人相喜悅，年逢之運有泰亨。

02）天賦：學問型的人材，通常擅於講經說法。

03）明善得理，素有根基，眾人欽佩有人緣。

05、佛法識：

01）詩曰：佛法之識不可輕，生來八字甚分明，好學古今心性巧，出語和人始終應。

02）天賦：修行能有成就又有成佛願力的人材，這類出家人也是作為榜樣人物。

03）聰明了道，可以度脫塵海，一心向善，悟性較高。

七、乾造，新曆民國51年5月6日上午6時11分出生。

命宮	年宮	月宮	日宮	時宮
戌	寅	巳	未	戌
天藝	天權	天文	天驛	天藝
修羅道	人道	仙道	鬼道	修羅道

年宮	寅	天權星	年入天權，少年奔走，公平仗義，聰明俊秀，勤奮學習。官祿之人，廣交朋友，權在四方，貴格雖好，困厄必防。
月宮	巳	天文星	月入天文，文筆相應，兄文弟武，比翼雙騰，雖無祖業。赤手致富，官位一品，眾人仰慕，若非官祿，醫藝生涯。
日宮	未	天驛星	日入天驛，為人孤獨，夫妻難合，極易反目，春林獨鳥。花無葉枝，才智雖佳，每歎失數，莫恨初困，晚歲得福。
時宮	戌	天藝星	時入天藝，學業有成，機動靈利，以才成功，六親難靠。弱馬負重，居所多移，自立為生，文武相宜，技藝馳名。

戌宮安命歌：天藝生人心性靈，自東作西有多能；為人清雅機謀巧，到處人憐只為勤。

01、多雄多智，秀氣有奇巧，但逢諸事，一目就知，只是多學少成，為人不俗。

02、詩曰：戌宮天藝性巧靈，時逢學業必然成；若無吉曜來相助，到底還教藝不精。

03、解曰：

01）戌宮，天藝星，心性平和，藝道有名。

02）戌宮之人：

0A、舉動靈敏，工作熱烈，精神勇敢，對於事務，一經計劃就緒，即以全力實施擴展，絕不躊躇顧慮。

0B、缺乏忍耐性，為其所短，故須擅自控制，毋使躁進，遂能納入正軌，底於成功，大凡賦性好動之人，偶受刺激，如非心灰意懶，則將變本加厲，縱結局未必盡敗，亦屬得不償失，應以冷靜之頭腦，作縝密之思考為要。

0C、如逢歲運不佳，生理方面，可能影響頭部，如眩暈、中風、思想錯亂、牙筋疼痛等疾。

批命例

姓名	民國 51（公元 1962）年 5 月 6 日 6 點 11 分（建生）					
	歲次 壬寅 年 4 月 3 日 卯 時				節氣	穀雨 後
四柱	時（果）		日（花）		月（苗）		年（根）	
主星	傷官		日主		比肩		偏印	十神
乾造	丁卯		甲辰		甲辰		壬寅	八字
藏干		乙	癸	乙	戊	癸	乙	戊	戊	丙	甲	
副星		劫財	正印	劫財	偏財	正印	劫財	偏財	偏財	食神	比肩	十神
星運	帝旺		衰		衰		臨官	十二長生
納音	爐中火		覆燈火		覆燈火		金箔金	
神煞		桃花	陽刃	喪門	金輿	平頭殺	孤辰	鐵掃帚	喪門	平頭殺	血刃	月德	天德	文昌	祿神	酉
									胞胎	亡神				

	月 巳			午		日 未			申	
仙道		天文星	佛道		天福星	鬼道		天驛星	人道	天孤星
修羅道	辰	天奸星	權 年	文 月	驛 日	藝 時	藝 命		畜生道	酉	天刃星
畜生道	卯	天破星		性別：男 農曆：寅 年 4 月 3 日 卯 時 陽 年 順 轉					修羅道	時 戌	命 天藝星
人道	年 寅	天權星	鬼道	丑	天厄星	佛道	子	天貴星	仙道	亥	天壽星

八、坤造，新曆民國 58 年 7 月 7 日下午 2 時 58 分出生。

姓名				民國 58（公元 1969）年 7 月 7 日 14 點 58 分（瑞生）						
				歲次 己酉 年 5 月 23 日 未 時					節氣	夏至 後
四柱	時（果）			日（花）			月（苗）	年（根）		
主星	傷官			日主			正印	偏官		十神
乾造	己未			癸未			庚午	己酉		八字
藏干	乙	丁	己	乙	丁	己	己 丁	辛		
副星	食神	偏財	偏官	食神	偏財	偏官	偏官 偏財	偏印		十神
星運	墓			墓			絕	病		十二長生
納音	天上火			楊柳木			路旁土	大驛土		
神煞	弔客	寡宿	飛刃 六秀	弔客	寡宿	飛刃	胞胎 咸池 桃花	文昌		

巳 仙道　　天文星	時 午 佛道　　天福星	未 鬼道　　天驛星	申 人道　　天孤星
辰 修羅道　天奸星	刃 厄 壽 福 權 年 月 日 時 命 性別：女		年 酉 畜生道　天刃星
卯 畜生道　天破星	農曆：酉 年 5 月 23 日 未 時 陰年順轉		戌 修羅道　天藝星
命 寅 人道　　天權星	月 丑 鬼道　　天厄星	子 佛道　　天貴星	日 亥 仙道　　天壽星

373

批命例

九、坤造，新曆民國60年4月22日上午8時出生。

姓名	民國 60（公元 1971）年 4 月 22 日 8 點　分（瑞生）									
	歲次 辛亥 年 3 月 27 日 辰 時								節氣	春分 後
四柱	時（果）			日（花）			月（苗）			年（根）		
主星	正印			日主			正官			偏財		十神
乾造	甲辰			丁丑			壬辰			辛亥		八字
藏干	癸	乙	戊	辛	癸	己	癸	乙	戊	甲	壬
副星	偏官	偏印	傷官	偏財	偏官	食神	偏官	偏印	傷官	正印	正官	十神
星運	衰			墓			衰			胎		十二長生
納音	覆燈火			澗下水			長流水			釵釧金		
神煞		平頭殺		喪門	飛刃	腳踏	重婚	月德	天德	血支	血刃	天乙

仙道　巳　　天文星	佛道　命午　　天福星	鬼道　時未　　天驛星	人道　申　　天孤星
修羅道　辰　　天奸星	壽 厄 破 驛 福 年 月 日 時 命 性別：女 農曆：亥年 3 月 27 日 辰時 陰年順轉		畜生道　酉　　天刃星
畜生道　日卯　　天破星	^		修羅道　戌　　天藝星
人道　寅　　天權星	鬼道　月丑　　天厄星	佛道　子　　天貴星	仙道　年亥　　天壽星

十、坤造，新曆民國64年3月6日下午1時6分出生。

姓名		民國64（公元1975）年3月6日13點6分（瑞生）					
		歲次 乙卯 年 正月 24 日 未 時				節氣	雨水 後
四柱	時（果）		日（花）	月（苗）		年（根）	
主星	偏財		日主	偏印		偏財	十神
乾造	乙未		辛亥	己卯		乙卯	八字
藏干	乙	丁	己	甲	壬	乙	乙	
副星	偏財	偏官	偏印	正財	傷官	偏財	偏財	十神
星運	衰		沐浴	絕		絕	十二長生
納音	砂中金		釵釧金	城頭土		大溪水	
神煞	血支	華蓋	血刃		金輿	亡神	骨破碎	將星	進神		

仙道	命 巳 　　天文星	佛道 午 　　天福星	鬼道 未 　　天驛星	人道 申 　　天孤星
修羅道	辰 　　天奸星	破 破 權 刃 文 年 月 日 時 命 性別：女		畜生道	時 酉 　　天刃星
畜生道	年 月 卯 　　天破星	農曆：卯 年 正月 24 日 未 時 陰 年 順 轉		修羅道 戌 　　天藝星
人道	日 寅 　　天權星	鬼道 丑 　　天厄星	佛道 子 　　天貴星	仙道 亥 　　天壽星

十一、乾造，新曆民國68年2月4日上午4時25分出生。

姓名	民國 68（公元 1979）年 2 月 4 日 4 點 25 分（建生）									
	歲次 戊午 年 正月 8 日 寅 時							節氣	大寒 後	
四柱	時（果）			日（花）			月（苗）		年（根）	
主星	比肩			日主			傷官		偏官	十神
乾造	壬寅			壬寅			乙丑		戊午	八字
藏干	戊	丙	甲	戊	丙	甲	辛	癸 己	己 丁	
副星	偏官	偏財	食神	偏官	偏財	食神	正印	劫財 正官	正官 正財	十神
星運	病			病			衰		胎	十二長生
納音	金箔金			金箔金			海中金		天上火	
神煞			文昌			文昌		金神	飛刃 六秀	

仙道	巳	天文星	年 午	佛道 天福星	未 鬼道 天驛星	申 人道 天孤星
修羅道	命 辰	天奸星	福 福 厄 破 奸 年 月 日 時 命 性別：男 農曆：午 年 正月 8 日 寅 時 陽年 順 轉			酉 畜生道 天刃星
畜生道	時 卯	天破星				戌 修羅道 天藝星
人道	寅	天權星	日 丑 鬼道 天厄星		子 佛道 天貴星	亥 仙道 天壽星

十二、坤造，新曆民國85年2月4日下午9時出生。

姓名		民國85（公元1996）年 2月 4日 21點　分（瑞生）								
		歲次 乙亥 年 12 月 16 日 亥 時						節氣	大寒 後	
四柱	時（果）		日（花）		月（苗）			年（根）		
主星	偏印		日主		偏印			偏財		十神
乾造	己亥		辛未		己丑			乙亥		八字
藏干	甲	壬	乙	丁	己	辛	癸	己	甲	壬
副星	正財	傷官	偏財	偏官	偏印	比肩	食神	偏印	正財	傷官	十神
星運	沐浴		衰		養			沐浴		十二長生
納音	平地木		路旁土		霹靂火			山頭火		
神煞	血支	血刃		華蓋		喪門	六秀			

	巳		午		未		申	
仙道		天文星	佛道	天福星	鬼道	天驛星	人道	天孤星
	命 辰		壽 藝 厄 貴 奸 年 月 日 時 命 性別：女 農曆：亥 年 12月 16日 亥 時 陰 年 順 轉				酉	
修羅道		天奸星					畜生道	天刃星
	卯						月 戌	
畜生道		天破星					修羅道	天藝星
	寅		日 丑		時 子		年 亥	
人道		天權星	鬼道	天厄星	佛道	天貴星	仙道	天壽星

377

批命例

十三、乾造，新曆民國 93 年 2 月 4 日下午 7 時 50 分出生。

姓名	民國 93（公元 2004）年 2 月 4 日 19 點 50 分（建生）									
	歲次 壬申 年 正月 14 日 戌 時								節氣	大寒 後
四柱	時（果）			日（花）		月（苗）			年（根）	
主星	劫財			日主		食神			比肩	十神
乾造	壬戌			癸丑		乙丑			癸未	八字
藏干	丁	辛	戊	辛	癸	己	辛	癸	己	乙	丁	己	
副星	偏財	偏印	正官	偏印	比肩	偏官	偏印	比肩	偏官	食神	偏財	偏官	十神
星運	衰			冠帶		冠帶			墓	十二長生
納音	大海水			桑柘木		海中金			楊柳木	
神煞				太白	陽刃	鐵掃帚	太白	陽刃	金神		飛刃	
							飛天	頭蒂				

仙道	巳 天文星	佛道	午 天福星	鬼道	時未 天驛星	人道	年 月申 天孤星
修羅道	辰 天奸星		孤 孤 刃 驛 貴 年 月 日 時 命 性別：男 農曆：申 年 正月 14 日 戌 時 陽年順轉			畜生道	日酉 天刃星
畜生道	卯 天破星					修羅道	戌 天藝星
人道	寅 天權星	鬼道	丑 天厄星	佛道	命子 天貴星	仙道	亥 天壽星

十四、坤造，新曆民國93年6月5日下午4時出生。

姓名			民國 93（公元 2004）年 6 月 5 日 16 點　分（瑞生）							
			歲次 甲申 年 4 月 18 日 申 時				節氣	小滿 後		
四柱	時（果）			日（花）		月（苗）		年（根）		
主星	劫財			日主		偏財		劫財		十神
乾造	甲申			乙卯		己巳		甲申		八字
藏干	戊	壬	庚	乙	戊	庚	丙	戊	壬	庚
副星	正財	正印	正官	比肩	正財	正官	傷官	正財	正印	正官	十神
星運	胎			臨官		沐浴		胎		十二長生
納音	泉中水			大溪水		大林木		泉中水		
神煞		血刃	天乙		祿神	胞胎	劫煞	金神		血刃

仙道　月巳　天文星	佛道　午　天福星	鬼道　未　天驛星	人道　年申　天孤星
修羅道　時辰　天奸星	孤 文 貴 奸 刃 年 月 日 時 命 性別：女 農曆：申年4月18日申時 陽年逆轉		畜生道　命酉　天刃星
畜生道　卯　天破星			修羅道　戌　天藝星
人道　寅　天權星	鬼道　丑　天厄星	佛道　日子　天貴星	仙道　亥　天壽星

批命例

十五、坤造,新曆民國112年7月7日下午4時24分出生。

姓名				民國112(公元2023)年7月7日16點24分(瑞生)						
				歲次 癸卯 年5月20日申時				節氣	夏至後	
四柱	時(果)			日(花)		月(苗)		年(根)		
主星	比肩			日主		食神		正官		十神
乾造	丙申			丙寅		戊午		癸卯		八字
藏干	戊	壬	庚	戊	丙	甲	己	丁	乙	
副星	食神	偏官	偏財	食神	比肩	偏印	傷官	劫財	正印	十神
星運	病			長生		帝旺		沐浴		十二長生
納音	山下火			爐中火		天上火		金箔金		
神煞	月德	劫煞	文昌	月德	學堂	平頭殺	胞胎	飛天	陽刃	六秀	血刃	文昌	

	命 巳		午		月 未		申	
仙道		天文星	佛道	天福星	鬼道	天驛星	人道	天孤星
修羅道	辰	天奸星	破 年	驛 月	權 日	藝 時	文 命	酉
			性別:女				畜生道	天刃星
畜生道	年 卯	天破星	農曆:卯年5月20日申時 陰年順轉				修羅道	時 戌 天藝星
人道	日 寅	天權星	鬼道	丑 天厄星	佛道	子 天貴星	仙道	亥 天壽星

十六、乾造，新曆民國 57 年 6 月 14 日下午 8 時 10 分出生。

姓名		民國 57（公元 1968）年 6 月 14 日 20 點 10 分（建生）						
		歲次 戊申 年 5 月 19 日 戌 時				節氣	小滿 後	
四柱	時（果）		日（花）		月（苗）		年（根）	
主星	傷官		日主		正財		正財	十神
乾造	丙戌		乙卯		戊午		戊申	八字
藏干	丁	辛	戊	乙	己	丁	戊	壬	庚
副星	食神	偏官	正財	比肩	偏財	食神	正財	正印	正官	十神
星運	墓		臨官		長生		胎	十二長生
納音	屋上土		大溪水		天上火		大驛土	
神煞	喪門	月德	飛刃	平頭殺	血刃	祿神	弔客	紅豔	學堂	六秀		文昌	

	巳		日 午			未		年 申	
仙道		天文星	佛道	天福星	鬼道		天驛星	人道	天孤星
	時 辰		孤 貴 福 奸 刃 年 月 日 時 命					命 酉	
修羅道		天奸星						畜生道	天刃星
			性別：男						
	卯		農曆：申 年 5 月 19 日 戌 時					戌	
畜生道		天破星	陽年順轉					修羅道	天藝星
	寅		丑		月 子			亥	
人道		天權星	鬼道	天厄星	佛道		天貴星	仙道	天壽星

批命例

十七、乾造，新曆民國72年3月23日下午6時5分出生。

姓名	民國72（公元1983）年 3 月 23 日 18 點 5 分（建生）								
	歲次 癸亥 年 2 月 9 日 酉 時						節氣	春分 後	
四柱	時（果）		日（花）		月（苗)		年（根）		
主星	正財		日主		正財		傷官		十神
乾造	乙酉		庚戌		乙卯		癸亥		八字
藏干		辛	丁	辛	戊	乙	甲	壬	
副星		劫財	正官	劫財	偏印	正財	偏財	食神	十神
星運	帝旺		衰		胎		病		十二長生
納音	井泉水		釵釧金		大溪水		大海水		
神煞	太白	弔客	陽刃	寡宿	金輿	魁罡	小狼籍	大狼藉	鐵掃帚	將星	
									飛刃		

仙道　　時 　　　巳 　　　　天文星	佛道　　　　午 　　　　　天福星	鬼道　　　　未 　　　　　天驛星	人道　　　　申 　　　　　天孤星
修羅道　辰 　　　　天奸星	壽　藝　權　文　壽 年　月　日　時　命 性別：男 農曆：亥 年 2 月 9 日 酉時 陰年逆轉		畜生道　　　酉 　　　　　天刃星 修羅道　　月 　　　　戌 　　　　　天藝星
畜生道　卯 　　　　天破星			
人道　　日 　　　寅 　　　　天權星	鬼道　　　　丑 　　　　　天厄星	佛道　　　　子 　　　　　天貴星	仙道　　年　命 　　　　亥 　　　　　天壽星

十八、乾造，新曆民國 89 年 5 月 5 日中午 12 時 54 分出生。

姓名			民國 89（公元 2000）年 5 月 5 日 12 點 54 分（建生）						
			歲次 庚辰 年 4 月 2 日 午 時				節氣	穀雨 後	
四柱	時（果）		日（花）		月（苗）		年（根）		
主星	正官		日主		偏印		正印		十神
乾造	戊午		癸亥		辛巳		庚辰		八字
藏干	己	丁	甲	壬	戊	庚	丙	癸	乙	戊
副星	偏官	偏財	傷官	劫財	正官	正印	正財	比肩	食神	正官	十神
星運	絕		帝旺		胎		養		十二長生
納音	天上火		大海水		白蠟金		白蠟金		
神煞	血支	喪門	血刃	六秀		劫煞	孤神 孤辰	天德 小狼藉	天乙 大敗		月德	魁罡	

	巳			午		月 未		日 申	
仙道		天文星	佛道		天福星	鬼道	天驛星	人道	天孤星
	年 辰		奸 年	驛 月	孤 日	權 時	壽 命		酉	
修羅道		天奸星	性別：男					畜生道	天刃星
	卯		農曆：辰 年 4 月 2 日 午 時					戌	
畜生道		天破星	陽年順轉					修羅道	天藝星
	時 寅			丑		子		命 亥	
人道		天權星	鬼道		天厄星	佛道	天貴星	仙道	天壽星

383

批命例

十九、乾造，新曆民國102年8月7日下午4時16分出生。

姓名	民國102（公元2013）年8月7日16點16分（建生）				
	歲次 癸巳 年 7 月 1 日 申 時			節氣	大暑 後
四柱	時（果）	日（花）	月（苗）	年（根）	
主星	劫財	日主	偏財	偏印	十神
乾造	甲申	乙巳	己未	癸巳	八字
藏干	戊	壬	庚	戊	庚	丙	乙	丁	己	戊	庚	丙
副星	正財	正印	正官	正財	正官	傷官	比肩	食神	偏財	正財	正官	傷官	十神
星運	胎	沐浴	養	沐浴	十二長生
納音	泉中水	覆燈火	天上火	長流水	
神煞	孤神	月德	天德	天乙	血支	血刃	金輿	絕房	孤辰	喪門	胞胎	六秀	亡神	

	年 巳 仙道　　天文星	午 佛道　　天福星	未 鬼道　　天驛星	命 申 人道　　天孤星
	辰 修羅道　　天奸星	文 壽 壽 破 孤 年　月　日　時　命 性別：男 農曆：巳年7月1日申時 陰年逆轉		酉 畜生道　　天刃星
	時 卯 畜生道　　天破星			戌 修羅道　　天藝星
	寅 人道　　天權星	丑 鬼道　　天厄星	子 佛道　　天貴星	月 亥 日 仙道　　天壽星

二十、坤造，新曆民國44年2月4日下午10時10分出生。

姓名		民國 44（公元1955）年 2 月 4 日 22 點 10 分（瑞生）						
		歲次 乙未 年 正月 12 日 亥 時				節氣	大寒 後	
四柱	時（果）		日（花）		月（苗）		年（根）	
主星	傷官		日主		劫財		偏印	十神
乾造	己亥		丙申		丁丑		甲午	八字
藏干	甲	壬	戊	壬	庚	辛	癸	己	己	丁	
副星	偏印	偏官	食神	偏官	偏財	正財	正官	傷官	傷官	劫財	十神
星運	絕		病		養		帝旺	十二長生
納音	平地木		山下火		澗下水		砂中金	
神煞		劫煞	天乙	文昌	喪門	孤神	驛馬	亡神	大敗	骨破碎		陽刃	進神	

	時 巳		日 午	年 未		月 申	
仙道		天文星	佛道 天福星	鬼道	天驛星	人道	天孤星
修羅道	辰	天奸星	驛 驛 福 文 刃 命 年 月 日 時 命 性別：女 農曆：未 年 正月 12 日 亥 時 陰年順轉			畜生道 酉	天刃星
畜生道	卯	天破星				修羅道 戌	天藝星
人道	寅	天權星	鬼道 丑 天厄星	佛道 子	天貴星	仙道 亥	天壽星

批命例

二十一、坤造,新曆民國 83 年 3 月 12 日下午 1 時出生。

姓名	民國 72(公元 1983)年 3 月 23 日 18 點 5 分(建生)								
	歲次 癸亥 年 2 月 9 日 酉 時						節氣	春分 後	
四柱	時(果)			日(花)	月(苗)		年(根)		
主星	比肩			日主	比肩				十神
乾造	丁未			丁酉	丁卯		甲戌		八字
藏干	乙	丁	己	辛	乙	丁	辛	戊	
副星	偏印	比肩	食神	偏財	偏印	比肩	偏財	傷官	十神
星運	冠帶			長生	病		養		十二長生
納音	天河水			山下火	爐中火		山頭火		
神煞	寡宿	血刃	陽刃	六秀	學堂	天乙	文昌	小狼藉 腳踏	大狼藉 絕房	咸池 重婚	桃花		月德	

仙道 巳 天文星	佛道 命午 天福星	鬼道 未 天驛星	人道 申 天孤星
修羅道 辰 天奸星	藝 刃 刃 權 福 年 月 日 時 命 性別:女 農曆:戌 年 2 月 1 日 未 時 陽年逆轉		畜生道 月酉 天刃星
畜生道 卯 天破星			修羅道 年戌 天藝星
人道 時寅 天權星	鬼道 丑 天厄星	佛道 子 天貴星	仙道 亥 天壽星

二十二、乾造，新曆民國64年5月11日下午6時10分出生。

姓名				民國 64（公元 1975）年 5 月 11 日 18 點 10 分（建生）							
				歲次 乙卯 年 4 月 1 日 酉 時					節氣	穀雨 後	
四柱	時（果）			日（花）			月（苗）			年（根）	
主星	食神			日主			偏財			偏印	十神
乾造	己酉			丁巳			辛巳			乙卯	八字
藏干			辛	庚	戊	丙	庚	戊	丙	乙	
副星			偏財	正財	傷官	劫財	正財	傷官	劫財	偏印	十神
星運	長生			帝旺			帝旺			病	十二長生
納音	大驛土			砂中土			白蠟金			大溪水	
神煞	學堂	天乙	文昌	太白	喪門	孤神	驛馬	喪門 孤辰	孤神 破碎	驛馬 小狼藉	天德 太白

	巳 仙道　　　天文星	午 佛道　　　天福星	未 鬼道　　　天驛星	申 人道　　　天孤星
	辰 修羅道　　天奸星	破 貴 貴 破 刃 年 月 日 時 命 性別：男 農曆：卯 年 4 月 1 日 酉 時 陰 年 逆 轉		命 酉 畜生道　　天刃星
	年　　時 卯 畜生道　　天破星			戌 修羅道　　天藝星
	寅 人道　　　天權星	丑 鬼道　　　天厄星	月 日 子 佛道　　　天貴星	亥 仙道　　　天壽星

387

批命例

姓名	民國（公元　　）年　月　日　點　分（建生）								
	歲次　　　年　　　月　　　日　　　時　　節氣　　　　後								
四柱	時（果）		日（花）		月（苗）		年（根）		
主星									十神
乾造									八字
藏干									
副星									十神
星運									十二長生
納音									
神煞									

仙道　　巳　　天文星	佛道　　午　　天福星	鬼道　　未　　天驛星	人道　　申　　天孤星
修羅道　辰　　天奸星	性別：　年　月　日　時　命 農曜：　　年　　月　　日　　時 　　陰陽年　順逆轉		畜生道　酉　　天刃星
畜生道　卯　　天破星			修羅道　戌　　天藝星
人道　　寅　　天權星	鬼道　　丑　　天厄星	佛道　　子　　天貴星	仙道　　亥　　天壽星

備註：_____

_____

國家圖書館出版品預行編目資料

神機妙算達摩一掌經／蔡振名著.
－－第一版－－臺北市：知青頻道出版有限公司出版；紅螞蟻圖書有限公司發行，2024.10
　　　面　；　公分－－(Easy Quick；208)
　　ISBN 978-986-488-255-7（平裝）

1. CST：命書

293.1　　　　　　　　　　　　　　113014139

Easy Quick 208
神機妙算達摩一掌經

作　　者／蔡振名
發 行 人／賴秀珍
總 編 輯／何南輝
校　　對／蔡振名、周英嬌
美術構成／沙海潛行
封面設計／引子設計
出　　版／知青頻道出版有限公司
發　　行／紅螞蟻圖書有限公司
地　　址／台北市內湖區舊宗路二段121巷19號（紅螞蟻資訊大樓）
網　　站／www.e-redant.com
郵撥帳號／1604621-1　紅螞蟻圖書有限公司
電　　話／(02)2795-3656（代表號）
傳　　真／(02)2795-4100
登 記 證／局版北市業字第796號
法律顧問／許晏賓律師
印 刷 廠／卡樂彩色製版印刷有限公司
出版日期／2024年10月　第一版第一刷

定價 360 元　　港幣 120 元

敬請尊重智慧財產權，未經本社同意，請勿翻印，轉載或部分節錄。
如有破損或裝訂錯誤，請寄回本社更換。

ISBN　978-986-488-255-7　　　　　Printed in Taiwan